2022年度国家社科基金青年项目
制对我国影响及对策研究"（项目批准号

法|学|研|究|文|丛
——— 国际法学 ———

# 国际海底区域矿产资源开发中承包者权利保护问题研究

陈慧青 著

知识产权出版社
全国百佳图书出版单位
北京

图书在版编目（CIP）数据

国际海底区域矿产资源开发中承包者权利保护问题研究／陈慧青著．—北京：知识产权出版社，2023.7
ISBN 978-7-5130-8803-9

Ⅰ．①国… Ⅱ．①陈… Ⅲ．①国际海域—海底—矿产资源开发—对外承包—权益保护—国际公法—研究 Ⅳ．①D993.5

中国国家版本馆 CIP 数据核字（2023）第 115879 号

### 内容提要

本书主要以国际海底区域（以下简称"区域"）矿产资源开发规章草案的内容为分析对象，从"区域"矿产资源开发的基础理论即人类共同继承财产原则发展的 4 个阶段切入，分析承包者权利保护的必要性，并结合各利益攸关方对开发规章草案的评论意见，综合运用法学、金融学、管理学等多学科理论知识和研究方法，重点研究"区域"矿产资源开发规章草案中与承包者权利保护有关的财政负担组成、矿业权的保护、合理顾及义务的履行、机密信息的保护问题。与此同时，回顾中国自参加联合国第三次海洋法会议以来在"区域"内的活动实践，从历史的角度总结中国参与"区域"活动的经验与教训，进而分析中国（作为最大的深海矿区承包者）未来对"区域"开发活动的参与策略及对开发规章草案的修改建议。

责任编辑：彭小华　　　　　　　　责任校对：潘凤越
封面设计：智兴设计室　　　　　　责任印制：孙婷婷

## 国际海底区域矿产资源开发中承包者权利保护问题研究
陈慧青　著

| | |
|---|---|
| 出版发行：知识产权出版社有限责任公司 | 网　　址：http://www.ipph.cn |
| 社　　址：北京市海淀区气象路 50 号院 | 邮　　编：100081 |
| 责编电话：010-82000860 转 8115 | 责编邮箱：huapxh@sina.com |
| 发行电话：010-82000860 转 8101/8102 | 发行传真：010-82000893/82005070/82000270 |
| 印　　刷：北京中献拓方科技发展有限公司 | 经　　销：新华书店、各大网上书店及相关专业书店 |
| 开　　本：880mm×1230mm　1/32 | 印　　张：11.75 |
| 版　　次：2023 年 7 月第 1 版 | 印　　次：2023 年 7 月第 1 次印刷 |
| 字　　数：286 千字 | 定　　价：78.00 元 |
| ISBN 978-7-5130-8803-9 | |

出版权专有　侵权必究
如有印装质量问题，本社负责调换。

# 自　序

国际海底区域（以下简称"区域"）蕴藏着丰富的矿产资源，具有非常高的经济价值和战略价值。《联合国海洋法公约》（以下简称《公约》）将"区域"及其资源确定为全人类的共同继承财产，并且确定了由国际海底管理局（以下简称海管局）代表全人类对"区域"内资源实行管理的平行开发制度。随着第一批为期 15 年的勘探合同到期，"区域"活动已经进入后勘探时代，目前，"区域"内矿产资源开发规章草案正在制定当中。中共十九大正式提出："坚持陆海统筹，加快建设海洋强国。"发展海权已经成为国家战略层面的共识。中国在走向海洋的进程中，国际海底资源开发占据重要地位。中国是世界上第一个拥有 5 块深海矿区、3 种矿产资源的国家，是最大的深海矿区承包者，也是全球重要的工业大国，对深海矿产资源有着迫切的需求。可以预见，中国有可能在不久的未来成为深海矿产资源的头号生产国和消费国,[1] 国际海底事业大有可为。

本书从"区域"矿产资源开发制度的形成和发展切入,重点研究涉及承包者权利保护的财政负担组成、矿业权的保护、与其他海洋用户合理顾及义务的履行以及承包者机密信息的保护问题,最后落笔于中国未来对"区域"矿产资源开发活动的参与策略。本书以作者的博士学位论文为基础,进行了部分增删。增加了2019年开发规章草案的内容以及各利益攸关方有关最新开发规章草案的评论意见。2020年以后的开发规章草案内容尚未在海管局的官网上公布,因此,本书未收录相关的内容。同时,本书删除了博士学位论文当中欠考虑的一些内容,且对最后一章的内容进行了整合。

然而,"区域"矿产资源开发制度的确立是一个非常复杂的问题,它的解决需要许多学者的智慧,本书仅就"区域"矿产资源开发中承包者的权利保护问题作一个初步的研究,本人也会持续跟进开发规章草案的发展。由于作者的水平有限,疏漏之处在所难免,如果读者在阅读本书后,存有不同观点,还请不吝赐教。

陈慧青<br>
2023 年 1 月 12 日

---

[1] 杨震、刘丹:《中国国际海底区域开发的现状、特征与未来战略构想》,《东北亚论坛》2019 年第 3 期,第 117 - 118 页。

# 目录
CONTENTS

**绪　论** ‖ 001
　第一节　选题的理由及意义 / 001
　　一、选题的理由 / 001
　　二、选题的意义 / 004
　第二节　国内外研究现状 / 006
　　一、国内研究现状 / 006
　　二、国外研究现状 / 014
　　三、国内外研究现状述评 / 018

**第一章　"区域"资源开发制度概述与承包者的
　　　　　权利保护** ‖ 020
　第一节　"区域"资源开发制度的形成与
　　　　　发展 / 020
　　一、"区域"资源的发现及法律地位 / 020
　　二、人类共同继承财产原则的确立与内涵 / 025
　　三、"区域"资源开发制度的落实与发展 / 034

四、"区域"资源开发制度面临的挑战及应对措施 / 043

第二节 "区域"资源开发中的承包者权利保护 / 053

一、开发规章草案的基本制度 / 053

二、开发规章草案中承包者权利保护的范围 / 061

三、承包者权利保护的必要性 / 064

四、开发规章草案在承包者权利保护方面的不足 / 068

第三节 深海采矿的前景及各利益攸关方观点 / 072

一、深海采矿的前景 / 072

二、各利益攸关方对开发规章草案的观点 / 073

本章小结 / 081

## 第二章 承包者财政负担组成 ‖ 082

第一节 制定财政制度的背景和目标 / 083

一、制定财政条款的背景 / 083

二、制定财政制度的原则 / 085

三、制定财政制度的目标 / 089

四、制定财政制度的注意事项 / 093

第二节 特许权使用费 / 097

一、特许权使用费主要的征收模式和利弊分析 / 098

二、特许权使用费费率的设置 / 103

三、四种特许权使用费征收模型的比较 / 106

四、特许权使用费的分配 / 110

第三节 固定年费 / 112

一、征收固定年费的目的 / 112

二、固定年费的征收数额 / 113

第四节 环境收费 / 115

一、保护海洋环境和财政制度 / 115

二、海洋环境收费的种类 / 117

第五节 承包者的其他财政负担 / 122

一、履约保证金 / 122

二、保险费 / 124

三、其他方面 / 126

第六节 开发规章草案的规定以及各利益攸关方的评论意见 / 127

一、2016 年开发规章草案的规定以及各利益攸关方的评论意见 / 127

二、2017 年开发规章草案的规定以及各利益攸关方的评论意见 / 129

三、2018 年开发规章草案的规定以及各利益攸关方的评论意见 / 130

四、2019 年开发规章草案的规定以及各利益攸关方的评论意见 / 133

本章小结 / 134

## 第三章 承包者矿业权之保护 ‖ 136

第一节 矿业权概述 / 136

一、矿业权的概念 / 136

二、矿业权的种类 / 137

第二节 "区域"的矿业权制度 / 139

一、探矿制度 / 139

二、勘探制度 / 140

三、开发制度 / 141

第三节 承包者矿业权的内容 / 142

一、承包者在勘探阶段的权利 / 143

二、承包者在勘探阶段的义务 / 152

三、承包者在开发阶段的权利 / 155

四、承包者在开发阶段的义务 / 162

第四节 开发规章草案的规定及各利益攸关方的评论意见 / 164

一、2016年开发规章草案的规定以及各利益攸关方的评论意见 / 164

二、2017年开发规章草案的规定以及各利益攸关方的评论意见 / 166

三、2018年开发规章草案的规定以及各利益攸关方的评论意见 / 167

四、2019年开发规章草案的规定以及各利益攸关方的评论意见 / 168

本章小结 / 169

## 第四章 承包者与其他海洋用户间合理顾及义务之履行 ‖ 170

第一节 承包者与其他海洋用户间的合理顾及义务 / 170

一、合理顾及义务的来源与含义 / 170

二、合理顾及的内在法理要求 / 173

三、"区域"内活动有关合理顾及的具体实施 / 175

第二节 与海底电缆有关的合理顾及义务之履行 / 177

一、海底电缆概述 / 177

二、海底电缆的活动主体与海底电缆系统的国际法分析 / 182

三、海底电缆与其他海洋活动合理顾及义务履行之实质要件 / 185

四、海底电缆所有者与其他海洋活动合理顾及义务履行之程序要件 / 188

第三节　承包者与电缆所有者合理顾及义务之履行 / 192

一、"区域"开发活动与海底电缆活动的共性与区别 / 192

二、"区域"内活动与海底电缆活动发生冲突的风险 / 194

三、承包者和电缆所有者合理顾及义务之履行 / 195

四、履行合理顾及义务的完善措施 / 201

五、承包者与其他海洋用户之间的合理顾及义务之履行 / 204

第四节　开发规章草案的规定以及各利益攸关方的评论意见 / 205

一、2016年开发规章草案的规定以及各利益攸关方的评论意见 / 205

二、2017年开发规章草案的规定以及各利益攸关方的评论意见 / 206

三、2018年开发规章草案的规定以及各利益攸关方的评论意见 / 208

四、2019开发规章草案的规定以及各利益攸关方的评论意见 / 210

本章小结 / 211

## 第五章　承包者机密信息的保护 ‖ 213

第一节　机密信息的认定 / 214

一、机密信息的定义、特征与保护范围 / 214

二、机密信息与商业秘密 / 224

三、保护机密信息的必要性及原则 / 228

第二节　承包者机密信息的认定 / 232

一、《公约》和三个勘探规章中有关机密信息的规定 / 232

二、开发规章下的信息管理制度的目标 / 233

三、开发规章中机密信息的认定 / 235

第三节　海管局对承包者机密信息的保密义务 / 241
　　一、海管局保密义务的来源 / 242
　　二、海管局对机密信息的保护 / 243
　　三、非法泄露机密信息的救济制度 / 246
第四节　开发规章草案的规定以及各利益攸关方的评论意见 / 248
　　一、2016 年开发规章草案的规定以及各利益攸关方的评论意见 / 248
　　二、2017 年开发规章草案的规定以及各利益攸关方的评论意见 / 251
　　三、2018 年开发规章草案的规定以及各利益攸关方的评论意见 / 253
　　四、2019 年开发规章草案的规定以及各利益攸关方的评论意见 / 256
本章小结 / 257

## 第六章　中国与国际海底区域资源开发制度 ‖ 259

第一节　中国与国际海底区域资源开发制度的形成 / 259
　　一、中国与第三次海洋法会议 / 259
　　二、1983 年至 1994 年筹委会工作期间 / 264
　　三、中国与海管局（1995 年至今）/ 269
　　四、中国在"区域"问题上的反思 / 275
第二节　中国未来参与"区域"内活动的对策及建议 / 278
　　一、中国国际地位的变化和当前的国际海底形势 / 278
　　二、中国对"区域"内矿物资源开发规章草案的参与 / 280
　　三、中国未来参与"区域"内矿物资源开发规章草案的建议 / 287
本章小结 / 306

结　论 ‖ 308

附　录 ‖ 314
　　一、"区域"内勘探合同现状 / 314
　　二、深海采矿流程图 / 319

参考文献 ‖ 320

后　记 ‖ 363

# 绪　论

## 第一节　选题的理由及意义

### 一、选题的理由

深海海底占世界海洋的 50% 以上，它是一个巨大的资源宝库，不仅有大量的油气、天然气水合物等能源资源，还有丰富的多金属结核、多金属硫化物、富钴铁锰结壳等金属矿产资源以及庞大的生物基因资源。❶ 国际社会对矿产资源需求的增加和陆上矿产资源供应的减少，促进了深海采矿商业利益的产生。❷ 1982 年《公约》将"区域"及其资源确定为人类的共同继承财产，并且规定了由海管局代表全人类对"区域"内的资源实行管理。海管局至今已经制定了三个勘探规章。当前，国际海底活动的重

---

❶ 金建才：《走向深海大洋是建设海洋强国的必然选择》，《海洋开发与管理》2012 年第 12 期，第 24 页。
❷ Luz Danielle. Bolong, Into The Abyss: Rationalizing Commercial Deep Seabed Mining Through Pragmatism and International Law, Tulane Journal of International and Comparative Law, Vol. 25, 2016, p. 128.

心已进入一个历史转折期。❶ 根据《"区域"内多金属结核探矿和勘探规章》第 26 条勘探工作计划的期限为 15 年的规定,❷ 海管局与首批承包者签订的 7 个多金属结核勘探合同于 2016 年 3 月至 2017 年 3 月期间到期。❸ 此后,深海探矿活动将"转段",即从勘探阶段进入开发阶段。为了对开发活动进行管理和指引,深海矿产资源开发规章的制定成为海管局工作的重点。不同的利益攸关方为了各自的利益围绕深海矿产资源开发规章的制定,展开了新一轮的博弈。

中国是海底矿区的先驱投资者之一,❹ 也是目前世界上拥有深海矿区最多的国家,是最大的深海矿区承包者。因此,中国积极参与深海矿产资源开发规章的制定工作,保护承包者的权益,既是我国参与国际竞争的需要,又事关我国的国家权益。

首先,自《公约》制定以来,国际海底资源开发规则一直处于细化与变革的进程之中,每一次的规则变革必然涉及各方利益的重新分配。在海管局组织的研讨会及讲习班中,开发合同的财政支付制度、海底电缆所有者和承包者之间"合理顾及"义务的履行、机密信息的认定、深海海洋环境保护等核心议题得到了广泛的讨论。因此,当前正处于诸多新规则的形成阶段,我国有必要积极参与新规则的商讨过程,尽可能地使新规则符合我国的国家利益。

---

❶ 杨泽伟:《国际法》,高等教育出版社,2017,第 177 页。
❷ 《"区域"内多金属结核探矿和勘探规章》第 26 条。
❸ 中华人民共和国常驻国际海底管理局代表处:"国际海底管理局第 21 届会议", http://china-isa.jm.china-embassy.org/chn/hdxx/t1286088.htm,访问日期:2019 年 1 月 8 日。
❹ International Seabed Authority Council, Report of the Chair of the Legal and Technical Commission on the work of the Commission at its session in 2016, July 2016, ISBA/22/C/17, p. 15.

其次，作为开发规章，人们对其的预期目的和要求应当是鼓励、促进和引导对"区域"矿产资源的开发，以真正实现"人类共同继承财产"的价值；同时，确保海洋环境不受到损害。目前，开发规章草案对环境保护作了详细的规定，有些要求与对陆地矿业实践的要求相比甚至有些过度，但对资源开发利用的鼓励和促进却相对不足，特别是对开发者的权利保障安排不够。出台开发规章是为了提倡开发海底矿产资源，而不是通过某些规则来限制海底矿产资源的开发。海底矿产资源的开发作为一种商业行为，需要运用市场法则，以标准体系作为支撑，在法律的监督和保障下让承包者有利可图。另外，海底矿产资源开发要有产业化思维，在市场经济条件下，以矿产资源整个行业需求为导向，以实现效益为目标，依靠专业技术和管理，形成一定的承包规模和经营数量，以带动整个产业的发展。承包者一定是在利益的驱动下才会加大对海底矿产资源勘探和开发的投入，海底矿产资源开发面临高难度的技术挑战、市场不确定性以及环境污染等问题。因此，开发规章必须保障承包者的权益，提升承包者投资深海活动的积极性，从而助推海底矿产资源开发工作。

再次，深海采矿规章制度事关我国的能源与资源安全。由于"工业革命"以来人类对陆地矿产资源的大规模开发，部分金属矿石已显示出供不应求的趋势。英国政府于2015年对有商业价值的矿产做出的地质调查风险名录显示，若以1~10分来计量矿产供应风险，有22种化学元素及工业产品的风险值高达7.1分。[1] 2016年美国矿产商品调查概要也表明，现有的矿产开发规模已不能满

---

[1] British Geological Survey, Risk List 2015—Current Supply Risk for Chemical Elements or Element Group s Which Are of Economic Value, p. 1.

足未来科技发展的需要。❶ 我国铜、镍、锰的资源储量占世界总储量的比例均低于5%，钴资源则更是稀缺，消费量却高达40%。❷ 这些资源的对外依赖将成为我国面临的一项能源与资源安全挑战。国际海底区域蕴藏着丰富的矿产资源，尤其是锰结核矿球，此种矿球富含锰、铜、钴、镍等矿产资源。因此，"区域"是我国海洋发展的重要资源基地和战略空间，同时也是拥有先进技术的欧盟国家和欧盟企业争相开发的地区。有专家预测，"区域"矿产资源的商业化开发有可能在近十年内发生。❸ 我国目前已获得5块国际海底矿区的勘探权，若能实现对这些矿区的有效的商业开发，必然会给我国带来较大的经济收益，确保我国的资源及能源安全。

最后，在我国已经制定了《中华人民共和国深海海底区域资源勘探开发法》（以下简称《深海法》）的背景下，我国对国际海底事务的参与也将面临一些现实问题，如我国在深海采矿规章制度新规则的制定过程中应采取何种态度与策略、我国如何利用现有的5块矿区、如何申请新的矿区、深海资源开发规章将对我国的《深海法》产生哪些影响，等等，对这些问题都需要进行深入的思考。

## 二、选题的意义

（一）理论价值

（1）探索人类共同继承财产原则的新发展。人类共同继承财

---

❶ U. S. Geological Survey, Mineral Commodity Summaries 2016, pp. 1 – 202.

❷ 刘少军、杨保华等：《从市场、技术和制度看国际海底矿产资源的商业开采时机》，《矿冶工程》2015年第4期，第129页。

❸ 同上。

产原则经历了提出、确认、发展、落实四个阶段。开发规章的制定,意味着"全人类共同继承财产"原则有可能步入实现阶段。然而,开发规章如何平衡好国际社会、海管局和承包者之间的利益,涉及"区域"资源收益的收缴和分配问题,即特许权使用费的缴纳和惠益分享制度的构建。因此,结合我国的实际情况,对"全人类共同继承财产"原则作一个重新解读,从而为提出符合我国国情的参与策略和分配方案提供建议和理论支撑,非常有必要。

(2) 承包者权利保护的法理探析。承包者是人类共同继承财产原则得以落实的关键。开发规章的目的应当是鼓励、促进和引导对"区域"矿产资源的开发,以真正实现"人类共同继承财产"的价值。目前,开发规章草案对资源开发利用的鼓励和促进相对不足,特别是对开发者的权利保障安排不够。因此,开发规章必须保障承包者的权益,提升承包者投资深海活动的积极性,从而助推海底矿产资源开发工作。因此,本研究将为承包者的权利保护提供理论支撑。

(二) 实践意义

(1) 本研究将结合已经公布的开发规章草案及其评论意见,重点研究开发规章草案中有关承包者权利的规定,主张开发规章应着重保障开发者的权益。作为开发规章,其预期的目的应当是鼓励、促进和引导对"区域"内矿产资源的开发以真正实现"人类共同继承财产"的价值,同时确保海洋环境不受损害。[1] 正如中国代表发言指出,"深海采矿耗资巨大,我们应当保护承包者的积

---

[1] 中国大洋矿产资源研究开发协会:《关于"区域"内矿产资源开发规章草案相关问题的反馈意见》,2017年12月9日,第2页。

极性，不对他们苛以过于沉重的税费，否则把承包者都吓跑了，深海采矿事业也无法再进行下去"❶。

（2）总结中国在第三次海洋法会议中参与"区域"规则制定的经验和不足；同时，结合中国目前的实际情况，以期为中国参与"区域"资源开发规章的制定应当采取的立场和主张以及对"区域"未来的参与策略提供一些建议。

## 第二节　国内外研究现状

### 一、国内研究现状

2016 年 7 月，海管局公布了《"区域"内矿物开发活动框架草案》，并收到 43 份评论意见。环境规章草案于 2017 年 1 月公布，但是相关的评论意见未公布。2017 年 8 月，海管局公布了开发、环境和监管事项"三合一"的《"区域"内矿物资源开发规章草案》，共收到 54 份评论意见。2018 年海管局公布了两份《"区域"内矿物资源开发规章草案》，两份草案的公布时间较近，后一版本在前一版本的基础上作了一些细微的修改，海管局共收到 41 份评论意见。2019 年海管局公布了最新的《"区域"内矿物资源开发规章草案》（以上统称为开发规章草案），共收到 38 份评论意见。目前，国内针对开发规章草案的专项研究结果较少，但我国学者对国际海底采矿制度的变革十分关注。

就近几年的期刊论文来说，与开发规章草案直接相关的文献

---

❶ 中国大洋协会办公室：《外交部条法司贾桂德副司长在国际海底管理局第 19 届会议理事会上的发言集锦》，《国际海域信息》2013 年 9 月，第 41 页。

为数不多。杨泽伟教授所作的《国际海底区域"开采法典"的制定与中国的应有立场》一文系国内研究深海采矿规章进展的最新成果之一。该文从"开采法典"的制定背景、主要内容和特点对开发法典进行了分析,指出"开采法典"呈现出海管局处于一种明显的优势地位以及相关利益攸关方对一些条款争议较大等特点;"环境规章",则体现出临时性、对承包者施加了较多的环境保护义务等特点;中国在国际海底区域"开采法典"制定过程中应发挥"引领国"的作用,并结合"开采法典",推动《深海法》的完善。❶ 王勇教授所作的《国际海底区域开发规章草案的发展演变与中国的因应》一文总结了开发规章草案自 2016 年至 2018 年以来内容的变化,同时分析了草案内容变化的原因,并提出了中国应当继续主张和可以完善的建议。❷ 林家骏、李志文所作的《国际海底区域采矿规章的惠益分享财政制度取向》一文初步分析了开发规章草案的惠益分享机制的构建问题,其认为"区域"采矿规章的财政制度包括费种设计、数额厘定和资金配置三个层面的内容,相应地要求从矿山地租、税制优化和社会总产品分配这三个理论维度加以审视缴费制度。❸ 吕琪、李志文的《国际海底区域资源开发的利益共享审思》一文主张基于"区域"资源开发中利益共享所根植于人类共同遗产的法律性质及资源之上的财产权关系,利益共享存在着调控资源开发进程和风险分担的价值目标,需要在三维的结构框架下完善规则、机构与机制三位一体的利益

---

❶ 杨泽伟:《国际海底区域"开采法典"的制定与中国的应有立场》,《当代法学》2018 年第 2 期,第 26 – 34 页。
❷ 王勇:《国际海底区域开发规章草案的发展演变与中国的因应》,《当代法学》2019 年第 4 期,第 79 – 93 页。
❸ 林家骏、李志文:《国际海底区域采矿规章的惠益分享财政制度取向》,《理论探索》2019 年第 5 期,第 121 – 128 页。

共享路径。❶ 赵忆怡的《国际海底区域开发阶段的担保国责任问题》一文分析了"区域"资源开发过程中担保国的责任。❷ 王超所著的《国际海底区域资源开发与海洋环境保护制度的新发展——〈"区域"内矿产资源开采规章草案〉评析》一文分析了开发规章草案环境事项的有关规定,指出草案在环境影响评价的启动门槛、有关环境标准和监管制度方面尚存在一些问题。❸ 何宗玉、林景高等人所作的《国际海底区域采矿规章制定的进展与主张》一文结合海管局 2014 年的调查问卷结果,讨论了多项环境管理制度,指出"开发派"与"环保派"之间存在较为尖锐的矛盾,并建议我国提出以下议案:强调承包者的权利,肯定承包者的优先开发权,避免区域内资源的浪费,等等。❹ 刘少军、杨宝华等人所作的《从市场、技术和制度看国际海底矿产资源的商业开采时机》一文,从市场、技术和制度三个角度对深海矿产开发的前景进行了预测,认为深海采矿技术会在 10 年以后取得较大程度地突破,深海采矿规章也有可能在 10 年以内最终定稿。❺ 王才纬所作的《国际海底区域"开采规章"制定的法律问题研究》指出了制定"开采规章"的必要性,但也指出未来的商业开发尚面临一定的不确定性;同时,对于"开采规章"草案中的财务条

---

❶ 吕琪、李志文:《国际海底区域资源开发的利益共享审思》,《学习与探索》2018 年第 8 期,第 104 - 112 页。
❷ 赵忆怡:《国际海底区域开发阶段的担保国责任问题》,《中南大学学报(社会科学版)》2018 年第 3 期,第 58 - 65 页。
❸ 王超:《国际海底区域资源开发与海洋环境保护制度的新发展——〈"区域"内矿产资源开采规章草案〉评析》,《外交评论》2018 年第 4 期,第 81 - 105 页。
❹ 何宗玉、林景高等:《国际海底区域采矿规章制定的进展与主张》,《太平洋学报》2016 年第 10 期,第 9 - 17 页。
❺ 刘少军、杨保华等:《从市场、技术和制度看国际海底矿产资源的商业开采时机》,《矿冶工程》2015 年第 4 期,第 126 - 129 页。

款、环境保护等问题简单地发表了意见。❶

李晓飞、左高山所作的《深海采矿规章制定协同推进——中国海洋强国战略的一个构想》一文从公共管理的角度,建议我国应针对深海采矿规章制度的制定,设立协同领导体制和决策机制。❷ 鞠成伟所作的《中国大洋事务管理体制改革研究》一文,建议在保留大洋协会的基础上,建立专门的机构和相应的辅助性体制。❸ 项雪平所作的《中国深海采矿立法探析——以国际海底区域采矿规则的晚近发展为基础》对"勘探三规章"中的环保要求进行了比较,并指出了"勘探三规章"的不足,同时建议我国应保有已有矿区,申请更多的矿区,并以单行立法的模式,重点解决适格的申请者、国内审批前置、管理机构、担保国的责任、海洋环境保护的义务和责任等问题。❹ 张辉所作的《国际海底区域法律制度基本框架及其发展》一文对海管局已确立的制度进行了梳理,并建议中国应提升软实力,妥善处理与发达国家、发展中国家之间的关系。❺ 张辉所作的《国际海底区域制度发展中的若干争议问题》对国际海底采矿制度中的勘探区域的重叠主张问题、反垄断问题和担保国的义务和责任问题进行了详细的探讨。❻ 孙晋、张田

---

❶ 王才纬:《国际海底区域"开采规章"制定的法律问题研究》,《山西财经大学学报》2014年第4期,第113-115页。
❷ 李晓飞、左高山:《深海采矿规章制定协同推进——中国海洋强国战略的一个构想》,《中南大学学报(社会科学版)》2014年第5期,第54-59页。
❸ 鞠成伟:《中国大洋事务管理体制改革研究》,《中国机构改革与管理》2014年第6期,第12-14页。
❹ 项雪平:《中国深海采矿立法探析——以国际海底区域采矿规则的晚近发展为基础》,《法治研究》2014年第11期,第70-78页。
❺ 张辉:《国际海底区域法律制度基本框架及其发展》,《法学杂志》2011年第4期,第10-13页。
❻ 张辉:《国际海底区域制度发展中的若干争议问题》,《法学论坛》2011年第5期,第91-96页。

等所作的《我国深海采矿主体资格制度相关法律问题研究》建议我国应放宽对深海采矿主体资格的限制，确立主体资格认证的相关程序，使更多的国有企业参与到深海采矿活动中去。❶ 陆浩所作的《深海海底区域资源勘探开发立法的理论与实践》一文对我国2016年制定的《深海法》进行了简单的介绍。❷ 李志文的论文《我国国际海底资源开发法律制度中的地位探索》分析了我国应该在维护广大发展中国家共同利益的基础上，发挥我国在区域资源开发中的引领国地位。❸ 彭建明、鞠成伟的论文《深海资源开发的全球治理：形势、体制与未来》主要分析了目前深海开发的基本形势，指出目前深海开发的治理体制主要涉及《公约》与海管局、主权国家、跨国公司之间的关系，并简要分析了中国的参与策略。❹ 沈灏的论文《我国深海海底资源勘探开发的环境保护制度构建》分析了资源开发过程中的环境保护问题以及我国《深海法》在环境保护方面需要完善和细化的地方。❺ 张梓太的论文《构建我国深海海底资源勘探开发法律体系的思考》指出我国构建深海法律体系的原则是科学性、协调性和开放性，应当从行政法规、规章层面完善《深海法》。❻ 李志文的论文《国际海底资源之人类共

---

❶ 孙晋、张田等：《我国深海采矿主体资格制度相关法律问题研究》，《温州大学学报（社会科学版）》2014年第3期，第1－11页。
❷ 陆浩：《深海海底区域资源勘探开发立法的理论与实践》，《中国人大》2016年第15期，第10－14页。
❸ 李志文：《我国国际海底资源开发法律制度中的地位探索》，《社会科学辑刊》2016年第6期，第40－45页。
❹ 彭建明、鞠成伟：《深海资源开发的全球治理：形势、体制与未来》，《国外理论动态》2016年第11期，第115－123页。
❺ 沈灏：《我国深海海底资源勘探开发的环境保护制度构建》，《中州学刊》2017年第11期，第57－60页。
❻ 张梓太：《构建我国深海海底资源勘探开发法律体系的思考》，《中州学刊》2017年第11期，第52－56页。

同继承财产的证成》从架构说的角度分析了人类共同继承财产的国际法理架构,指出国际海底资源作为人类共同继承财产的现实问题,即平行开发制度日益不平行化,继承主体日益分裂化。❶ 此外,中国大洋协会出版的《国际海域信息》,也会介绍我国参与国际海底相关活动的最新进展情况。

就国内专著来说,我国的海洋法教材(如陈德恭独著的《现代国际海洋法》)都会对国际海底制度进行概述。❷ 而由张梓太、沈灏、张闻昭编著的《深海海底资源勘探开发法研究》是国内目前为数不多的研究深海采矿制度的专著。该书详细介绍了承包者在探矿及勘探活动中的权利义务,并在借鉴其他国家的深海法和分析我国已有环保制度的基础上,建议我国在制定《深海法》时坚持"人类共同遗产原则",建立相应的行政审查机制、环境保护机制、缔约国担保制度、安全保障制度和执法监督制度。❸

就国内的学位论文而言,亦有部分学位论文涉及"区域"制度,但主要内容均是对国际海底已有制度的探讨与总结,均未涉及目前正在制定的开发规章草案。金永明教授的博士论文《国际海底区域的法律地位与资源开发制度研究》详细论述了"区域"开发制度的形成过程、人类共同继承财产原则的发展、内涵和外延,分析了美国对海底区域制度的主张以及海管局的设立过程。❹ 王岩的博士论文《国际海底区域资源开发制度研究》主要分析了"区域"

---

❶ 李志文:《国际海底资源之人类共同继承财产的证成》,《社会科学》2017年第6期,第90-98页。
❷ 陈德恭:《现代国际海洋法》,海洋出版社,2009,第407-445页。
❸ 张梓太、沈灏、张闻昭:《深海海底资源勘探开发法研究》,复旦大学出版社,2015,第1-343页。
❹ 金永明:《国际海底区域的法律地位与资源开发制度研究》,博士学位论文,华东政法学院,2005,第1-230页。

制度的形成以及美国对国际海底制度的态度以及中国的实践。❶ 姜秉国的博士论文《中国深海战略性资源开发产业化发展研究：以深海矿产和生物资源开发为例》综合运用自然资源经济学、产业经济学和可持续发展等相关理论和研究方法，从产业经济的角度对深海矿产资源的产业化开发进行研究。❷ 张善宝的博士论文《国际海底区域生物资源的法律规制》主要分析了如何保护位于各国主权管辖范围外的生物资源以及公正、平等的分享其所衍生的利益。❸ 蓝敏生的硕士论文《国际海底区域法律问题研究》系统地介绍了"区域"法律制度的建立过程，并对国家海底区域法律制度的发展作出了预测，分析了中国在区域方面的立法状况并提出了我国应该采取的对策。❹ 王楠的硕士论文《我国国际海底区域开发法律制度研究》主要分析了"区域"开发制度的内容以及我国国际海区开发的实践和制度缺失，同时分析了德、英、美三国的国内立法实践。❺ 罗立昱的硕士论文《国际海底制度与南北关系》从国际政治和国际关系的角度分析了海底区域制度的形成过程。❻ 李思璇的硕士论文《国际海底区域遗传资源的法律地位研究》分析了遗传资源的范围、概念和特征，讨论了遗传资源应当适用于公

---

❶ 王岩：《国际海底区域资源开发制度研究》，博士学位论文，中国海洋大学，2007，第1-125页。

❷ 姜秉国：《中国深海战略性资源开发产业化发展研究》，博士学位论文，中国海洋大学，2011，第1-175页。

❸ 张善宝：《国际海底区域生物资源的法律规制》，博士学位论文，武汉大学，2014，第1-154页。

❹ 蓝敏生：《国际海底区域法律问题研究》，硕士学位论文，大连海事大学，2002，第1-68页。

❺ 王楠：《我国国际海底区域开发法律制度研究》，硕士学位论文，海南大学，2013，第1-34页。

❻ 罗立昱：《国际海底制度与南北关系》，硕士学位论文，南京大学，2013，第1-71页。

海自由还是区域制度。❶ 王冲的硕士论文《国际海底区域的立法演进及对我国的启示》分析了区域制度的形成和美、德、英三国的深海立法以及对我国深海立法的启示。❷ 许方达的硕士论文《国际海底区域环境保护制度研究》详细介绍了"区域"的环保制度设计,建议我国以"事前严格准入、事中进行有力管理和监督、事后有效追责"的方式,切实遵守海洋环境保护义务。❸ 刘博的硕士论文《国际海底区域资源开发法律制度研究》探讨了海底资源勘探开发的基本理论,分析了深海资源开发可能存在的问题,如平行开发制度中可能存在"鹦鹉螺"模式,开发主体容易被发达国家控制,人类共同继承财产原则在执行中概念模糊等,同时初步分析了中国的应对策略和评价了我国的《深海法》。❹ 徐魏巍的硕士论文《国际海底区域资源开发法律制度研究》分析了深海海底区域制度的形成、海管局的职权、其他国家在有关深海资源勘探开发立法方面对我国的借鉴以及平行开发制度面临的困境。❺ 金林的硕士论文《国际海底区域遗传资源利用与惠益分享之法律制度研究》分析了区域深海遗传资源的法律属性以及如何建立收益分享机制等。❻

---

❶ 李思璇:《国际海底区域遗传资源的法律地位研究》,硕士学位论文,大连海事大学,2015,第1-23页。
❷ 王冲:《国际海底区域的立法演进及对我国的启示》,硕士学位论文,上海交通大学,2015,第1-31页。
❸ 许方达:《国际海底区域环境保护制度研究》,硕士学位论文,国际关系学院,2015,第1-61页。
❹ 刘博:《国际海底区域资源开发法律制度研究》,硕士学位论文,北京交通大学,2016,第1-33页。
❺ 徐魏巍:《国际海底区域资源开发法律制度研究》,硕士学位论文,浙江大学,2017,第1-34页。
❻ 金林:《国际海底区域遗传资源利用与惠益分享之法律制度研究》,硕士学位论文,外交学院,2017,第1-51页。

## 二、国外研究现状

国外有许多研究机构和学者针对深海采矿规章进行研究,这些研究成果大部分体现在对"开发规章"草案的评论意见之中。许多国家、承包者、海洋环境保护组织、学术团体和个人均对开发规章草案提出了自己的评论意见。不来梅大学法学系教师普拉迪普·辛格(Pradeep Singh Arjan Singh)在其提交的评论意见中,对开发规章草案的正文和附件进行了逐条评判,总计提出了40项修改建议,涉及文本本身的错漏及多项规则的模糊性。[1] 深海资源开发影响管理项目(Manage Impacts of Deep Sea Resources Exploitation,简称MIDAS)在其提交的评论意见中,力推适应性管理制度的实施。[2] 德国的律师安德列亚斯·凯德(Andreas Kaede)则针对"开发规章"草案中诸多与"勘探规章"相同的条文,提出了修正意见。[3] 此外,促进可持续发展研究中心(Institute for Advanced Sustainability Studies)[4]、贝尼奥夫海洋行动计划(Benioff Ocean Initiative)等科研机构也提交了自己的评论意见。[5]

---

[1] Pradeep Singh Arjan Singh, Comments With Respect to the Working Draft of Exploitation Regulations and Standard Contract Terms, November 2016, pp. 1 – 8.

[2] Manage Impacts of Deep Sea Resources Exploitation (MIDAS), Observations and Comments from MIDAS on the "Working Draft of Exploitation Regulations and Standard Contract Terms," November 2016, pp. 1 – 6.

[3] Anderson Kaede, Submission in Response to the Stakeholder Survey Initiated by the International Seabed Authority (ISA) in its "Report to Members of the Authority and All Stakeholders" of July 2016, November 2016, pp. 1 – 13.

[4] Institute for Advanced Sustainability Studies e. V. (IASS), Commentary by the Institute for Advanced Sustainability Studies (IASS Potsdam) on "Developing a Regulatory Framework for Mineral Exploitation in the Area", November 2016, pp. 1 – 94.

[5] The Benioff Ocean Initiative, Comments by the Benioff Ocean Initiative on the Draft Regulations on Exploitation of Mineral Resources in the Area, December 2017, pp. 1 – 2.

从海管局公布的工作组报告中可以看出,海管局较详细地讨论了开发规章的各项重点问题。海管局 2015 年 3 月公布的 14 号技术报告《促进海底电缆和深海海底采矿的共同利益以及履行〈公约〉的"合理顾及"义务》(Submarine Cables and Deep Seabed Mining Advancing Common Interests and Addressing UNCLOS "Due Regard" Obligations),指出了"区域"活动和海底电缆所有者之间的合理顾及义务包括通知和协商两个构成要件,并强调下一步需要继续讨论的问题,包括加强海管局和国际海底电缆保护委员会的合作等。[1] 海管局 2016 年 4 月的 1 号报告《根据拟议的新开发规章产生的争议解决事项》(Dispute Resolution Considerations Arising Under the Proposed New Exploitation Regulations),指出并非所有的海底采矿活动争端都属于海底争端分庭的管辖范围,如陆上加工纠纷、海管局与《公约》其他部分项下的争端、承包者与沿海国之间的争端,解决办法是充分利用目前正在制定开发规章的机会,扩大海底争端分庭的管辖权。[2] 海管局 2016 年 4 月公布的 2 号报告《根据拟议的新开发规章产生的数据和信息管理问题》(Data and Information Management Considerations Arising Under the Proposed New Exploitation Regulations) 分析了《公约》对机密信息的相关规定,指出《公约》并没有对"工业秘密""专有数据"和其他机密信息进行定义,提出开发规章有关机密信息的规定应当既要保证海管局工作的透明度又要保障承包者的权益。[3] 海管局

---

[1] Submarine Cables and Deep Seabed Mining, Advancing Common Interests and Addressing UNCLOS "Due Regard" Obligations, ISA Technical Study: No. 14, March 2015, pp. 1 – 53.

[2] International Seabed Authority, Dispute Resolution Considerations Arising Under the Proposed New Exploitation Regulations, April 2016, pp. 1 – 11.

[3] International Seabed Authority, Data and Information Management Considerations Arising Under the Proposed New Exploitation Regulations, April 2016, pp. 1 – 10.

2016年4月公布的3号报告《为国际海底管理局制定沟通和参与战略，确保积极的利益相关者参与制定开采法典》(Developing a Communications and Engagement Strategy for the International Seabed Authority to Ensure Active Stakeholder Participation in the Development of a Minerals Exploitation Code)，将不同的利益相关者进行分类，让不同的利益相关者使用不同的参与方式，从而确保利益相关者最广泛地参与到深海开发活动当中去。❶ 海管局2016年7月公布的4号报告《制定深海采矿环境规章面临的执行和责任挑战》(Enforcement and Liability Challenges for Environmental Regulation of Deep-seabed Mining)，分析了制定开发规章面临的环境挑战，指出具体环保措施包括事前的审查、事中的监管、事后的处罚。❷ 海管局2017年3月公布的5号报告《国际海底管理局预防性方法的实施》(The Implementation of the Precautionary Approach by the International Seabed Authority)，分析如何通过制度层面、组织层面和程序层面实施预防性原则。❸

国外与深海采矿规章制度直接相关的期刊文献并不多。大卫·哈特利(David Hartley) 于2012年撰写的《守护最后边界：国际海底管理局的未来规则》(Guarding The Final Frontier: The Future Regulation of the International Seabed Authority) 一文介绍了多金属结核矿区、硫化物矿区不同的地质构造和未来的商业化开发将面

---

❶ International Seabed Authority, Developing a Communications and Engagement Strategy for the International Seabed Authority to Ensure Active Stakeholder Participation in the Development of a Minerals Exploitation Code, April 2016, pp. 1 – 38.
❷ International Seabed Authority, Enforcement and Liability Challenges for Environmental Regulation of Deep-seabed Mining, June 2016, pp. 1 – 28.
❸ International Seabed Authority, The Implementation of the Precautionary Approach by the International Seabed Authority, March 2017, pp. 1 – 15.

临的环境风险,建议深海采矿规章应制定更严格的预防措施。[1]而卢斯·丹尼尔(Luz Danielle)于 2016 年撰写的《进入深渊:通过实用主义和国际法合理化商业深海采矿》(Into The Abyss: Rationalizing Commercial Deep Seabed Mining Through Pragmatism and International Law)一文,结合巴布亚新几内亚将于 2018 年在其管辖海域内开展的深海采矿项目,陈述了"环保派"和"开发派"的对立观点,并指出矿产公司和政府支持海底矿产资源开发的六项要素,建议未来应促进海底矿产开发的可持续进行、完善并执行相关的环境措施。[2]艾琳·杰克尔(Aline Jaeckel)、杰夫·阿德隆(Jeff A. Ardron)和克里斯蒂娜·耶尔德(Kristina M. Gjerde)于 2016 年撰写的《分享人类共同继承财产——深海采矿做好准备了吗?》(Sharing benefits of the common heritage of mankind – Is the deep seabed mining regime ready?)一文认为,目前的开发制度尚不能实现"全人类共同继承财产原则",海管局面临惠益分享制度制定的艰巨任务;同时,文章简要介绍了分享收益的四种方法,即分享经济收益、企业部开发、平行开发和分享海洋科学研究的益处。[3]艾琳·杰克尔、杰夫·阿德隆和克里斯蒂娜·耶尔德于 2017 年撰写的《保护人类共同继承财产——深海采矿制度的选择》(Conserving the common heritage of humankind – Options

---

[1] David Hartley, Guarding the Final Frontier: The Future Regulations of the International Seabed Authority, Temple International & Comparative Law Journal, Vol. 26, 2012, pp. 335 – 366.
[2] Luz Danielle. Bolong, Into The Abyss: Rationalizing Commercial Deep Seabed Mining Through Pragmatism and International Law, Tulane Journal of International and Comparative Law, Vol. 25, 2016, pp. 127 – 181.
[3] Aline Jaeckel, Jeff A. Ardron, Kristina M. Gjerde, Sharing benefits of the common heritage of mankind – Is the deep seabed mining regime ready? Marine Policy, Vol. 70, 2016, pp. 198 – 204.

for the deep-seabed mining regime）一文从环境保护的角度分析了如何保护人类共同继承财产并最终实现代际公平，主要措施包括资助海洋科学研究、增加知识、公众参与决策、设立保护目标等。❶ 玛丽·布尔雷尔（Marie Bourrel）等所著的《人类共同继承遗产作为评估和促进深海采矿公平的手段》（The common of heritage of mankind as a means to assess and advance equity in deep sea mining）一文分析了人类共同继承财产的特征和法律地位，指出了海管局在分配"区域"收益方面面临的挑战，同时人类共同继承财产的分配要注意平等和公平。❷

### 三、国内外研究现状述评

（一）以往研究所取得的进展

通过以上文献回顾可知，以往的文献对"区域"内资源开发制度已经进行了比较翔实的研究，取得了显著的研究进展。本书对此简单概括为：

第一，对"区域"资源开发制度的形成过程作了较为清晰的论述，包括人类共同继承财产原则的提出、确认以及勘探制度的形成；

第二，对海管局的成立和职权作了清新的阐述；

第三，对三个勘探规章进行了制度性的介绍；

第四，对开发活动有一定的涉及，但内容不够深入；

---

❶ Aline Jaeckel, Kristina M. Gjerde, Jeff A. Ardron, Conserving the Common Heritage of Humankind—Options for the Deep Seabed Mining Regime, Marine Policy, Vol. 78, 2017, pp. 150 – 157.

❷ Marie Bourrel, Torsten Thiele, Duncan Currie, The common of heritage of mankind as a means to assess and advance equity in deep sea mining, Marine Policy, Vol. 78, 2016, pp. 311 – 316.

第五，指出中国有关"区域"立法的缺失并提出了完善意见；

第六，各利益攸关方对最新的开发规章草案有了较多的评论意见；

第七，对"区域"开发制度的某些内容有了初步的研究。

（二）以往研究有待进一步解决的问题

对中文文献而言，上述文献无论是期刊论文还是学位论文，绝大部分都是对"区域"资源开发制度形成过程的分析以及论述勘探规章的内容，提及目前海管局正在制定的开发规章草案的较少，更没有专门关于承包者的权利保护的系统研究成果。

对外文文献而言，上述文献对开发规章草案的内容从多个角度进行了分析。目前开发规章草案面临的问题较多，作者主要选取了承包者权利保护的角度进行重点分析。因为只有承包者正式投入开发活动并有了收益，才有可能真正实现全人类共同继承财产原则。因此，规章总体上应该保护承包者的积极性，不应该给承包者施加过多的负担。

# 第一章

# "区域"资源开发制度概述与承包者的权利保护

## 第一节 "区域"资源开发制度的形成与发展

### 一、"区域"资源的发现及法律地位

(一)"区域"资源的发现

锰结核(也被称为多金属结核)由英国"挑战者号"帆船于1873年的远洋航行中在海底首次发现。此后,人们发现锰结核覆盖了海底的大部分地区,这些锰结核由高纯度的金属组成,包含26%的锰、7%的铁、1.3%的镍、1.1%的铜、0.27%的钴。[1] 锰结核的储量因海域而异,储量最丰富的海域为墨西哥西海岸以外的区域(也被称为克拉里昂—

---

[1] R. R. Churchill and A. V. Lowe, The Law of the Sea (Third Edition), Manchester University Press, 1999, p. 223.

克利珀顿断裂带，Clarion – Clipperton fracture zone，简称CCZ）、中印度洋盆地（CIB）和秘鲁盆地。1962年，美国海洋学家梅洛（Mero）将太平洋中的锰结核描述为一种无限的资源，称其能够为人类未来提供取之不尽的金属资源。1965年，梅洛进一步研究了深海锰结核的储量（见表1.1）以及锰结核开发的经济可能性，并预测大约在20年左右的时间内，锰结核开发将成为一个合理的商业主张。

表1.1 梅洛对太平洋结核金属含量的描述[1]

| 金属 | 以1960年消耗量为基础 陆地 | 以1960年消耗量为基础 深海 | 金属 | 以1960年消耗量为基础 陆地 | 以1960年消耗量为基础 深海 |
| --- | --- | --- | --- | --- | --- |
| 铝 | 100年 | 2000年（430亿吨） | 钼 | 500年 | 30000年（7.5亿吨） |
| 锰 | 100年 | 400000年（3580亿吨） | 铁 | | 2070亿吨 |
| 铜 | 40年 | 6000年（79亿吨） | 钛 | | 100亿吨 |
| 锆 | 100年 | 10000年（10亿吨） | 镁 | | 250亿吨 |
| 镍 | 100年 | 150000年（147亿吨） | 铅 | | 13亿吨 |
| 钴 | 40年 | 200000年（52亿吨） | 钒 | | 8亿吨 |

---

[1] United Nations General Assembly, Agenda item 92: Examination of the question of the reservation exclusively for peaceful purpose of the sea – bed and the ocean floor, and the subsoil thereof, underlying the high seas beyond the limits of present national jurisdiction, and the use of their resources in the interests of mankind, office records, A/c.1/pv.1515, p.4.

从表 1.1 的数据可以看出深海资源的勘探和开发可以给开发国带来巨大的经济利益。梅洛的预测加上当时国际社会对陆地资源即将出现全球性短缺的不准确预估，激发了德国、日本、法国和美国等发达国家对海底矿产资源的极大兴趣。❶ 广大发展中国家意识到由于各个国家的科技发展水平不一样，如果不对深海矿产资源的开发活动作出限制，技术发达的国家有能力和资金抢先进行深海的勘探和开发活动，而发展中国家和其他技术落后的国家将处于不利地位。同时，这也将导致深海资源开发国的巨大经济优势而给原本的陆上矿产资源出口国造成巨大的经济冲击，特别是其中的发展中国家。况且，这些矿产资源又处于公海以下的区域，在公海自由这一古老的国际海洋原则盛行的情形下，如何保障广大发展中国家的海洋权益，对公海以下的区域应该建立什么样的国际法原则和国际制度，是国际社会所要解决的问题。

（二）"区域"资源的法律地位

在传统海洋法中，关于国际海底地位有三种理论。

1. 无主物理论

无主物（res nullius）是指：不属于任何人，但可以取得私人所有权的物。❷ 传统的国际法将这种理论适用于领土的取得方式，即通过先占的方式取得土地的领土主权。按照这一理论，国家管辖范围以外的海床、洋底和底土及其资源不是任何人的财产，因此国际海底的资源不仅可以被合法地占有，而且国际海底本身也可以由国家占有并由该国对其行使主权。即各国可通

---

❶ Elaine Baker and Yannick Beaudoin, Deep Sea Minerals and the Green Economy, Secretariat of the Pacific Community, 2013, p. 8.

❷ Bryan A. Garner (Editor in Chief), Black's Law Dictionary (Ninth Edition), West Publish Co, 2009, p. 1425.

过"先占""时效"等方式获得占有和使用国际海底及其资源的权利。❶ 但是传统的先占理论并不适用于国际海底。这是因为：第一，作为原始取得领土的一种方式，先占在西方殖民扩张时期占有重要地位。在第三世界崛起、并在国际上起着越来越大的作用的情形下，先占作为领土的取得方式，已经失去了现实意义。如果将先占适用于国际海底区域，将掀起新一轮的海底圈地运动；第二，传统的先占理论主要适用于近海地区，传统国际法学者从未提出将先占适用于深海海底。因此，在联合国海底委员会会议上和第三次联合国海洋法会议上，各国代表没有一个公开赞成这种主张。

2. "共有物"理论

共有物（res communis）是指：一个物为全人类所有和享用，不能被个人所有，如阳光、空气等。❷ 共有物的特征是数量无限，不能被任何人占有。"区域"及其资源与共有物虽有共同之处，如为全人类共同所有，不允许特定的国家和个人通过占有获得所有权，任何人都可以使用和享受。但它们之间也存在明显的区别。这表现为：第一，数量上的区别。共有物的特征之一是数量无限，用之不竭。深海海底资源虽然存储量很大，分布很广，但其数量终究是有限的，并非用之不竭。第二，使用方式不一样。共有物不能被私人占有，但是国际海底资源却可以无数个单个块的形式存在于海底，是可以被分而取之的。所以多数西方国家宁可用公海自由原则而不用共有物原则来说明深海海底及其资源的法律地位。❸

---

❶ 杨泽伟：《国际法》，高等教育出版社，2017，第174页。
❷ Bryan A. Garner（Editor in Chief），Black's Law Dictionary（Ninth Edition），p. 1421.
❸ 金永明：《国际海底区域的法律地位与资源开发制度研究》，博士学位论文，华东政法学院，2005，第24页。

### 3. 公海自由理论

按照国际法，公海是全人类的共同财富，对一切国家自由开放，供所有国家平等、共同使用。它不属于任何国家领土，任何国家不得将公海的任何部分据为己有。在国际海底及其资源的法律地位的问题上，大多数西方海洋强国主张应该适用公海自由原则。按照这一原则，"区域"及其资源可以被任何国家使用，国家有权自由地开发海底的锰结核矿石，进而拥有该矿石的所有权。如美国政府声明，美国政府并不主张国家享有对深海矿产资源开发的排他性权利，但是这样的采矿活动应当符合现有的国际法原则即公海自由原则，加拿大、英国和澳大利亚等国家均持相同的观点。但并非所有的国家都持这种观点，发展中国家就不赞成这种观点，它们主张应当建立一个新的制度来防止国际海底的圈地运动。❶ 最终，"区域"并没有适用公海自由原则，这是因为：第一，尽管 1955 年负责起草《公海公约》的国际法委员会特别报告员曾指出过，委员会知道存在勘探和开发公海底下的自由。但在 1956 年向联合国大会提交的报告的注释中，委员会写到，考虑到深海资源的勘探和开发当时还不存在实际的重要性，因此，并没有为深海资源的法律地位做出专门的法律条款。❷《公海公约》在最终文本中规定公海指的是不属于一国领海或内水的全部海域，并不包含海底在内。这说明国际法委员会考虑到了未来有可能要为海底制定新的制度；第二，公海自由当时指的是航行自由、捕鱼自由、铺设海底电缆和管道的自由、飞行自由，并不包含海底资源的勘探和开发问题。硬将公海自由原则适用于

---

❶ R. R. Churchill and A. V. Lowe, The Law of the Sea (Third Edition), Manchester University Press, 1999, p. 226.

❷ Id, p. 225.

"区域"是一种牵强附会,目的是在理论上支持那些技术先进和资金雄厚的海洋大国掠夺深海资源,这自然得不到广大发展中国家的支持。

## 二、人类共同继承财产原则的确立与内涵

### (一)人类共同继承财产原则的提出

广大发展中国家反对海洋大国掠夺国际海底资源的主张,认为必须建立不同于公海的国际海底制度,对国际海底资源的勘探和开发应当进行国际管制,为全人类的利益服务。在这样的背景下,1967年8月17日,在第22届联合国大会上,马耳他驻联合国代表阿维德·帕多(Arvid Pardo)博士发表了开创性的讲话。帕多博士指出,考虑到科学技术的发展,海底区域的资源会被越来越多的国家使用,如果不对海底资源开发活动进行管制,会导致各国对国际海底资源进行掠夺,技术发达的国家依靠技术优势抢占海底区域,同时国际海底区域面临军事化的危险。因此,帕多博士建议在第22届联合国大会议程中加上一项"有关以和平目的并为人类利益使用国家管辖以外海底资源之特殊保留的宣言和条约",同时,他还附上了一份解释性备忘录。该备忘录正式提出了人类共同继承财产的概念,并指出,宣告海床和海底是人类共同继承财产的时间已经到来,应该就该事项起草一项公约并指出了公约应包含的原则。[1]

1967年11月1日,帕多博士在联合国大会"审议各国现有管辖范围外公海之海洋底床与下层土壤专供和平用途及其资源用于

---

[1] United Nations General Assembly, Note verbale gated 17 August 1967 from the Permanent Mission of Malta to the United Nations addressed to the Secretary – General, A/6695, pp. 1 – 2.

谋求人类福利之问题"议题下，再次对国际海底区域问题作了详细的阐述。帕多博士从地理、经济和技术方面描述了深海矿产资源开发事项。帕多博士认为毫无限制地开发深海资源会对许多国家的经济产生影响，特别是对资源进出口国家。帕多博士也再次强调，为了避免发达国家利用技术优势先占海底区域以及将海底军事化，应当针对海底区域建立有效的国际管制机制，也唯有如此，才能促使对海底资源的开发和利用是为全人类利益而进行。至于是建立一个全新的国际机构来管理深海开发活动还是直接由联合国来管理，帕多博士认为联合国并不是一个合适的机构，他赞成建立一个新的国际机构代表全人类的利益来管理"区域"及其资源，该机构拥有广泛的权力监管和控制各国在海底的活动。同时，帕多博士促请联合国大会通过决议承认公海海底区域的资源属于人类的共同继承财产。❶

帕多博士的建议产生了重大的影响，得到了联合国大会的重视。最终，联合国大会通过了A/RES/22/2340号决议。决议声明，人类共同对海底具有利益，对海洋底土与下层土壤之探测与利用，应遵照联合国宪章之原则与宗旨，以利维持国际和平与安全，并谋全人类之福利。同时，决议决定设立研究各国现有管辖范围以外公海之海洋底土专供和平用途专设委员会（以下简称特设委员会），与秘书长合作，编制研究报告，供大会第23届会议审议。❷特设委员会于1968年举行了三次会议，并设立了两个工作小组，分别负责海底议题经济技术层面的问题和法律层面的问题。法律工作

---

❶ United Nations General Assembly, Agenda item 92: Examination of the question of the reservation exclusively for peaceful purpose of the sea-bed and the ocean floor, and the subsoil thereof, underlying the high seas beyond the limits of present national jurisdiction, and the use of their resources in the interests of mankind, pp. 1-15.

❷ 联合国大会决议，A/RES/22/2340，第14-15页。

小组主要讨论了国际海底的资源利用应该为全人类利益而进行、拟定一项关于仅为和平目的使用海床及其底土的协定、和平使用海底、海洋污染等问题。最后特设委员会向联合国大会提交了两份报告，两份报告中都提到了人类共同继承财产原则。联合国第 23 届会议审议了特设委员会的报告，并作出了第 2467 号决议，决议重申了海底开发要为全人类利益以及和平而进行等事项，并设立由 42 个国家组成的各国管辖范围以外海洋底土和平使用委员会（以下简称海底委员会），海底委员会的职权为研究如何详细拟定法律原则及标准，以促进各国在探测和利用各国管辖范围以外海洋底土与下层土壤方面的国际合作，确保此种资源的开发用于谋人类福利等事项。❶

（二）人类共同继承财产原则的确立

海底委员会于 1969 年至 1973 年召开了数次会议。在国际海底资源的性质问题上，工业化国家和绝大多数发展中国家持不同的观点。工业化国家希望达成一项宽松的深海采矿制度，而绝大多数发展中国家不仅希望达成一项统一的原则，更希望国际社会建立一个拥有广泛权利的国际机构来管理深海采矿活动。1969 年，第 24 届联合国大会通过了第 2574 号决议，决议确认了"区域"专供和平用途，其资源开发应为全人类利益进行等事项。其中，第 2574D 号决议（也被称作禁止决议）规定：在对深海资源开发的国际制度尚未成立以前：（1）所有国家及个人，不论其为自然人或法人，均不得对各国管辖范围以外海洋底土与下层土壤地区之资源作任何开发活动；（2）对此种地区之任何部分或其资源之要求概不承认。❷ 此项决议得到了广大发展中国家的支持，但遭到了包括美国在内的诸多发达国家的反对。表决的时候西方国家投

---

❶ 联合国大会决议，A/RES/23/2647，第 18 页。
❷ 联合国大会决议，A/RES/24/2754，第 12 – 14 页。

了反对票，大会最终以62张同意票、28张反对票、28张弃权票通过了决议。虽然联合国大会的对外决议并没有法律上的约束力，但是它挫败了海洋大国鼓吹自由开发国际海底资源的主张，对之后国际海底法律地位的确认具有重大意义。

1970年12月17日，联合国第25届大会通过了第2749（XXV）号决议，即《关于各国管辖范围以外海洋底床与下层土壤之原则宣言》（以下简称《原则宣言》）。《原则宣言》正式宣告：各国管辖范围以外海洋底床与下层土壤以及该地域之资源，为全人类共同继承之财产，国家或个人，不论自然人或法人，均不得以任何方式将该地域据为己有，任何国家不得对该地域之任何部分主张或行使主权或主权权利，所有关于探测及开发该地域资源之活动以及其他有关活动，均应受行将建立之国际制度管制。❶《原则宣言》是国际海底法律制度形成中一项非常重要的决议，它充实和发展了帕多博士的发言和联大第2574号决议，表明人类共同继承财产原则得到了大多数国家的赞同。同时，大会第2750C号决议决定于1973年召开联合国第三次海洋法会议。

从海底委员会的工作到1973年联合国第三次海洋法会议的召开，最后到1982年海洋法会议结束，各国对"区域"及其资源属于全人类共同继承财产这一概念已无异议。正如联合国秘书长在第三次海洋法会议的致辞中所说："有必要强调指出，会议将在联大第2749号决议的基础上进行，即国家管辖范围以外的海床是人类的共同继承财产。"❷ 各国有分歧的地方是在这一原则下，"区域"的资源应该建立一个什么样的国际机构进行管理以及采取何

---

❶ 联合国大会决议，A/2749（XXV），第76-77页。
❷ 孙秋玉：《论国际海底区域"人类的共同继承财产"原则》，《求是学刊》1994年第2期，第63页。

种开发制度。最终，经过长达 9 年的谈判，"区域"及其资源的法律地位在《公约》第十一部分及相关附件中作了规定。至此，人类共同继承财产原则第一次在《公约》中以法律的形式被确认下来，这在国际法上有着重大的意义。

（三）人类共同继承财产原则的内涵

自从人类共同继承财产概念形成之后，国际法学界对于其性质、范围和内容等问题争论不休，见仁见智，以至于没有形成一个准确的定义，亦无司法判例来澄清这一问题。[1] 学界大部分定义包含五个构成要件：第一，不得占有。即各国不能对共有地区提出领土主权要求。第二，共同管理。即由各国共同参与对共同区域的管理。第三，收益分享。即全人类共同分享共同区域的开发利益，这也是该原则最核心的方面。第四，和平使用。即该地区专门用于和平目的。第五，为后世保留。即对该区域进行保护，以造福子孙后代。[2] 根据现有的国际文件查明，"人类共同继承财产"是一项新的法律原则，正如王铁崖教授所言，人类共同继承财产并不是一个空洞的政治概念，更不是一个单纯的政治口号，它是一个法律概念，包含着特定的法律原则和规则，在海洋法上成为新的法律制度的基础。[3]

1. 人类共同继承财产原则是一项法律概念

人类共同继承财产这一概念包含了法律关系所需要的主体、

---

[1] 李化：《论地球气候的人类共同继承财产属性》，《中国地质大学学报》2018 年第 5 期，第 59 页。

[2] Jennifer Frakes, The Common Heritage of Mankind Principle and Deep Seabed, Outer Space, and Antarctica: Will Developed and Developing Nations Reach a Compromise? Wisconsin International Law Journal, Vol. 21, No. 2, 2003, pp. 411–413.

[3] 王铁崖：《论人类共同继承财产的概念》，中国国际法学会主编：《中国国际法年刊（1984）》，中国对外翻译出版公司，1984，第 44 页。

客体和内容要件。在人类共同继承财产这一法律关系中,"全人类"是该法律关系的主体,此处的人类包括所有人,不单独指某个特定的人或国家。因此,任何个人、法人或国家都不能成为该法律关系的主体。该法律关系的客体是财产,即国家管辖范围以外的海床和洋底及其底土的任何部分及资源,财产的所有权性质是共同的,全人类共有。该法律关系的内容是国际社会统一管理"区域"内财产的行为,包括获取"区域"内资源以及从"区域"资源开发中获得的收益。王铁崖教授也指出,"就这个概念本身而言,它首先以人类为主体,其次以财产为目标,然后强调共同这一点"❶。金永明教授也持此种观点。❷

2. 人类共同继承财产原则的含义

根据《维也纳条约法公约》第31条、第32条的规定,条约的解释可以采用文义解释的方法,即按照条文的字面含义去解释。人类共同继承财产,英文为"The Common Heritage of Mankind"。首先,"人类"(mankind)一词的含义。"人类"一词应当从空间和时间两个维度去理解。从空间的维度上看,"人类"应当包括地球上的所有人。正如杜比伊所指出的,1970年《原则宣言》体现着"默认人类是国际法的主体,这是一个使国家、集体和个人相结合的概念"❸。但是实践中存在的问题是,"人类"并不是国际法的主体,而且所有人均参与海洋资源的管理也是不切实际的。因此建立一个专门的国际权威机构代表全人类管理共同财产是最

---

❶ 王铁崖:《论人类共同继承财产的概念》,中国国际法学会主编:《中国国际法年刊(1984)》,中国对外翻译出版公司,1984,第44页。

❷ 金永明:《人类共同继承财产法律性质研究》,《社会科学》2005年第3期,第60页。

❸ 杜比伊:《海洋法:当代法律问题》,1974,第52页。转引自赵理海:《"人类的共同继承财产"是当代国际法的一项重要原则》,《北京大学学报(哲学社会科学版)》1987年第3期,第78页。

合适的。从时间的维度上看，全人类不仅包括当代人还包括后代人，因此要注重代际公平和资源的可持续开发。其次，"共同"（common）一词的含义。在布莱克法律词典中，common 一词的含义指使用他人财产的权利或者留给公众使用的土地，❶ 即大家共同享有的某种权利。在人类共同继承财产中可以理解为全人类共同享有对该物的所有权。最后，"继承财产"（heritage）一词的含义。heritage 的含义为财产从去世的人转移给继承人。之所以用"heritage"而不用"property"，是因为在罗马法中，"property"反映的是一种权力，被认为拥有使用并处置财产的权利。用"继承财产"是为了强调权利来源的正统，强调财产来源于我们的祖先，财产权是源于继承。之所以强调财产的来源，是因为发展中国家要以此对抗发达国家通过先占而抢占这些资源。❷ 因此，从文义解释的角度来看，人类共同继承财产是指全人类共同享有区域及其资源的所有权。

3. 人类共同继承财产原则的具体要求

对于人类共同继承财产原则的具体要求，我们可以通过体系解释的方法来理解，即联系原则提出时的材料和《公约》的上下文进行解读。1967 年，帕多博士不仅提出人类共同继承财产的概念，还提出了构成这一概念的组成部分，即（1）国家管辖范围以外的海床和底土，国家不得以任何方式据为己有；（2）国家管辖范围以外的海床和底土上资源的勘探应当遵守《联合国宪章》的原则和宗旨；（3）深海资源的开发应为全人类的利益进行，并且主要用于提升贫困国家的发展；（4）深海开发只用于和

---

❶ Bryan A. Garner（Editor in Chief），Black's Law Dictionary（Ninth Edition），p. 311.
❷ 张志勋、谭雪春：《论人类共同继承财产原则的适用困境及其出路》，《江西社会科学》2012 年第 12 期，第 156 页。

平目的。[1] 1982 年《公约》中的相关规定也体现了该原则的具体要求（具体规定见表1.2）：

表 1.2 《公约》有关人类共同继承财产原则的规定

| 内容 | 解读 | 来源 |
|---|---|---|
| 不可占有 | "区域"及其资源的所有权利归属于全人类，任何国家都不能对"区域"及其资源主张主权或主权权利。 | 第 137 条 |
| 共同管理 | "区域"内的所有海底采矿活动均由海管局代表全人类进行，海管局通过的规则、规章和程序对所有成员国具有约束力。 | 第 137 条第 2 款、第 153 条第 1 款、第 156 - 185 条 |
| 和平使用 | "区域"专为和平目的的使用 | 第 141 条 |
| 环境保护 | 海管局应对"区域"内活动采取必要措施，保护海洋环境不受这种活动可能产生的有害影响；防止、减少和控制污染、保护和养护"区域"的自然资源，防止对海洋环境中的动植物造成损害 | 第 145 条 |
| 收益分享 | 海管局旨在公平分享"区域"内活动产生的经济利益和其他收益，包括海洋数据和深海技术等 | 第 140 条、第 144 条、第 148 条 |
| 科学研究 | 海管局及其成员必须支持发展中国家的研究能力，支持与海底采矿有关的技术转让和科学信息分享，促进发展中国家有效参与深海采矿 | 第 143 条、第 144 条、第 148 条，1994 年《执行协定》第 5 部分 |

---

[1] United Nations General Assembly, Note verbale gated 17 August 1967 from the Permanent Mission of Malta to the United Nations addressed to the Secretary - General, A/6695, p. 3.

续表

| 内容 | 解读 | 来源 |
|---|---|---|
| 国家责任 | 国家必须确保"区域"内的活动符合国际规则，否则需要承担相应的责任 | 第139条 |

上述规定反映了人类共同继承财产原则的具体要求。总而言之，人类共同继承财产原则体现在深海采矿中，具体表现为：

第一，全人类享有所有权。需要指出的是，这里的"全人类"理解为一种"国家集合"更合适。因为世界上最充足的资源、最强的行为能力和权威仍掌握在主权国家手中，这个现实决定了主权国家在深海资源的勘探和开发中的地位是不可忽视的，主权国家是最核心、最有力的治理者和推动者。❶ 而且，世界上也没有一个可以代表各国、各民族利益的世界政府存在，所以只能由所有国家代表世界各国人民来做"区域"及其资源的共有人。在国际法上，国家不仅享有相应的主体资格，还具有相应的实际能力参与并完成这些财产的开发活动，最后将开发所得收益分配至其居民予以使用。❷ 第二，各国共同管理。既然国际海底区域及其资源为全人类所有，所以理应由各国共同实施管理行为。为了对深海资源进行管理，《公约》建立了海管局，海管局根据各国的授权控制和管理"区域"内的各项勘探和开发活动。第三，收益分享，即各国有权分享从海底资源开发中获得的收益。收益分享是人类共同继承财产原则最核心的组成部分，也是最难实现的部分。虽然海管局应当公平地分享从"区域"获得的收益，但是公平分享

---

❶ 陈慧青：《预防原则在深海采矿活动中的运用及中国的应对》，《资源开发与市场》2018年第8期，第1106页。
❷ 李志文：《国际海底资源之人类共同继承财产的证成》，《社会科学》2017年第6期，第92页。

并不等于平均分享。这是由于：首先，"区域"资源的收益分享要照顾开发者的利益，因为只有实际进行开发活动并有了收益后，才会存在分享成果的问题。否则，没有任何一个承包者会耗费巨大的成本去开发深海矿物资源，而获得的成果却由全人类分享；其次，收益分享要适当照顾发展中国家特别是贫困国家的利益，这是《公约》本身的规定。第四，和平使用国际海底。和平使用海底意味着禁止任何国家或者个人在海底进行军事活动，禁止使用武力，只能为造福人类而开发海底。第五，要实现代际公平和深海资源的可持续开发，保护海洋环境。国际社会在分享海底开发收益的同时，必须顾及后代的利益，不能竭泽而渔。"继承财产"一词也隐含着人类共同继承财产原则要求国际社会考虑到世代之间的公平性，以便所有人共享深海矿物资源开发带来的好处。在海洋法公约谈判期间，代际公平和可持续发展从一开始就是人类共同继承财产原则的重要组成部分。[1]

### 三、"区域"资源开发制度的落实与发展

广大发展中国家经过长时间的努力，将人类共同继承财产原则写入了《公约》，但是将这项原则付诸实践要比将它写在纸上更难，会遇到更大的阻力。"区域"制度的落实主要体现在开发制度上。

（一）"区域"资源开发制度的落实

"区域"开发制度是第三次海洋法会议上争论的焦点，发展中国家和发达国家对此存在尖锐的对立。在海底开发制度的谈判过

---

[1] Aline Jaeckel, Kristina M. Gjerde and Jeff A. Ardron, Conserving the Common Heritage of Humankind—Options for the Deep Seabed Mining Regime, p. 151.

程中，77国集团主张"单一开发"模式，即建立一个专门的国际海底机构负责"区域"的开发活动，该机构拥有广泛的职权，可以对"区域"内的各类活动进行监督和管理，最后由该机构向各国分配从海底资源开发活动中的收益。而发达国家则主张实行"执照制"，即建立一个松散的国际机构，该机构的任务只是按照规定向申请者颁发执照，各国在与该机构签订协定后即取得勘探开发国际海底资源的权利。❶ 最终，经过反复协商，发展中国家和发达国家达成了一个妥协的方案，《公约》采纳了平行开发制度，主要内容包括：

（1）海管局负责全面管理"区域"内活动（海管局机构的组成见图1.1），海管局的职能机构有：①大会。大会由所有缔约国代表组成，是海管局的最高机关，所有其他机关都对大会负责，大会拥有制定一般性政策、选举理事会成员、设立必要的附属机关和决定海管局的预算等方面的权利。②理事会。理事会是海管局的执行机关，按大会所制定的一般政策制定具体政策。理事会下设立经济规划委员会和法律与技术委员会（以下简称法技委）。法技委的职能主要包括就海管局职务的执行提出建议，审查关于"区域"内活动的正式书面工作计划，并向理事会提出建议，拟定涉及"区域"活动的规则、规章和程序并提交理事会审核等。经济规划委员会的主要职能是研究"区域"内矿物生产可能对陆上生产国经济产生的影响，尤其是对发展中国家的影响，向理事会建议对于因"区域"内活动而受到不良影响的发展中国家提供补偿或其他经济调整援助措施。目前，经济规划委员会的职能由法技委执行，直至理事会另做决定，或直到第一份开发工作计划得

---

❶ R. R. Churchill and A. V. Lowe, The Law of the Sea (Third Edition), Manchester University Press, 1999, p. 228.

到核准。③秘书处。秘书处由秘书长和其他工作人员组成，为办理行政事务的常设机关，秘书长是海管局的行政首长。④企业部。企业部为在"区域"内活动以及从事运输、加工和销售从"区域"回收矿物的机关，它可以自己开发矿物，也可以与其他承包者合作开发，目前，企业部尚未建立。⑤财务委员会。财务委员会主要负责海管局的财务管理和内部财务行政工作以及提出公平分配从"区域"内活动取得财政及其他经济利益的建议，具体海管局组成见图 1.1 所示。

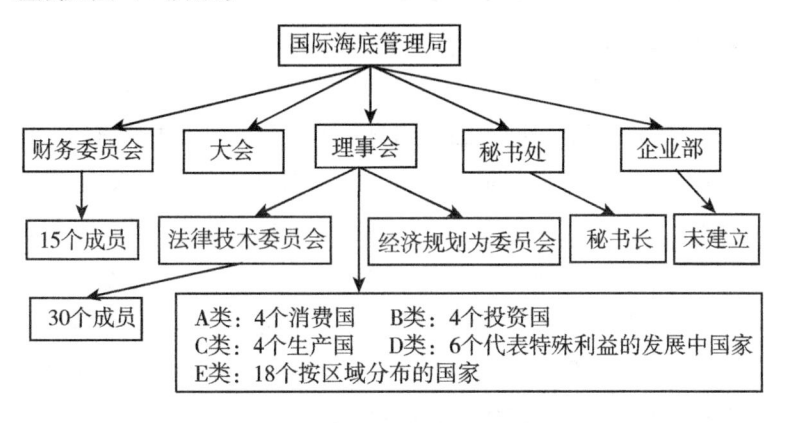

```
                    国际海底管理局
          ┌─────────┬────┬────┬──────┐
      财务委员会   大会  理事会  秘书处  企业部
          │              │         │       │
       15个成员    法律技术委员会  经济规划为委员会  秘书长  未建立
          │              │
       30个成员    A类：4个消费国    B类：4个投资国
                  C类：4个生产国    D类：6个代表特殊利益的发展中国家
                  E类：18个按区域分布的国家
```

**图 1.1　国际海底管理局组成**

（2）明确了从事"区域"活动的主体。"区域"内的活动应由企业部进行，或者由缔约国或国有企业或在缔约国担保下的具有缔约国国籍或由这类国家或其国民有效控制的自然人或法人进行。

（3）建立了平行开发制度。《公约》附件三第 8 条详细阐述了矿址保留制度。根据该条，申请者提出的勘探多金属结核申请必须覆盖足够大的面积，从而可供同时开展两项采矿作业。而且，申请书必须载列足够的数据和资料，指明坐标，将"区域"分成估计商业价值相等的两个部分。理事会依照法技委的建议，根据各部分的估计商业价值，决定哪一部分分配给申请者，哪一部分留给海管局。同时,《公约》对开发制度的财政条款、生产政策、技术转让等也作出了规定,上述规定偏向于保护发展中国家的利益。

《公约》在总体上反映了广大发展中国家的要求,受到了广大发展中国家的普遍欢迎和高度重视。它们认为《公约》打破了旧海洋法片面的有利于海洋大国的局面,特别是国际海底矿产资源开发制度的确立,更是发展中国家长期斗争的重要成果。因此,至1994年批准或加入《公约》的60个国家中,除冰岛外全部是中小发展中国家,美国、英国、德国等未签署或加入《公约》。这主要是因为发达国家认为《公约》的国际海底部分更多地照顾了发展中国家的利益,而对其利益照顾得不够。❶ 在这种情况下,《公约》即使生效,也难以执行,《公约》面临着普遍性问题。加上自《公约》通过后的十几年中,世界的政治、经济情况发生了很大的变化,特别是海底采矿未能在《公约》通过后开始,对《公约》进行调整已经不可避免。为了扩大《公约》的普遍性以及考虑到建立海管局和国际海洋法庭也需要发达国家的资金支持,在此背景下,1990年至1994年,在联合国秘书长的主持下,发展中国家和发达国家就国际海底问题进行了一系列非正式磋商,最终于1994年7月通过了《关于执行1982年12月10日〈联合国海洋法公约〉第十一部分的协定的决议》(以下简称1994年《执行协定》)。1994年《执行协定》对海管局的决策程序、企业部的运作、深海采矿的生产政策、财政制度、技术转让等条款作出重大调整(具体修改对比见表1.3),照顾了主要发达国家和潜在深海采矿国需求,为《公约》的普遍性铺平了道路,对建立稳定的国际海洋秩序具有十分重要的意义。

---

❶ 中华人民共和国外交部外交史研究室:《中国外交概览》,世界知识出版社,1994,第592-593页。

表 1.3　1994 年《执行协定》对《公约》修改对比表

| 事项 | 《公约》 | 1994 年《执行协定》 |
| --- | --- | --- |
| 费用承担 | 机构庞大、缔约国费用负担重 | 减少费用、不承担向企业部提供开发矿址资金的义务 |
| 企业部 | 资金来源于承包者的申请费、利润提成和缔约国的其他缴纳费用,企业部按照国有规模设立经营业务 | 企业部直到能够独立运作才成立、企业部的采矿以联合企业的方式进行、适用于承包者的义务同样适用于企业部 |
| 决策程序 | 实质性问题的三级表决制 | 程序性问题:出席并参加表决的过半数成员作出;实质性问题:出席并参加表决的2/3多数成员作出 |
| 技术转让 | 承包者需要向企业部转让开发技术(强制和有偿) | 取消强制转让技术、通过市场或者举办联合企业的方式转让和取得技术 |
| 生产限额 | 海上生产有数额限制 | 取消数额限制 |
| 补偿基金 | 深海开发对陆上生产国造成的损失应给予补偿 | 深海开发对陆上生产国造成的损失以经济援助基金的形式予以补偿 |
| 财政条款 | 行政费用 + 申请费 50 万美元 + 合同生效后 100 万美元年费 | 行政费用 + 25 万美元的申请费 + 固定年费(数额由理事会决定) |
| 审查会议 | 从最早进行"区域"资源开发的商业生产第 15 年后,召开审查会议 | 取消了审查会议的专门规定,将其纳入关于修正、改进程序的其他条款中 |

(二)"区域"资源开发制度的发展

《公约》和1994年《执行协定》确定了开发制度后，剩下的就是如何实施资源开发的问题。海管局将"区域"内矿物资源的开发分为三个阶段，即探矿阶段、勘探阶段和开发阶段。针对不同的开发阶段，海管局出台了不同的规定，具体表现为：

1. 三个关于探矿与勘探规章的规定

根据《公约》的规定，"区域"内矿产资源的勘探和开发活动应当按照《公约》的有关规定和海管局制定的规则、规章和程序进行。为此，海管局于2000年通过了《"区域"内多金属结核探矿和勘探规章》（2013年修订，以下简称《多金属结核规章》）、2010年通过了《"区域"内多金属硫化物探矿和勘探规章》（以下简称《多金属硫化物规章》）、2012年通过了《"区域"内富钴铁锰结壳探矿和勘探规章》（以下简称《富钴铁锰结壳规章》）。三个规章都在序言中声明"国家管辖范围以外的海床和洋底及其底土以及该区域的资源为人类的共同继承财产，其勘探与开发应为全人类的利益而进行，国际海底管理局代表全人类行事"❶。同时，三大规章的出台为有关实体在"区域"内从事探矿和勘探活动创造了条件，为各方在"区域"内的相关探矿和勘探工作铺平了道路。规章在用语、范围、探矿、勘探计划申请、勘探合同、保护和保全海洋环境、数据资料的机密性等方面都作了较为详细的规定，完善了《公约》和1994年《执行协定》的内容。❷ 根据海管局的报告，截至2022年5月31日，海管局共核准勘探申请31份

---

❶ 国际海底管理局大会：《国际海底管理局大会关于〈"区域"内富钴铁锰结壳探矿和勘探规章〉的决定》，ISBA/18/A/11，第2页。
❷ 杨泽伟：《国际海底区域"开采法典"的制定与中国的应有立场》，《当代法学》2018年第2期，第27页。

(勘探合同详情见附录），包括 19 份多金属结核勘探合同，7 份多金属硫化物勘探合同和 5 份富钴铁锰结壳勘探合同。❶

2."区域"内矿物资源开发规章草案的制定

开发规章是"区域"资源商业开发阶段的重要制度，直接关乎承包者的商业利益，也是人类共同继承财产原则具体落实的关键。开发规章草案的启动工作始于 2011 年 7 月，斐济发表声明，请理事会开始审议"区域"内矿物资源开发规章，理事会则请秘书处编制一项战略工作计划，以拟订"区域"内深海矿物开发规章。2012 年 7 月，理事会审议了秘书长关于拟订《"区域"内多金属结核开发规章》的工作计划的报告。2013 年 7 月，法技委讨论了与拟议的"区域"内多金属结核开发规章有关的问题。法技委成员认可秘书处在编制海管局第 11 号技术研究方面所做的工作，该报告题为"努力制定'区域'内多金属结核开发监管框架"。法技委认为，研究报告第 10 章提出的拟议战略计划为海管局如何着手制定监管框架提供了有用的指标。法技委赞同关于编写背景研究报告和进行利益攸关方问卷调查的建议，理事会赞扬并表示注意到秘书长关于制定《"区域"内多金属结核开发规章》的报告，并同意应进行更深入的研究。还鼓励法技委在继续起草采矿守则的同时审查这些问题。2014 年 2 月，法技委审议了关于制定深海矿物开发财务制度的详细技术研究报告。3 月，秘书处启动了一项利益攸关方问卷调查，目的是向海管局成员和其他利益攸关方征求相关资料，用于制定"区域"内矿物开发监管框架。2015 年 2 月，法技委决定向所有利益攸关方分发一份开发框架草案，以及正在讨论的高级别问题摘要。此外，法技委同意分发根据监管框

---

❶ 国际海底管理局理事会：《勘探合同现状及相关事项，包括有关已核准勘探工作计划执行情况定期审查的信息》，ISBA/25/C/28，第 1 页。

架草案拟定的行动计划草案。法技委同意在收到利益攸关方对框架报告的答复后,于 2015 年 7 月向理事会提交一份最新报告,其中包含订正框架草案和订正行动计划,以及优先行动领域摘要。2016 年 7 月,法技委发表了一份报告,其中载有一份规章草案和用于开发的标准合同条款,以征求利益攸关方的意见。2017 年 2 月,法技委审议了秘书处的一份报告,其中概述了利益攸关方提交的有关一份工作草案的评论意见,并继续审查规章草案。同时,海管局在第 23 届会议上通过决议,将制定"区域"内矿产资源开发规章作为未来 3 年的优先事项,并计划于 2020 年前完成开发规章制定的所有程序。截至 2020 年 7 月,法技委编写了一整套规章,并根据《公约》第 165 条第 2 款(f)项提交理事会。此外,法技委还编写了 10 项标准和准则草案,以支持实施未来的规章。由于自 2020 年 2 月以来无法举行理事会面对面会议,理事会未能推进对规章草案的审议。理事会目前正在审议 2019 年规章草案,以期最迟于 2023 年 7 月通过规章草案及相关的第一阶标准和准则。海管局针对开发事项已经出台的开发规章草案见表 1.4。

表 1.4 开发规章草案列表

| 年份 | 草案名称 | 特征 |
| --- | --- | --- |
| 2015 年 3 月 | Developing a Regulatory Framework for Mineral Exploitation in the Area,简称 2015 年规章草案 | 框架性规定,内容尚需填充 |
| 2016 年 7 月 | Working Draft Regulations and Standard Contract Terms on Exploitation for Mineral Resources in the Area,简称 2016 年开发规章草案 | 只涉及开发事项,未涉及环境、监管事项 |

续表

| 年份 | 草案名称 | 特征 |
|---|---|---|
| 2017年1月 | A Discussion Paper on the development and drafting of Regulations on Exploitation for Mineral Resources in the Area (Environmental Matters) | 环境规章草案，内容繁杂，与开发规章存在重复 |
| 2017年8月 | Draft Regulations on Exploitation of Mineral Resources in the Area，简称2017年开发规章草案 | 将开发、环境与监管事项合并为一份 |
| 2018年7月 | Draft Regulations on Exploitation of Mineral Resources in the Area，随后海管局又公布了修订版，统称为2018年开发规章草案 | 内容更加丰富，逻辑更加清晰，但仍需进一步完善 |
| 2019年3月 | Draft Regulations on Exploitation of Mineral Resources in the Area，简称2019年开发规章草案 | 内容在上一版本的基础上进行了微调 |

从整体上看，2019年的开发规章草案内容比较完整和综合，涉及开发事项的诸多方面，如承包者申请开发的条件、环境保护事项以及监管事项等。然而，草案还有许多议题需要完善，如在涉及人类共同继承财产最核心的收益分享事项上，草案并没有作出任何规定，开发规章草案忽略了《公约》第140条第2款和1994年《执行协定》附件二第八节第1条关于收益分享制度的安排。时至今日，海管局没有不考虑这一制度的充分理由，开发规章草案应针对有关惠益的公平分配制订具体、详细的规则。又如，企业部是海管局专门从事"区域"采矿的业务机构，在"区域"资源开发时机成熟时，企业部能够实现独立运作，是促进"区域"内资源平行开发制度实现以及落实人类共同继承财产原则的重要

保障，但草案对企业部的设立和运作缺乏具体规定。❶

## 四、"区域"资源开发制度面临的挑战及应对措施

"区域"资源开发制度现已被广泛确认，但如何有效地执行区域制度是海管局当前面临的挑战。❷

（一）"区域"资源开发制度面临的挑战

1. 与平行开发制度相关的保留区制度发生变革

指定保留区是《公约》第十一部分和1994年《执行协定》的一个主要特点，这通常也被称作矿址保留制度。就多金属结核而言，矿址保留制度已被证明是可以运作的。至2018年2月，克拉里昂—克利珀顿区的可用保留区面积为770 729.9平方公里，印度洋为158 853平方公里。根据每份勘探合同的面积为75 000平方公里计算，海管局将拥有12份在保留区的多金属结核勘探合同。❸承包者在保留区的勘探活动也将产生关于海洋环境、地形和矿产资源的数据和资料，这些数据和资料有助于海管局制定区域环境管理计划、开发数据库和管理人类的共同财产。总体而言，保留区及其中蕴含的资源是企业部今后可用的核心资产，也是践行人类共同财产原则的一个关键要素。

虽然《多金属结核规章》采取了保留区制度，但是《多金属

---

❶ 国家海洋局海洋发展战略研究所：《关于"区域"内矿产资源开发规章草案相关问题的评论意见》，2017年12月8日，第1—2页。
❷ Marie Bourrel, Torsten Thiele, Duncan Currie, The common of heritage of mankind as a means to assess and advance equity in deep sea mining, Marine Policy, Vol. 70, 2016, p. 1.
❸ 国际海底管理局法律和技术委员会：《海管局探矿和勘探规章中与提供在联合企业安排中的股权有关的规定可能予以调整统一的相关问题》，ISBA/24/LTC/4，第3页。

硫化物规章》和《富钴铁锰结壳规章》均对保留区制度作出了修改，两勘探规章规定，申请者可选择提供一个保留区或者提供在与企业部的联合企业中安排股权的方式。截至 2018 年 2 月，10 个多金属硫化物和富钴铁锰结壳的申请者选择的都是提供联合企业中股权的方式，而非提供保留区的方式，只有俄罗斯联邦政府为富钴铁锰结壳勘探工作选择提供保留区。❶ 之所以《多金属硫化物规章》和《富钴铁锰结壳规章》规定了指定保留区办法的替代方案，是因为保留区办法主要为二维资源（多金属结核）设计，保留区办法很难用于三维资源（多金属硫化物和富钴铁锰结壳）。就三维属性的多金属硫化物和富钴铁锰结壳而言，没有两个矿点是相同的，矿床品位之间也可能存在重大差异。单就富钴铁锰结壳矿床而言，甚至在同一海山内也可能存在重大差异。因此，在许多情况下，不进行大量费用昂贵的勘探工作，就不可能确定两个估计商业价值相等的矿址。❷ 所以，在海管局看来，对多金属硫化物和富钴铁锰结壳采用与多金属结核相同方式的矿址保留办法是不可行的。

2. 保留区可能被发达国家以"借壳"的方式据为己有

根据《公约》的规定，只有海管局企业部或者发展中国家或该国所担保并受该国或受具有申请资格的另一发展中国家缔约国有效控制的任何自然或法人，或上述各类的组合可以提出对保留区的勘探和开发工作计划。发达国家实体无权就保留区内的资源提出勘探和开发申请。然而，在实践中，发达国家实体可以通过在发展中国家注册公司或者成为发展中国家公司股东的形式提出

---

❶ 国际海底管理局法律和技术委员会：《海管局探矿和勘探规章中与提供在联合企业安排中的股权有关的规定可能予以调整统一的相关问题》，ISBA/24/LTC/4，第 2 页。

❷ Aline Jaeckel, Jeff A. Ardron, Kristina M. Gjerde, Sharing benefits of the common heritage of mankind – Is the deep seabed mining regime ready?, p. 201.

对保留区的勘探申请（保留区勘探合同信息见表1.5）。如鹦鹉螺矿业公司（Nautilus Minerals Inc）是在加拿大注册并上市的专门从事深海矿产资源商业勘探和开发的公司，按照《公约》的规定，其无权提出对保留区内矿产资源的勘探申请。为此，其通过在汤加和瑙鲁注册子公司（分别为汤加近海开发有限公司和瑙鲁海洋资源公司）的方式，以汤加和瑙鲁作为担保国，向海管局提出在克拉里昂—克利珀顿区的保留区勘探多金属结核的申请。通过上述运作模式，发达国家可以将保留区据为己有。

表1.5 保留区勘探合同信息

| 担保国 | 勘探合同信息 |
| --- | --- |
| 瑙鲁 | 2008年由瑙鲁海洋资源公司（鹦鹉螺公司在瑙鲁的子公司）提交勘探合同申请，随后鹦鹉螺公司出售了该公司的一切所有权和利益。勘探合同现在涉及Deep Green资源有限责任公司，其副主席是鹦鹉螺公司的前首席执行官，保留区是由地球科学及自然资源研究所、南ས地质协会以及国际海洋金属联合组织（海洋金属组织）提供的❶ |
| 汤加 | 勘探合同涉及汤加近海采矿公司，它是鹦鹉螺矿业公司在汤加注册的一家子公司。鹦鹉螺矿业公司通过另一个独家控股的名为United Nickel Ltd的子公司（在加拿大注册）拥有汤加近海采矿公司100%的股份，保留区域由德意志联邦共和国联邦地球科学及自然资源研究所、深海资源开发有限公司、大韩民国政府和法国海洋开发研究所提供❷ |

---

❶ International Seabed Authority Council, Report and recommendations to the Council of the International Seabed Authority relating to an application for the approval of a plan of work for exploration by Nauru Ocean Resources Inc, ISBA/17/C/9, p.1, p.4.

❷ International Seabed Authority Council, Report and recommendations to the Council of the International Seabed Authority relating to an application for the approval of a plan of work for exploration for polymetallic nodules by Tonga Offshore Mining Limited, ISBA/17/C/10*, p.1, p.4.

续表

| 担保国 | 勘探合同信息 |
| --- | --- |
| 基里巴斯 | 勘探合同涉及马拉瓦研究与勘探有限公司，它是基里巴斯共和国拥有和控制的国有企业，保留区域由大韩民国政府提供❶ |
| 新加坡 | 勘探合同涉及新加坡海洋矿产有限公司，其邀请英国海底资源有限公司作为无支配权的少数股东。保留区是由英国海底资源有限公司（英海资）提供❷ |
| 库克群岛 | 勘探合同涉及库克群岛投资公司（国企），但其与比利时G-TEC海洋矿物资源公司订立了一项安排，申请者拟与G-TEC海洋矿物资源公司合作开展联合勘探考察。保留区由G-TEC海洋矿物资源公司提供❸ |
| 中国 | 勘探合同涉及中国五矿集团，保留区由海洋地质作业南方生产协会、国际海洋金属联合组织和中国大洋矿产资源研究开发协会贡献❹ |

---

❶ International Seabed Authority Council, Report and recommendations of the Legal and Technical Commission to the Council of the International Seabed Authority relating to an application for the approval of a plan of work for exploration for polymetallic nodules by Marawa Research and Exploration Ltd. ISBA/18/C/18, p. 1, p. 3.

❷ International Seabed Authority Council, Report and recommendations to the Council of the International Seabed Authority relating to an application for the approval of a plan of work for exploration by Ocean Mineral Singapore Pte Ltd, ISBA/20/C/7, p. 1, p. 3.

❸ International Seabed Authority Council, Report and recommendations of the Legal and Technical Commission to the Council of the International Seabed Authority relating to an application for the approval of a plan of work for exploration for polymetallic nodules by the Cook Islands Investment Corporation, ISBA/20/C/18, p. 5

❹ International Seabed Authority Council, Report and recommendations of the Legal and Technical Commission to the Council of the International Seabed Authority relating to an application for the approval of a plan of work for exploration for polymetallic nodules by China Minmetals Corporation, ISBA/21/C/2, p. 3, p. 4.

3. "区域"资源开发制度如何落实各方平衡

开发规章的核心目标是落实"人类共同继承财产原则",作为该原则核心要素的惠益分享是关键问题所在,即如何公平地分享从"区域"内活动取得的财政和其他经济利益。

首先,从承包者的角度来说,深海采矿耗资巨大。因此,海管局不应对他们苛以过于沉重的税费。否则把承包者都吓跑了,深海采矿事业也无法再进行下去,更没有所谓的利益分配了。因为只有在承包者正式投入开发活动并有了收益后,才能真正实现全人类共同继承财产原则,所以开发规章应当为承包者提供足够的利润从而使深海开发活动是有价值和吸引力的。换言之,承包者进行深海开发活动的收益一定要大于承包者的投资成本。❶ 因此,海管局在制定财政支付机制和惠益分享标准时应充分考虑承包者的利益,充分保障承包者的积极性。其次,从海管局的角度来说,海管局是代表全人类对"区域"内的资源进行管理的机构。海管局有权对承包者来源于"区域"内活动的财产收益征收特许权使用费。海管局目前面临的重大挑战是,特许权使用费的征收方法以及分配问题。不同的征收模式会影响海管局特许权使用费的征收总额,如采用从量征收或从价征收特许权使用费,海管局的风险就低,因为只要承包者持续从"区域"回收矿物资源,海管局就会产生收入。如果海管局采用利润分享制度或者联合开发模式,则海管局的风险就高,其收入有可能极高也有可能根本不存在。最后,从缔约国的角度来说,海管局将收益分配给各国之后,再由各国分配给其国民使用。因此,缔约国更关心

---

❶ Richard Roth, Carlos Munoz Royo, Update on Financial Payment Systems: Seabed Mining for Polymetallic Nodules, International Seabed Authority Council Meeting, July 2018, p. 8.

的是海管局的收入分配问题。同时，除了经济收益，还有深海知识、专业技术以及环境数据等的分享问题也是缔约国所关心的事项。

4. 如何实现资源开发利用与深海环境保护之间的平衡

人类共同继承财产原则还强调资源开发要实现代际公平和可持续发展，保护海洋环境。可持续发展反映了当代和后代的利益以及支持发展中国家进步和保护地球生态系统完整的目标。❶ 这也符合联合国制定的《变革我们的世界：2030 年可持续发展议程》中目标 14"保护和可持续利用海洋和海洋资源以促进可持续发展"的规定。❷《公约》和 1994 年《执行协定》也详细规定了海管局应当确保有效保护海洋环境，使其免受"区域"内开发活动可能产生的有害影响的目标。可持续发展并不意味着人类不能使用这些资源，而是要求在资源开发利用的同时保护海洋环境。因此，在科学、技术和商业上仍存在很大不确定性的情况下，如何制定环境管理政策和监管框架，从而实现对海洋环境的有效保护是海管局当前面临的挑战。该框架必须具有适应性、实用性和技术可行性，它必须满足《公约》中关于海洋环境保护的大量要求，并考虑到可持续发展目标和其他国际环境保护目标。

(二)"区域"资源开发制度面临挑战的应对措施

1. 促进发展中国家参与"区域"活动，加强对发展中国家的能力建设

针对保留区可能减少的情况，海管局必须促进发展中国家参

---

❶ Aline Jaeckel, Kristina M. Gjerde, Jeff A. Ardron, Conserving the common heritage of humankind – Options for the deep – seabed mining regime, p. 151.

❷ 联合国大会：《变革我们的世界：2030 年可持续发展议程》，A/RES/70/1，第 13 页。

与"区域"活动,这也是《公约》本身的要求。《公约》第148条明确规定,海管局应按照本部分的具体规定促进发展中国家有效参与"区域"活动。❶ 因此,在执行"区域"制度时,海管局应当:首先,继续促进和寻求发展中国家参与"区域"活动的机会,特别关注内陆国家和地理条件不利国家、小岛屿发展中国家和最不发达国家的需要。其次,审查发展中国家在"区域"活动中的参与程度,查明和了解发展中国家参与"区域"活动所遇到的具体障碍,并相应解决这些障碍,包括开展有针对性的外联活动和发展伙伴关系。再次,海管局应当与缔约国合作,倡议并推动相关措施,使发展中国家的人员有机会接受海洋科学和技术培训以及充分参加"区域"内活动。最后,海管局应对企业部和发展中国家可利用的保留区进行详细的资源评估。❷

同时,能力建设和技术转让对提升发展中国家在"区域"内活动的参与度和实现人类共同继承财产原则具有非常大的重要性。因此,《公约》相应规定了处理能力建设和技术转让的具体要求,即要求海管局采取措施获取与"区域"内活动有关的技术和科学知识,并确保为发展中国家提供各种能力建设和技术转让机制。而且,《公约》要求各国主动与主管国际组织和海管局合作,鼓励向发展中国家、其国民和企业转让有关"区域"内活动的技能和海洋技术。❸ 因此,海管局在实践中应当确保:第一,所有能力建设方案和措施及其交付都有意义,切实、高效并且针对发展中国

---

❶ 《联合国海洋法公约》第148条。
❷ International Seabed Authority Assembly, Consideration, with a view to adoption, of the draft strategic plan of the International Seabed Authority for the period 2019 – 2023, ISBA/24/A/4, p. 11.
❸ 《联合国海洋法公约》第144条第1款(a)项、第274条、第273条。

家自己查明的需要。第二，把能力建设措施纳入有关倡议的主流。第三，为"区域"海洋科学研究捐赠基金及其受益人寻供资机会，参与全球融资机制。

2. 企业部的运作

《公约》设想的将收益分享制度化的最大胆的措施就是设立企业部作为海管局的商业部门。企业部是直接进行"区域"内活动以及从事运输、加工和销售从"区域"回收的矿物的海管局机关，其具有统一生产、统一分配的特征，企业部开发矿物的利润可以在缔约国之间分配，特别是在发展中国家之间。[1] 目前企业部尚未建立，其职权由秘书处履行。根据《公约》的规定，有两种情况出现会触发企业部的运作问题：第一，当企业部以外的一个实体所提出的开发工作计划获得核准时。此项开发工作计划可以由任何合格的实体提出，也可以是针对任何矿物资源且不论是否以联合企业方式进行；第二，当理事会收到同企业部经营联合企业的申请时，理事会即应着手审议企业部独立运作的问题。如果同企业部合办的联合企业经营符合健全的商业原则，理事会应允许企业部进行独立运作。[2] 在第二种情况下，《公约》并未要求联合企业提交开发工作计划申请书，也未规定联合企业申请书必须包含开发活动，只要申请者提出与企业部组建联合企业来申请一项勘探工作计划，就足以触发上述条款。

2018年4月27日，海管局秘书长收到了波兰政府环境部国务

---

[1] Aline Jaeckel, Jeff A. Ardron, Kristina M. Gjerde, Sharing benefits of the common heritage of mankind – Is the deep seabed mining regime ready? Marine Policy, Vol. 70, 2016, p. 200.

[2] 《关于执行1982年12月10日〈联合国海洋法公约〉第十一部分的协定》第2节第2款。

秘书马里乌什·奥里翁·捷得里塞克就与企业部组建联合企业开展谈判提出的一份意向书，并预计向理事会提交一份联合企业经营的完整建议书供审议。如果建议书获得核准，❶ 这将引发理事会对企业部独立运作问题的讨论，涉及是否符合健全商业原则以及企业部独立运作的过渡期安排等问题。波兰的提议凸显了企业部运作问题的紧迫性。同时，"区域"内资源开发机制日渐成熟，企业部能够实现独立运作，是促进"区域"内资源平行开发制度发展和落实人类共同继承财产原则的重要保障。至此，企业部的设立和运作已经不可避免。

虽然2019年开发规章草案对企业部申请开发工作计划以及与其他承包者的联合安排作出了规定，但内容过于简略，操作性不强。《公约》附件三第9条第3款规定，海管局可在其规则、规章和程序内规定联合企业的实质性和程序性要求。《多金属硫化物规章》第19条以及《富钴铁锰结壳规章》第19条均规定，企业部可在联合企业安排中获得股份，但是其获取相关股份的条件需要进一步阐明。然而，上述与企业部相关的条款在现有规章草案中均未涉及。因此，开发规章草案有必要进一步丰富和细化关于企业部的制度安排。

从《公约》和1994年《执行协定》的有关精神出发，企业部独立运作可考虑如下原则：一是成本效益原则，企业部的运作应尽量减少缔约国为此可能承担的费用。二是渐进原则，企业部独立运作应充分考虑深海采矿的现有技术和市场条件，稳妥务实地开展相关工作。三是健全商业原则，企业部从事"区域"内活动，包括建立联合企业等，都应服从商业规律，遵循商业原则。四是

---

❶ International Seabed Authority Council, Considerations relating to a proposal by the Government of Poland for a possible joint-venture operation with the Enterprise, p. 1.

发展中国家优惠待遇原则,企业部独立运作应切实促进发展中国家有效参加"区域"内活动。❶

3. 建立惠益分享机制

惠益分享是人类共同继承财产原则的重要内容和体现,也是《公约》为海管局规定的一项重要职责。《公约》第 140 条规定,"区域"内活动应为全人类的利益而进行。海管局应通过任何适当机构,在无歧视的基础上公平分配从"区域"内活动取得的财政及其他经济利益。❷ 制定开发规章不能将惠益分享机制排除在外。惠益分享作为"区域"资源开发整体制度设计中的重要一环,应与深海开发其他问题一并处理。这是因为:一是惠益分享与缴费机制密不可分。两者本质上都是对"区域"内活动产生的收益的处置和再分配,应该同时在一个法律文件中加以规范;二是对受深海采矿影响的发展中陆上生产国的援助离不开惠益分享。1994 年《执行协定》附件第七节规定,海管局应设立经济援助基金,用以向受到深海采矿影响的发展中陆上生产国提供援助,且有关资金只能源于承包者(包括企业部)的付款和自愿捐款;三是保护深海环境应与惠益分享机制统筹考虑。开发规章草案规定了环境责任信托基金,其资金应源于"区域"内资源开发收益,这充分体现了惠益分享与环境保护的密切关系。开发规章草案应涵括全面完整的惠益分享机制,以便通过更多渠道和方式促进深海的环境保护。

4. 保护海洋环境

为了保护海洋环境免受"区域"内活动可能产生的有害影响,

---

❶ 《中华人民共和国政府关于"区域"内矿产资源开发规章草案的评论意见》,2018 年 9 月 28 日,第 4 页。
❷ 《联合国海洋法公约》第 140 条。

海管局可以采取以下措施：第一，以最佳环境做法为基础，逐步制定、实施和不断审查具有适应性、实用性和技术可行性的监管框架，以预防发生严重的环境损害。同时，制定、执行和不断审查正在勘探的"区域"内所有矿带的区域环境评估和管理计划。而且承包者还要制定出现严重损害时的补偿方案。第二，确保公众能够获得环境信息。鉴于海管局的成立是为了代表整个人类行事，包括但不限于其成员国，在制定决策时，海管局有必要确保不同利益相关者参与，这也可以为海管局提供更多的信息渠道。第三，制定科学和统计上稳健的监测方案，以评估"区域"内活动干扰海洋环境生态平衡的可能性。第四，促进并鼓励"区域"内的海洋科学研究，增加对深海的认知。目前，海管局的海洋科学信息主要来自承包者和科研机构，对于某些研究课题，如深海海底采矿的负面环境影响，承包者在调研时可能与海管局存在利益冲突。在这种情况下，一个独立的海管局研究机构就尤为重要，它可以帮助海管局获取知识，填补深海知识盲区。[1]

## 第二节　"区域"资源开发中的承包者权利保护

### 一、开发规章草案的基本制度

（一）开发规章草案的内容

从 2015 年开发规章草案到最新的 2019 年开发规章草案，草案

---

[1] Aline Jaeckel, Kristina M. Gjerde, Jeff A. Ardron, Conserving the Common Heritage of Humankind – Options for the Deep – seabed Mining Regime，p. 153.

的内容在不断地更新和完善。2019 年开发规章草案共 14 个部分，分别是序言、引言、请求核准采取合同形式的工作计划申请书、承包者的权利和义务、保护和保全海洋环境、工作计划的审查和修改、关闭计划、开发合同的财政条款、年费、行政费和其他有关规费、资料的收集和处理、一般程序、标准和准则、检查、遵守和强制执行、争端的解决、本规章的审查。开发规章草案在序言和多项条款当中均体现了"区域"及其资源是人类共同继承财产的原则。同时开发规章草案还有 10 个附件（请求核准工作计划以取得开发合同的申请书、采矿工作计划、融资计划、环境影响报告、应急和应变计划、健康和安全和海上安保计划、环境管理和监测计划、关闭计划、开发合同及附表、开发合同的标准条款）和 4 个附录（应通报的事件、年费、行政费和其他有关规费表、罚款、确定特许权使用费负债）以及 1 个附表（用语和范围）。从整体上看，2019 年开发规章草案内容比较完整和综合，涉及开发事项的诸多方面，主要内容包括：

1. 开发规章草案规定了"区域"资源开发的基本原则

开发规章草案规定了"区域"资源开发的基本原则，包括确认"区域"内资源的权利属于全人类，由海管局代表全人类履行原则、国际合作原则、有序开发原则、健全的商业原则、保护海洋环境，采取预防性办法以及生态系统方法、公开透明原则、最佳可得科学证据原则、促进人类共同继承财产发展等原则。[1] 基本原则具有广泛的约束力，"区域"资源开发活动基本原则的确立，为承包者进行"区域"资源的开发活动，以及海管局对"区域"资源开发的管理活动提供了指导，任何与"区域"开发有关的活

---

[1] International Seabed Authority Legal and Technical Commission, Draft Regulations on Exploitation of Mineral Resources in the Area, ISBA/25/C/WP.1, July 2019, p.8.

动均应在基本原则的框架下进行，不得违反基本原则的规定。

2. 开发规章草案详细规定了承包者进行开发活动所需要履行的义务

承包者申请正式开发"区域"内的矿产资源，需要满足的条件包括但不限于：第一，申请者需要满足法律规定的条件，是一个合格的申请者，以及提交申请工作计划，申请书的内容包括担保国出具的担保书、相关数据和资料、采矿工作计划、融资计划、环境影响报告、应急和应变计划、健康和安全计划、海上安保计划、培训计划、环境管理和监测计划、关闭计划以及申请处理费用，每一份工作计划申请核准书均应按照海管局采用的最新可适用国际标准，以坐标界定所申请区域的边界。同时，承包者应当在环境影响报告、环境管理和监测计划以及关闭计划的评论期结束后 60 日内，针对海管局成员、利益攸关方或秘书长的评论意见，及时地修改环境计划，或者根据法技委的决定，在规定的时间内提交补充资料和修改工作计划；第二，草案的第三部分规定了承包者缴纳环境履约保证金，维持商业生产、优化开发、保障海上生命和财产、合理顾及海洋环境中的其他活动、事故和应通报事件、保护具有考古或历史意义的人类遗骸、文物和遗址、购买商业保险、履行培训计划、进行年度报告、保存账簿、记录和样本、防止腐败、遵守法律法规的义务；第三，草案第四部分专门规定了承包者保护和保全海洋环境的义务，包括编制环境影响报告和环境管理和监测计划、实施污染控制和废物管理、限制采矿物排放、遵守和评估环境管理和监测计划、设立环境责任信托基金等。草案第六部分专门规定了承包者实施关闭计划的义务；第四，开发规章草案的第七部分规定了承包者缴纳特许权使用费的义务，包括特许权使用费的申报、应提交的材料、保存适当的账簿和记录，接受海管局的查核和检查，未申报或者少申报的处罚措施以及缴费制度的审查等。同时，草案第八部分规定了承包者需要缴纳的年度报告费、固定年费以及其他有关规费的义务。

3. 开发规章草案详细规定了海管局作为深海活动管理机关的广泛权力

开发规章草案赋予了海管局对承包者深海开发活动进行管理的广泛权力，主要包括：第一，草案第二部分第2节规定了秘书长负责承包者申请书的接收、确认和妥善保管程序和初步审查程序。初步审查完成后，秘书长将环境影响报告、环境管理和监测计划以及关闭计划在海管局官网上公布60日，并邀请海管局成员和利益攸关方按照准则提出书面意见。然后，法技委按照秘书长收到申请书的先后次序审查申请书，评估申请者的各项文件、审议环境计划。最后，法技委认为申请者符合开发规章规定的标准的，则向理事会建议核准申请者的工作计划，理事会按照《公约》和1994年《执行协定》的规定作出核准工作计划的有关报告和建议。第二，根据草案第三部分的规定，承包者延长开发合同的期限、担保的终止、使用开发合同作为担保、权利和义务的转让、控制权的变更、生产前提交的文件、因市场情况而减少或暂定生产、发现其他资源类别、工作计划的审查和修改等都需要事先征得海管局的同意。第三，草案第十一部分规定了海管局派检查员对承包者的开发活动进行监督和检查的权力，具体内容包括检查员的权力、检查员发布指示的权力、检查员的报告权力。

（二）开发规章草案的特征

通过对开发规章草案的内容进行总结和分析，可以得出开发规章草案具有以下几方面的特征。

1. 开发规章草案的内容相对较为完整和简洁

分别制定开采规章、环境事项和监督规章会导致不同规章之间存在重复、模糊和一致性等问题。因此,法技委在 2017 年 7 月和 8 月的会议上,逐章审查了秘书处提出的单独一套的规章草案,草案已将环境保护条款和拟议的检查制度条款纳入,从而为开采活动建立了一套更为综合、精简和结构化的框架,避免了多项监管文书造成的重复和不可避免的矛盾与模糊。❶ 2019 年开发规章草案继续沿用了此种做法。综合后的开发规章草案,内容更加完整和简洁。如在环境事项上,2017 年环境规章草案的规定非常冗长复杂,共 81 条。❷ 而在最新开发规章中,环境事项规定在草案的第四部分,共 11 条(第 44 条至第 56 条),规章对环境事项从内容到程序上都进行了简化,删除了诸如环境计划的准备、环境管理系统、公开性和磋商、数据和信息管理等规定。❸ 同时,开发规章草案的第十一部分规定了深海采矿的监管事项,共 9 条(第 96 条至第 105 条),草案从检查员的权力、检查员发布指示的权力、检查员的报告以及承包者的投诉、电子监测系统等方面对监管事项进行了详细的规定。❹

2. 人类共同继承财产原则得到了强调

"区域"及其资源是人类的共同继承财产,开发规章是落实"人类共同继承财产"原则的重要规则,关系国际社会整体利益,

---

❶ 国际海底管理局:《法律和技术法技委主席关于法技委 2017 届会工作的报告》,ISBA/23/C/13,第 5 页。

❷ International Seabed Authority, A Discussion Paper on the development and drafting of Regulations on Exploitation for Mineral Resources in the Area (Environmental Matters), pp. 1 – 84.

❸ International Seabed Authority, Draft Regulations on Exploitation of Mineral Resources in the Area, ISBA/24/LTC/WP. 1/Rev. 1, pp. 35 – 39.

❹ Id, pp. 56 – 61.

意义重大。开发规章的内容也充分体现了上述原则。如 2019 年开发规章草案在其序言中明确规定，"区域"及其资源是人类的共同继承财产的原则具有根本的重要性，强调"区域"内资源的开发应当按照《公约》和 1994 年《执行协定》由海管局代表全人类的利益进行。又如草案第 2 条规定，确认"区域"内资源的权利属于全人类，由海管局代表全人类行使权利，确保有效管理和规制"区域"及其资源，以促进人类共同继承财产原则的发展。同时，人类共同继承原则还体现在开发规章草案的合作义务与资料交换、法技委审议申请者的申请书等条款当中。❶ 规章的规定得到了各利益攸关方的支持。如阿根廷政府认为，在开发规章中加入考虑拟议的工作计划能够在多大程度上有助于实现全人类的利益是非常重要的。❷ 新加坡海洋矿物资源公司主张，最新的开发规章草案为实现全人类利益和开发"区域"资源铺平了道路。❸

3. 海管局处于强势地位，承包者处于弱势地位

开发规章草案全文除第三部分第 1 节是关于承包者权利的规定外，其他部分均是关于承包者义务的规定。与之相对应，开发规章草案全文除了少部分提及海管局的义务（如海管局对承包者机密信息的保护、在规定的时间内审查申请者的工作计划等）外，其他均是关于海管局权力的规定。如此，在"区域"深海开发活动中，海管局处于明显的强势地位，而承担了较重义务的承包者

---

❶ International Seabed Authority, Draft Regulations on Exploitation of Mineral Resources in the Area, ISBA/24/LTC/WP. 1/Rev. 1, pp. 3 – 16.

❷ See The Government of Argentine, Written Comments By The Argentine Republic on Draft Regulations on Exploitation of Mineral Resources in the Area, 28 September 2018, p. 2.

❸ Ocean Mineral Singapore Pte Ltd. (OMS), Response to the International Seabed Authority's Revised Draft Regulations on Exploitation of Mineral Resources in the Area (ISBA/24/LTC/WP. 1/Rev. 1), 30 September 2018, p. 1.

处于明显的弱势地位。如开发规章草案充分保障了检查员的权益，但是对承包者的权益的保护稍显不足。这表现为检查员的检查范围非常广泛，包括承包者为进行开发活动规定的开发活动所使用的海上或岸上船只及设施，并允许检查员进入其无论位于何处的办公场所，检查员可以检查承包者遵守开发工作计划所需的任何相关文件或物品、所有其他记录的数据和样品以及任何船只或设施，包括其日志、人员、装备、记录和设备。尽管草案规定承包者因检查员的某项行动而受到损害时，承包者可向秘书长提出书面投诉，秘书长应尽快在可行时予以审议以及采取回应投诉所需要的合理行动，但是草案没有规定海管局的赔偿责任以及具体采取何种合理行动。❶ 开发规章作为落实"区域"及其资源属于人类共同继承财产原则的重要法律文件，应明确、清晰地界定"区域"内资源开发活动中有关各方的权利、义务和责任，确保海管局、缔约国和承包者三者的权利、义务和责任符合《公约》以及1994年《执行协定》的规定，确保海管局、承包者自身权利和义务的平衡。❷

（三）开发规章草案的不足

1. 草案未全面涵盖"区域"内矿产资源开发活动的重要问题

开发规章作为落实"区域"及其资源属于人类共同继承财产原则的重要法律文件，应完整、准确、严格地遵守《公约》以及《执行协定》的规定和精神。但目前的草案未全面涵盖开发活动的重要问题，如惠益分享是人类共同继承财产原则的重要内容和体

---

❶ International Seabed Authority, Draft Regulations on Exploitation of Mineral Resources in the Area, ISBA/24/LTC/WP. 1/Rev. 1, pp. 56 – 61.
❷ 《中华人民共和国政府关于〈"区域"内矿产资源开发规章草案〉的评论意见》，2018年9月28日，第1页。

现,也是《公约》为海管局规定的一项重要职责。《公约》第 140 条规定,"区域"内活动应为全人类的利益而进行。海管局应通过任何适当机构,在无歧视的基础上公平分配从"区域"内活动取得的财政及其他经济利益。制定开发规章不能将惠益分享排除在外。又如,企业部是直接进行"区域"内活动以及从事运输、加工和销售从"区域"回收的矿物的海管局机关,是《公约》规定的平行开发制的重要机构,也是发展中国家参与"区域"资源开发的重要渠道。企业部的独立运作对有效落实人类共同继承财产原则具有重要意义,开发规章有必要进一步丰富和细化关于企业部的制度安排。

2. 有关环境保护的条款还需要进一步明确

开发规章的制定应以促进人类共同继承财产的利用和分享、推动"区域"内矿产资源的开发为导向。同时,切实保护海洋环境不受"区域"内开发活动可能产生的有害影响。因此,海洋环境的保护对海管局来说也尤为重要。目前,开发规章草案中有关环境保护的规定需要进一步完善。如草案第 44 条规定,深海开发活动应当采用预防性办法。❶ 但面临的问题是,承包者、海管局和担保国如何将预防性办法适用于"区域"内活动并未明确。同时,草案中采纳了"最佳可得科学证据""最佳可得技术""最佳环保做法"和"良好行业做法"等专业术语,海管局需要进一步明确上述术语内容、用法和目的。❷ 又如开发规章草案第 50 条规定,当法技委认为承包者无法完成环境管理和监测计划执行情况评估

---

❶ International Seabed Authority Legal and Technical Commission, Draft Regulations on Exploitation of Mineral Resources in the Area, ISBA/25/C/WP.1, p. 36.
❷ International Seabed Authority Council, Comments on the draft regulations on the exploitation of mineral resources in the Area, ISBA/25/C/2, p. 4.

时，法技委可以聘用一名独立合格人员，开展执行情况评估并编写报告。❶ 然而，法技委对于本条当中独立合格人员的筛选机制和有关程序，并没有明确。最后，环境责任信托责任基金的目的和宗旨以及资金的来源需要进一步细化。

3. 承包者的开发权未得到有效的保障

作为开发规章，其预期的目的和要求应当是鼓励、促进和引导对"区域"矿产资源的开发以真正实现人类共同继承财产的价值。承包者承担了落实人类共同继承财产原则的重任，其权利理应得到保护。然而，2015年到2019年开发规章草案在有关承包者开发权利的保护方面，规定不够清晰，需要进一步细化。如对于勘探合同承包者的专属和优先开发权，规章草案虽然在第12条、第19条当中予以明确，但内容不够完整，如对承包者优先开发权的性质、行使优先开发权的条件和程序、优先开发权的期限等规定不明。❷ 承包者的专属开发权也存在第三人在承包者的合同区内设立异种矿业权的程序不明、海管局判断第三人的活动是否会对承包者的活动造成影响的标准不明、承包者是否可以提出反对意见不明等问题。此外，还有许多承包者的权利保护问题需要进一步明确和细化，下文将对此专门论述。

## 二、开发规章草案中承包者权利保护的范围

### （一）开发规章中有关承包者权利的规定

根据开发规章草案的规定，承包者在开发活动期间，享有对"区域"内资源的广泛权利。这些权利包括但不限于：第一，勘探

---

❶ International Seabed Authority Legal and Technical Commission, Draft Regulations on Exploitation of Mineral Resources in the Area, ISBA/24/LTC/WP.1/Rev.1, p.3.

❷ Id, pp. 20 – 34.

合同的承包者享有合同区内特定矿产资源的专属和优先开发权。海管局在开发合同整个期限内，都不得允许其他任何实体在合同区内开发或者勘探同一资源类别；同时，承包者享有合同区内矿产资源的所有权、财产权以及矿物的销售权。第二，海管局应确保在合同区内对另一资源类别开展作业的其他任何实体不会干扰承包者的权利。第三，开发合同不得随意修订、暂停或终止，另有规定的除外；符合条件的情况下，承包者拥有申请和获准续签其开发合同的专属权利。第四，开发合同的最高初始期限为30年，承包者可以商定一个更短的期限，开发合同到期前，承包者可以选择续期，每个续期最长为10年。续签申请所涉开发合同无论何时到期，在续签申请审议完毕并获准或被拒绝之前应继续有效。第五，承包者经担保国和理事会事先同意，可根据法技委的建议，抵押、质押、留置其在开发合同下的全部或部分权益，或以其他方式将其设置为财产负担，以便为履行开发合同规定的义务筹资。第六，经理事会事先同意，承包者可以根据法技委的建议，全部或者部分转让开发合同为其规定的权利和义务。第七，承包者可根据市场情况临时减少或暂停生产，但应及时通知秘书长。第八，在海洋环境中进行的其他活动应合理顾及承包者在"区域"内的活动。❶ 第九，承包者享有平等的财政待遇，海管局的缴费制度应当公平地对待承包者和海管局。第十，承包者的机密信息受到海管局的绝对保护的权利等。❷

---

❶ International Seabed Authority Legal and Technical Commission, Draft Regulations on Exploitation of Mineral Resources in the Area, ISBA/24/LTC/WP.1/Rev.1, pp. 20-34.

❷ Id, p. 44, p. 53.

## (二)"区域"资源开发制度与承包者权利之间的关系

物权可以分为自物权和他物权,其中自物权即为所有权,包括占有、使用、收益、处分四种积极权能。他物权可以被分为用益物权和担保物权,都由所有权中让渡的一部分权能构成。其中,用益物权人享有对用益物占有、使用、收益的权利;担保物权人享有附条件的处分权,并可能享有占有权能。矿产资源国国家所有,探矿人或者采矿人的权利产生于国家所有权之上,也是由其中分离的若干权能所形成的权利。[1]

具体到深海采矿活动,"区域"及其资源属于全人类的共同继承财产,由全人类享有所有权。作为人类共同继承财产的保管人,海管局代表全人类行使相关权力。然而要充分实现深海矿产资源的经济效益,就只能在此基础上来实现矿产资源的占有、使用、收益及处分权,这样就产生了"区域"矿产资源的勘探和开发制度。根据《公约》以及海管局制定的勘探规章和开发规章草案的规定,合格的申请主体通过与海管局签订勘探或开发合同,成为勘探或者开发活动的承包者。由此,承包者的权利产生于"区域"制度之上,也是由其中分离的若干权能所形成的权利。"区域"矿产资源的全人类所有权与承包者的权利是一种派生关系,密不可分。承包者在国际海底区域权利的设置是海管局维护全人类利益、获得矿产资源社会效益和价值的重要手段。没有全人类的共同继承财产,就没有全人类的所有权,进而没有承包者的权利。没有承包者的权利,全人类共同继承财产就没有实际意义和价值。当然,两项权利也有明显的区别。承包者享有的权利是一种私权,它的主体是自然人、法人和其他组织。而全人类共同继承财产代

---

[1] 郜伟明:《矿业权法律规制研究》,法律出版社,2012,第70页。

表的所有权是公权,其主体是全人类。承包者的有些权利如矿业权可以通过申请经海管局批准后获得,而矿产资源的全人类所有权是由《公约》规定的。

因此,国际海底区域资源的全人类所有权与承包者的权利既有联系又有区别。从海管局管理的角度上来讲,它们的地位是存在高低之分的,但是从各自存在的价值上看,它们是密不可分、相辅相成的。保护承包者的权利本身就是对全人类共同继承财产、对矿产资源全人类所有权的保护。而且,承包者的权利容易为行政权力所遏制,在面对外部侵害时,往往会显得弱小和孤立无援。因此承包者的权利应当受到海管局的保护。

## 三、承包者权利保护的必要性

### (一) 承包者是"区域"资源开发制度实施和有效运作的关键

根据《公约》第150条的规定,"区域"内活动应按照规定进行,以求有助于世界经济的健全发展和国际贸易的均衡增长,并促进国际合作,以谋求所有国家特别是发展中国家的全面发展,并且为了确保:(a)"区域"资源的开发;(b)为全人类的利益开发共同继承财产。[1] 由此可知,"区域"制度应当以促进"区域"内矿产资源开发,服务全人类利益为目的,[2] 而不是以阻碍矿产资源的开发为目的。而海底资源的勘探和开发是实现"人类共同继承财产原则"的核心要义,也是实现全人类利益这一根本目标的有效手段。[3] 在人

---

[1] 《公约》第150条。
[2] 《中华人民共和国政府关于〈国际海底管理局2019年至2023年五年期战略计划〉草案的评论意见》,2018年4月13日,第4—5页。
[3] 中华人民共和国常驻国际海底管理局代表处:《中国代表团在海管局第23届会议理事会"开发规章草案"议题下的发言》,http://china‐isa.jm.china‐embassy.org/chn/hdxx/t1487167.htm,访问日期:2019年2月26日。

类共同继承财产原则落实的过程中，海管局、担保国和承包者都作出了不懈的努力，使得人类共同继承财产原则在建章立制、"区域"实践、技术发展和海洋环境数据收集等方面有了长足的进步。具体表现为：海管局作为由缔约国设立的组织，使缔约国能够通过该机构安排和管理"区域"之内的活动，为全人类的利益有序、安全和负责任地管理和开发"区域"资源；❶ 担保国的主要职责是确保承包者遵守《公约》和海管局制定有关勘探和开发的规则、规章和程序；而承包者是"人类共同继承财产原则"启动、实施和有效运作的关键。❷ 因为无论海管局制定的规则再严苛，担保国的法律再严格，如果没有承包者的开发活动，海管局将不会获得任何可持续的矿物资源开发收益，也不会获得承包者收集的环境数据以及建立环境基线，发展深海科学技术，从而人类共同继承财产的价值也不能得到实现，原则也将永远停留在理论层面，无法转换成现实的经济效益，所以承包者是人类共同继承财产原则的实践者，其正当合法权益，特别是其优先开发权和矿物所有权等合法权利，应得到有效保障。

（二）保护承包者的权利符合公平原则

公平原则是指民事主体应本着社会公认的公平观念从事民事活动。公平原则的具体表现之一为民事主体享有的权利和承担的义务具有对应性，不得显失公平。❸ 具体到深海采矿活动，即表现

---

❶ International Seabed Authority Assembly, Consideration, with a view to adoption, of the draft strategic plan of the International Seabed Authority for the period 2019 – 2023, ISBA/24/A/4, p. 4.
❷ 中华人民共和国常驻国际海底管理局代表处：《中国代表团在海管局第23届会议理事会"开发规章草案"议题下的发言》，http://china-isa.jm.china-embassy.org/chn/hdxx/t1487167.htm, 访问日期：2019年2月26日。
❸ 马俊驹、余延满：《民法原论》，法律出版社，2014，第38页。

为承包者享有的权利和承担的义务应具有对等性。承包者的深海采矿工作需要长时间的前期准备活动，包括探矿、勘探、建设开采平台、建造开采船等。承包者在进行上述活动时，承担着深海环境保护、向海管局缴纳勘探或者开发费用、收集环境数据、发展深海技术等义务。深海采矿在建设阶段所需要的资本总额，远远超过许多其他行业，包括陆上采矿行业。同时，深海采矿业面临着矿产品价格波动、支付机制改变、技术革新、政策变动、环境影响等风险和其他许多不确定因素，承包者的前期资本投入也不一定是可收回的。因此，深海采矿是一个时间成本高、风险大的新行业。

在深海开发活动的三方参与主体中，承包者是人类共同继承财产能否实现的风险承担者。从海管局的角度上来说，无论承包者的开发活动能否最终盈利，海管局都可受益。这是因为：若承包者最终实现盈利，海管局自然可以收取特许权使用费；若承包者不能盈利，海管局至少可以从承包者的勘探活动中获得与深海相关的科学技术知识，了解深海环境，掌握环境基线数据。在这个过程中，海管局并不需要承担深海采矿的成本支出和回收工作。从担保国的角度上来讲，无论承包者是否盈利，担保国也不存在实际的损失。从承包者的角度来说，承包者真枪实弹地投入了人力、物力和财力，根据欧盟的测算，深海勘查一天的成本超过10万美元，大部分勘查航次的预算在5000万~2亿美元，深海开发的运营成本一天高达好几亿美元，❶ 承包者承担了巨大的投资风险。因此，从公平的角度出发，承包者承担了较重的义务和巨大的风险，理应享受相应的权利和利润回报。海管局应当制定一个

---

❶ 杨宗喜、郑人瑞：《深海采矿时代渐行渐近》，《中国国土资源报》2016年12月3日第6版，第3页。

公平合理和可预测的法律框架来保障承包者的权利,❶ 从而减少承包者深海开发活动的人为障碍。

(三) 保护承包者的权利是《公约》的文中之义

《公约》和 1994 年《执行协定》的若干规定，均体现了对承包者权利进行保护的要求。如根据《公约》附件三第 13 条第 1 款 (b) 项的规定，海管局制定合同财政制度的目标是为"区域"的勘探和开发"吸引"(attract) 投资和技术。❷ "吸引"一词暗含着海管局制定的与财政制度有关的规则、规章和程序都应当以促进"区域"资源的勘探和开发为目的。❸ 又如 1994 年《执行协定》附件第 8 节第 1 条 (a) 款要求，缴费制度应公平对待承包者和海管局双方。此处的公平对待意味着缴费制度既要落实人类共同继承财产原则，保障海管局代表的全人类的利益，也要遵循市场原则，使包括企业部在内的所有承包者有利可图。❹ 第 8 节第 1 条 (b) 款规定，此一制度下的缴费率应不超过相同或类似矿物的陆上采矿缴费率的一般范围，以避免给予深海采矿者人为的竞争优势或使其处于竞争劣势。这就要求海管局在设置特许权使用费费率时，应当公平合理，不能给承包者的深海开发活动造成人为的障碍。同时，1994 年《执行协定》第 6 节第 1 条 (a) 款规定，"区域"的资源应按照健全的商业原则进行开发。健全的商业原则意味着"区域"内资源开发需要运用成本效益分析方法，在综合资源开

---

❶ Deep Seabed Mining Payment Regime Workshop#1, Final Report – Deep Seabed Mining Payment Regime, May 2016, p. 11.
❷ 《公约》附件三第 13 条。
❸ Deep Seabed Mining Payment Regime Workshop#3, Workshop Summary, April, 2017, p. 12.
❹ 《中华人民共和国政府关于〈"区域"内矿产资源开发规章草案〉的评论意见》, 2018 年 9 月 28 日, 第 9 页。

发、环境保护、惠益共享等问题的基础上,在开发合同申请、合同管理、缴费机制、监管制度方面尽量减少承包者的负担。❶ 海底矿产资源开发面临高难度的技术挑战、市场不确定性以及与环境问题相关的风险。与其他投资项目相比,承包者一定是在认为深海开发活动能够产生利润的前提下才会选择投资海底矿产资源勘探和开发活动。因此,开发规章的规定必须尊重承包者勘探和开发合同的权威性,保护承包者进行开发活动的积极性,保护承包者的各项权利,从而鼓励承包者从勘探阶段向开发阶段迈进。这也符合《公约》附件三第 13 条第 14 款的规定,即海管局在考虑到经济规划委员会和法技委的任何建议后,可制定规则、规章和程序,在统一而无歧视的基础上,规定鼓励承包者的办法,以推进第 1 款所列的目标。❷

## 四、开发规章草案在承包者权利保护方面的不足

### (一) 草案着重规定了承包者的义务,忽视了承包者的权利

开发规章草案有关承包者进行开发活动所需履行义务的规定非常多,但是有关承包者权利的规定却很少。如 2016 年开发规章草案第 4 条详细地规定了承包者申请开发工作计划所需要的信息,包括可行性报告,环境及社会影响报告,采矿计划,融资计划,应急和应变计划,培训计划,环境管理及监测计划,健康、安全和海上安保计划,关闭计划等。草案的第 5 条规定了承包者的申请费用,草案的第 10 条规定了承包者需要缴纳履约保证金。草案的

---

❶ SJTU – Center for Polar and Deep Ocean Development, Comments on the Revised Draft Regulations on Exploitation of Mineral Resources in the Area, September 30, 2018, p. 2.
❷ 《公约》附件 3 第 13 条第 14 款。

第 4 节专门规定了承包者缴纳特许权使用费的义务等。❶ 2017 年环境规章草案更是着重规定了承包者需要履行的环境保护义务。环境规章草案除了继续引进"最佳环境做法""预防性办法"等原则之外，增加了"最佳可用证据""基于生态系统的方式""促进环境信息的获取""合作""浪费最小化"等指导原则。同时，环境规章草案对承包者的环境基线研究、环境范围报告、环境风险评价和评估、替代方案、减缓措施、环境影响说明、环境管理系统、环境管理和监督计划、关闭计划的信息准备和采矿区关闭后的义务提出了更加细致的要求，如环境范围报告的信息准备要求就多达 13 项，部分研究和报告还要求承包者提供独立专家出具的意见。❷ 2018 年开发规章草案对于承包者权利的规定有了改进，但承包者仍处于弱势地位。如 2018 年开发规章草案的第五部分为"承包者的义务"的规定，但基本上没有关于"承包者权利"的阐述，只是在其附件十的"合同的标准条款"中表述了对合同指定资源开发活动的一些权利。❸ 2019 年开发规章草案在承包者的权利保护方面与 2017 年开发规章草案相比，有了提高。如 2019 年开发规章草案第三部分为"承包者的权利和义务"的规定，这表明海管局注意到了承包者权利保护的重要性。❹ 然而，开发规章草案对承包

---

❶ International Seabed Authority, Working Draft Regulations and Standard Contract Terms on Exploitation for Mineral Resources in the Area, ISA Reports, July 2016, pp. 15 – 16.

❷ International Seabed Authority, A Discussion Paper on the development and Drafting of Regulations on Exploitation for Mineral Resources in the Area (Environmental Matters), January 2017, pp. 1 – 102.

❸ International Seabed Authority, Draft Regulations on Exploitation of Mineral Resources in the Area, ISBA/23/LTC/CRP. 3 *, pp. 20 – 27.

❹ International Seabed Authority Legal and Technical Commission, Draft Regulations on Exploitation of Mineral Resources in the Area, ISBA/24/LTC/WP. 1/Rev. 1, pp. 20 – 34.

者权利的规定需要进一步细化和明确。2019 年开发规章草案对承包者权利保护的规定没有作出实质性的修改。

(二) 开发规章草案对承包者权力保护的不足之处

1. 承包者的优先和专属开发权未得到有效保障

对于勘探合同承包者的专属和优先开发权，2016 年开发规章草案只是简单地在草案的第 11 条中提及。2017 年开发规章草案只是在附件十的"合同的标准条款"中表述了对合同指定资源开发活动的一些权利。[1] 2018 年规章草案虽然在第 12 条、第 19 条当中予以明确，但内容不够完整。2019 年开发规章仍然存在承包者优先开发权的性质、行使优先开发权的条件和程序、优先开发权的期限等规定不明的问题。[2] 承包者的专属开发权也存在第三人在承包者的合同区内设立异种矿业权的程序不明、海管局判断第三人的活动是否会对承包者的活动造成影响的标准不明、承包者是否可以提出反对意见不明等问题。

2. 承包者财政负担需要明确和减负

承包者的财政支付机制是开发规章制定过程中最复杂的事项，涉及海管局、担保国和承包者的利润分配问题。因此，财政缴费机制一直是海管局工作的重心。2016 年开发规章草案第五部分有关特许权使用费的规定处于非常粗糙的阶段。[3] 在特许权使用费的征收方式、数额、费率以及固定年费等方面均未作出详细规定。

---

[1] International Seabed Authority, Draft Regulations on Exploitation of Mineral Resources in the Area, ISBA/23/LTC/CRP. 3*, pp. 20 – 27.

[2] International Seabed Authority Legal and Technical Commission, Draft Regulations on Exploitation of Mineral Resources in the Area, ISBA/24/LTC/WP. 1/Rev. 1, pp. 20 – 34.

[3] International Seabed Authority, Working Draft Regulations and Standard Contract Terms on Exploitation for Mineral Resources in the Area, ISA Reports, July 2016, pp. 1 – 86.

2017年开发规章草案在财政收费事项上没有明显的改进。根据2018年和2019年开发规章草案的规定,在财务事项上,申请者就需要缴纳的费用包括特许权使用费、年度报告费、固定年费(可冲抵特许权使用费)、申请核准工作计划的申请费、保险费、开发合同续签费、转让开发合同利益和批准工作计划的费用、使用开发合同作为担保审查费、商业生产暂停费、工作计划的修改费用、批准经修订的关闭计划费用、批准经修订的环境管理和监测计划费用以及其他费用等,上述缴费机制名目繁多,恐给承包者带来较为沉重的财务负担。同时,草案在特许权使用费的征收方式以及费率的确定事项上未作出决定。因此,财政支付机制的完善仍将是海管局继续工作的重点。

3. 需要明确海洋环境中其他活动对承包者的合理顾及义务

2016年开发规章草案和2017年开发规章草案片面强调承包者的开发活动对海底区域其他活动的单项合理顾及义务,并没有指出其他海底活动对承包者深海开发活动的合理顾及义务。2018年开发规章草案改进了这一点,指出在海洋环境中的其他活动也应合理顾及承包者在"区域"内的开发活动。但是在承包者和其他海洋用户之间如何具体地履行合理顾及义务,尚缺乏明确的执行标准,这也是广大承包者要求海管局进一步明确的地方。2019年开发规章草案对此也未作出明确说明。

4. 保障承包者的机密信息

机密信息对承包者而言具有重要的商业价值,是承包者辛苦劳动的智力成果,因此,承包者的机密信息理应得到保护。2016年开发规章草案第六部分有关承包者机密信息的规定并不完整,缺乏有关机密信息的定义、判断标准以及保护程序的规定。2017年开发规章草案对机密信息的规定并没有明显的改动。2018年和

2019年开发规章草案对承包者机密信息的公开原则和保护程序进行了完善，但是在机密信息的定义以及认定标准上还需进一步细化和完善。

诚然，开发规章草案在其他方面也存在对承包者的权利保护不足的问题，但上述四个问题是引起广大承包者不满的焦点问题，因此，本书着重从上述四个方面阐述承包者的权利保护问题。

## 第三节 深海采矿的前景及各利益攸关方观点

### 一、深海采矿的前景

就海管局自身而言，促成深海矿产开发的意愿是较为强烈的。在法技委2016年的报告中，法技委建议勘探工作计划的申请者应准备好在5年合同延长期结束之前进行开发。[1] 部分利益相关者也很期待深海开发规章的尽快成型，如英国海底资源开发有限公司在其递交的评论意见中指出，希望2018年开发阶段的深海开发规章的最终版本可以面世。[2] 然而，通过总结开发规章的评论意见可知，各利益攸关方对开发规章草案尚存在较大的分歧，特别是在财政收费机制、深海环境保护、机密信息的认定、惠益分享机制的构建以及"区域"开发活动与海洋环境中的其

---

[1] International Seabed Authority Council, Report of the Chair of the Legal and Technical Commission on the work of the Commission at its session in 2016, July 2016, ISBA/22/C/17, and p. 4.

[2] UK Seabed Resources, UK Seabed Resources Submission in Response to the International Seabed Authority's Report on Developing a Regulatory Framework for Mineral Exploitation in the Area, November 2016, p. 1.

他使用者之间合理顾及义务的履行等议题上尚未形成统一的意见，许多规定尚有待于海管局出台详细的指南。大部分承包者希望海管局能够降低开发运作的成本，并采取措施鼓励早期的开发活动。许多非政府组织则希望提高环境保护标准，推迟海底开发活动。[1]

与此同时，对深海海底自然状况研究的欠缺和商业化开发技术的不成熟，也在很大程度上制约了深海矿产开发的进程。加上，从市场需求来看，当前的全球金属金融市场情况并不支持"区域"内矿产资源在数年内可进入商业开发的结论，"区域"资源开发前景并不明确，鉴于此，开发规章也应作相应的、更深入的研究。从技术成熟程度来看，目前的深海采矿系统及技术离成熟的商业生产标准还相距甚远，对深海采矿的环境影响也还知之甚少，暂时无法为开发规章的缴费机制和环境管理制度提供必要的技术依据，在短期内完成开发规章制定尚缺乏充分的技术支撑。而且，在规章制订的法理条款方面，许多问题的讨论才刚刚起步，有待深入讨论和理清。因此，要在2023年完成开发规章制定这一目标可能存在一定的困难。即便在未来数年中，各利益攸关方可以对开发规章的文本达成相当程度的谅解，商业化的深海矿产开发也尚需时日。

## 二、各利益攸关方对开发规章草案的观点

结合不同版本的开发规章草案和海管局公布的评论意见，将各利益攸关方的观点总结如下。

---

[1] Deep Sea Conservation Coalition (DSCC), DSCC Submission on the International Seabed Authority Draft Regulations on Exploitation of Mineral Resources in the Area, December 20, 2017, pp. 1 – 16.

## (一) 各方一致同意开发规章应当充分落实人类共同继承财产原则

所有的利益攸关方在有关草案的评论意见中一致认为,"区域"资源开发规章应当落实人类共同继承财产原则。2019 年开发规章草案在其序言中明确规定,"区域"及其资源是人类的共同继承财产原则具有根本的重要性,强调"区域"内资源的开发应当按照《公约》和 1994 年《执行协定》由海管局代表全人类的利益进行。同时,人类共同继承财产原则还体现在开发规章的基本原则、法技委审议申请者的申请书等规定当中。[1] 中国政府主张,开发规章是落实"人类共同继承财产"原则的重要规则,关系国际社会整体利益,意义重大,"区域"内开发活动所产生的惠益,包括财政和其他经济利益,应当按照《公约》及其附件以及 1994 年《执行协定》所确立的原则和规则予以分配,切实体现"区域"及其资源是人类共同继承财产的原则。[2] 阿根廷政府认为,在开发规章中加入考虑拟议的工作计划能够在多大程度上有助于实现全人类的利益是非常重要的。[3] 汤加政府指出,开发规章必须落实资源开发与环境保护的平衡,而且,开发规章必须遵守《公约》以及 1994 年《执行协定》的相关规定,落实人类共同继承财产原则。[4]

---

[1] International Seabed Authority Legal and Technical Commission, Draft Regulations on Exploitation of Mineral Resources in the Area, ISBA/25/C/WP.1, pp. 8 – 21.
[2] 《中华人民共和国政府关于"区域"内矿产资源开发规章草案的评论意见》,2017 年 12 月 20 日,第 1 页、第 3 页。
[3] The Government of Argentine, Written Comments By The Argentine Republic on Draft Regulations on Exploitation of Mineral Resources in the Area, 28 September 2018, p. 2.
[4] The Kingdom of Tonga, Written submission of the Kingdom of Tonga on the Draft Regulations on Exploitation of Mineral Resources in the Area, 30 September 2018, p. 3.

牙买加政府表示开发规章应当体现人类共同继承财产原则的重要性,应当促进人类共同继承财产的可持续发展,照顾现代人和后代人的利益。[1] 新加坡海洋矿物资源公司主张,最新的开发规章草案为实现全人类利益和开发"区域"资源铺平了道路。[2] 虽然各方均赞成开发规章应当落实人类共同继承财产原则,但是由于各国在地理条件、技术能力、资源需求、经济状态及发展水平等方面的不同,各方对具体如何实现人类共同继承财产原则有不同的主张。

(二) 承包者希望权利得到保护

从承包者的角度来说,勘探和开发合同的承包者们无疑要求开发规章保障其资源开发的权利,承包者可以统一归类为"开发派"。他们的主张主要有:

1. 降低特许权使用费

勘探合同的承包者普遍希望降低特许权使用费。如作为勘探合同承包者之一的深海资源开发有限公司在其提交的评论意见中写道,在深海采矿活动的初期,最先开始采矿的承包者会面临较高的财务风险。而后来的采矿者,可以借鉴已有的商业生产的成功经验,开发风险和资本投入均会降低。因此,其建议海管局对于最先开始采矿的企业采取一系列激励措施,如在开发工作的早期阶段,商业生产开始后的第一个10年,海管局应当收取较低的固定年费和特许权使用费,直到承包者成功实现商业

---

[1] The Government of Jamaica, Submission of Jamaica Comments on the Draft Regulations, 2 October 2018, pp. 2 - 3.
[2] Ocean Mineral Singapore Pte Ltd. (OMS), Response to the International Seabed Authority's Revised Draft Regulations on Exploitation of Mineral Resources in the Area (ISBA/24/LTC/WP.1/Rev.1), 30 September 2018, p.1.

运作。[1] 日本石油天然气和金属国有企业也在其评论意见中表达了相同的观点，主张海管局应当引入激励机制，为承包者需缴纳的年度固定费用提供宽限期，海管局应当从承包者产生初始回报或生产开始 3 年后再收取。[2]

2. 延长开发合同的期限

2016 年开发规章草案规定，一份开发合同最初的授权不应超过 20 年，或者满足一定条件，开发期限更短。[3] 有 12 份评论意见表示开发期限过短，不足以让承包者回收利润（见表 1.6）。陆上采矿的生产通常以低产量或低利率开始，并逐渐上升到目标产能。更何况深海采矿尚未完全商业化，目前没有任何海底采矿作业进行，深海开发工作尚面临许多技术难题。考虑到这一点，开发合同所规定的 20 年期限太短。[4] 汤加远洋矿业有限公司表示，深海采矿项目可能需要相当长的时间才能上升到商业生产，所以开发合同的初始期限应该更长（如 40 年）。[5] 海管局最终采纳了这些评论意见，将开发合同的期限延长到了 30 年。

---

[1] Deep Oceans Resources Development Co. Ltd. (DORD), Views and Comments to the "1st Working Draft" of Deep Ocean Resources Development Co, Ltd. (DORD), November 2016, p. 2.

[2] Japan Oil, Gas and Metals National Corporation (JOGMEC), Comments by JOGMEC for the Working Draft Regulations and Standard Contract Terms on Exploitation for Mineral Resources in the Area, October 2016, p. 2.

[3] International Seabed Authority, Working Draft Regulations and Standard Contract Terms on Exploitation for Mineral Resources in the Area, ISA Reports, July 2016, article 14.

[4] Japan Oil, Gas and Metals National Corporation (JOGMEC), Comments by JOGMEC for the Working Draft Regulations and Standard Contract Terms on Exploitation for Mineral Resources in the Area, November 2016, p. 2.

[5] Tonga Offshore Mining Limited, The Submission Prepared by Tonga Offshore Mining Limited and Nautilus Minerals Inc. Regarding the Working Draft Regulations and Standard Contract Terms on Exploitation for Mineral Resources in the Area, October 2016, p. 3.

表 1.6 利益攸关方对开发合同合同期限的意见

| 主体 | 期限 | 主体 | 期限 |
| --- | --- | --- | --- |
| 1. 瑙鲁资源开发有限公司 | 30 年 | 7. 日本石油天然气和金属国有企业 | 20 太短 |
| 2. 汤加远洋矿业有限公司 | 40 年 | 8. 全球海洋资源开发有限公司 | 至少 30 年 |
| 3. 国际海洋矿物协会 | 30 | 9. 新加坡深海矿业公司 | 30 年 |
| 4. 英国深海资源公司 | 30 年 | 10. 新西兰政府 | 40 年 |
| 5. 新加坡政府 | 满足商业生产 | 11. 东海岸（eCOAST） | 20 年太短 |
| 6. 英国政府 | 延长条件太严格 | 12. 深海采矿联盟 | 不能少于 5 年 |

3. 保障承包者在原有勘探区的专属和优先开发权

2016 年开发规章草案和 2017 年开发规章草案均采取"先申请，先审查"的方法。多个国家和承包者对开发规章草案的这一规定表达了不满。汤加远洋矿业公司指出，开发期限内项目的稳定和安全是承包者获得融资的关键，所以应当在开发规章的正文中赋予承包者此项权利，先申请先审查的方法也必须遵守承包者的优先权。❶ 况且，先申请先服务的方法在国内很少被使用。❷ 承包者的意见得到了海管局和法技委的重视，在海管局公布的 2018

---

❶ Tonga Offshore Mining Limited, The Submission Prepared by Tonga Offshore Mining Limited and Nautilus Minerals Inc. Regarding the Working Draft Regulations and Standard Contract Terms on Exploitation for Mineral Resources in the Area, October 2016, pp. 1–2.

❷ Deep Ocean Stewardship Initiative, Commentary on Developing a Regulatory Framework for Mineral Exploitation in the Area, October 2016, p. 7.

年和 2019 年开发规章草案中,作出了相应的修改,增加了承包者的专属开发权和优先开发权的规定。

(三) 环保派强调保护深海海洋环境

部分科研机构、环境非政府组织以及一些个人,即所谓的"环保派"则认为,由于技术不成熟,海管局尚不能对深海采矿对深海环境造成的影响进行有效的评估,因此对于深海采矿规章,应着重提高和细化环保标准。如世界面包组织(Bread for the world)、海洋公平协议(Fair Ocean)、德国环境和发展论坛(The German Forum on Environment and Development)在其提交的评论中表示,人类对海洋生态环境的了解还远远不够,深海采矿活动不能急于一时,海管局除了要保护深海生物的多样性,还要保护海底生态系统,目前的技术还不足以评估深海采矿活动对深海环境的影响。因此,当前实施深海采矿活动没有充分的环境知识支撑,不符合国际可接受的科学标准。[1] 海洋危险组织也在其评论中表述道,海管局有义务拒绝对海洋环境造成严重损害的行为,深海生态系统非常脆弱,生长缓慢,而且,深海生态系统为地球上的所有生态系统提供服务,因此,海洋危险组织呼吁海管局停止批准新的海底采矿合同,直到海管局能够采取进一步的环境控制措施。同时,海洋危险组织要求海管局采取强有力的预防措施来降低环境损害。[2] 深海保护联盟建议建立专门的环境委员会来保护深海环境,[3] 这一建

---

[1] Brot, Response to the consultation on the Working draft – Exploitation regulations, November 2016, p. 4.
[2] Seas at Risk, Response to the consultation on the Working draft – Exploitation regulations, November 2016, pp. 3 – 4.
[3] Deep – sea Conservation Coalition, DSCC Submission on the Working Draft Regulations and Standard Contract Terms on Exploitation for Mineral Resources in the Area, November 2016, p. 2.

议得到了土方工程公司（Earthworks）的支持。❶ 深海采矿运动更是要求，基于预防原则，在对深海环境造成的巨大影响被了解之前，深海开发活动不应当开展，应当全面禁止。❷

（四）担保国希望明确担保国的责任

担保国希望海管局明确担保国在深海采矿活动中的义务和责任。2016年开发规章草案中有关担保国责任的规定很少被涉及，担保国在深海开发活动中的角色和责任在草案中并不清晰和明确。❸ 开发规章草案的内容集中在有关指导承包者行为方面，忽视了担保国的义务。❹ 如英国政府认为，开发规章草案有关担保国责任的规定太少，考虑到担保国在深海开发活动中的重要作用，开发规章应当明确担保国的责任。❺ 2017年开发规章增加了担保国责任的规定，但相关规定不明确。中国政府在评论意见中指出，《公约》及其附件以及1994年《执行协定》已对担保国责任作出明确规定。2011年2月1日，国际海洋法法庭海底争端分庭就"国家担保个人和实体在'区域'内活动的责任和义务问题"发表咨询意见，为厘清担保国责任问题提供了重要指导，建议海管

---

❶ Earthworks, Comments on Working Draft of International Seabed Authority's "Developing a Regulatory Framework for Mineral Exploitation in the Area", November 2016, p. 1.

❷ Deep Sea Mining Campaign, Deep Sea Mining Campaign submission to the International Seabed Authority on its Draft Regulations and Standard Contract Terms on Exploitation for Mineral Resources in the Area, November 2016, p. 1.

❸ Pacific Marine Analysis & Research Association, Comments, structured according to the four questions posed in the Zero Draft introduction, November 2016, p. 2.

❹ Deep Ocean Stewardship Initiative (DOSI), Commentary on Developing a Regulatory Framework for Mineral Exploitation in the Area, October 2016, p. 3.

❺ The Government of United Kingdom, submission of the United Kingdom Government in response to the ISA July 2016 report on developing a framework for Mineral Resources in the Area, November 2016, p. 3.

局积极考虑在草案中以适当方式对关于担保国责任的基本要素作出规定。[1] 日本政府在其评论意见中指出，担保国应当确保其担保的承包者履行相关义务，但是规章并没有说明担保国需要采取哪些措施来履行自己的担保义务。[2] 新加坡政府主张，规章草案需要进一步澄清海管局与担保国之间的责任分工。[3] 2018 年开发规章草案完善了担保国责任的规定，草案第 103 条规定，在不损害规章第 6 条、第 22 条以及不损害《公约》第 139 条第 2 款、第 153 条第 4 款和《公约》附件三第 4 条第 4 款为承包者规定的义务的普遍性的条件下，为承包者担保的国家，应该采取一切必要和适当的措施，以确保其担保的承包者依据《公约》第十一部分、1994 年《执行协定》、海管局的规则、规章和程序以及开发合同的条款和条件，切实遵守规定。[4] 但正如中国政府在评论意见中指出的那样，《公约》以及 1994 年《执行协定》已对担保国责任问题作出明确规定，开发规章不应为担保国创设新的义务。此外，制定开发规章还应充分考虑 2011 年国际海洋法法庭关于担保国责任的咨询意见，纳入咨询意见的相关规定。[5] 2019 年开发规章草案采取了相同的规定。

---

[1] 《中华人民共和国政府关于〈"区域"内矿产资源开发规章草案〉的评论意见》，2017 年 12 月 20 日，第 10 页。

[2] The Government of Japan, Comments on the Draft Regulations on Exploitation of Mineral Resources in the Area, December 2017, p. 14.

[3] The Government of Singapore, Singapore's Comments on the Draft Regulations on the Exploitation of Mineral Resources in the Area, December 2017, p. 2.

[4] International Seabed Authority Legal and Technical Commission, Draft Regulations on Exploitation of Mineral Resources in the Area, ISBA/24/LTC/WP. 1/Rev. 1, p. 112.

[5] 《中华人民共和国政府关于〈"区域"内矿产资源开发规章草案〉的评论意见》，2018 年 9 月 28 日，第 12 页。

## 本章小结

本章主要是阐述一些基本理论问题，为下文的研究奠定基础。人类共同继承财产原则经历了提出、确认、形成、发展四个阶段。人类共同继承财产原则在实现过程中面临诸多挑战，如特许权使用费的缴纳、惠益分享机制的构建、企业部的设立、保留区范围的减少等。海管局可以通过促进发展中国家参与"区域"活动，加强对发展中国家的能力建设、公平分享从"区域"获得的利益、着手企业部的运作以及加强海洋环境保护措施等来应对人类共同继承财产原则面临的挑战。

与此同时，在规则的形成过程中，不同的利益攸关方为了各自的利益必将围绕开发规章的制定展开新一轮的激烈博弈。然而，所有的争议均是以"区域"内矿产资源能够得以开发为前提下产生的。承包者是人类共同继承财产原则启动、实施和有效运作的关键，是人类共同继承财产原则的实践者，承担了人类共同继承财产原则能否实现的风险。因此，开发规章的制定必须切实保护承包者的权利，包括但不限于保障承包者的专属权和优先开发权、降低承包者的财政负担、明确承包者与海洋其他活动之间的相互合理顾及义务、保护承包者的机密信息等。唯有如此，海管局方能吸引承包者对"区域"进行投资，鼓励承包者从勘探阶段向开发阶段迈进。否则，人类共同继承财产原则将永远是纸上谈兵。

# CHAPTER 02 >> 第二章
# 承包者财政负担组成

财政支付机制是整个开发规章制度制定中非常重要的一个方面，承包者的深海矿产资源开发活动是将人类共同继承财产原则从理论落实到实践的前提条件。因此，从鼓励开发的角度出发，海管局不应当对承包者苛以过于沉重的财政负担。若财政制度将导致承包者入不敷出，则没有承包者愿意进行深海开发活动或者没有人愿意投资深海开发活动，深海采矿事业将无法进行下去。从2015年开发规章草案到2019年开发规章草案，承包者需要向海管局缴纳的费用在不断地修改和完善中，根据2019年开发规章草案规定，承包者需要缴纳的费用主要包括：特许权使用费、年度报告费、固定年费、行政管理费用（申请费和其他收费）、环境履约保证金、商业保险费等，删除了原来规章草案中履约保证金的规定。本章将逐一对上述费用进行分析。

## 第一节 制定财政制度的背景和目标

### 一、制定财政条款的背景

为从"区域"回收的矿产资源制定一个公平和公正的财政支付机制,是海管局的义务,也是海管局当前面临的一项重大挑战。《公约》和1994年《执行协定》规定了承包者的两项费用:第一项是申请勘探或开发的费用为25万美元以及数额尚未确定的固定年费;第二项是海管局针对承包者开发"区域"资源收益的收费模式,即征收单一的特许权使用费模式或者实行特许权使用费与盈利分享机制混合征收模式。上述规定确保了海管局作为全人类共同财产的保管人,将自"区域"矿产资源商业生产开始之日起获得收益。《公约》和1994年《执行协定》简单地规定了制定财政制度需要考虑的因素,包括但不限于高效、公平、简单、稳定、弹性以及可执行等要素。但是,实践中的操作更加复杂,因为财政制度涉及全人类共同继承财产原则的实现,所以海管局除了需要考虑上述要素之外,还需要考虑许多其他因素,如征收的种类、收益分享、代际公平等。为了建立一个有效的财政支付机制,海管局需要进行财务预测和经济假设,使用贴现现金流量技术对各种经济和金融情景进行模拟,以预测承包者的现金流和所需要支付给海管局的特许权使用费或利润份额。[1]

海管局从2013年就开始了有关开发规章财政条款的制定工作

---

[1] International Seabed Authority, A Discussion Paper on the Development and Implementation of a Payment Mechanism in the Area, March 2015, pp. 7 – 9.

(相关工作见表 2.1)。2013 年 2 月,海管局公布了 11 号题为《为开发"区域"内多金属结核制定开发规章》的技术报告,简要讨论了制定"区域"内开发活动财政支付制度可能面临的挑战。[1] 2014 年 2 月,法技委发布了一份《为深海采矿制定财政条款》的报告,详细地阐述了制定财政机制的背景、目标、征收种类、环境事项,并对主要矿产国的征费模式做了分析。[2] 2015 年 3 月,海管局公布了一份《发展和执行"区域"内财政支付制度》的讨论文件,重申了制定财政制度的目标和原则,总结了利益攸关方对 2014 年报告的反馈意见,并阐释了需要进一步深入讨论的问题,包括矿产品的估值点、商业生产开始日的定义、双重征税、实行过渡期征税机制等。[3] 2016 年 5 月,为研究财政支付机制成立的 1 号工作组在美国加利福尼亚州拉霍亚斯克里普斯海洋学研究所召开会议、并形成了一份名为《深海采矿支付制度》的报告,报告详细分析了承包者需要向海管局缴纳的费用以及不同特许权使用费的征收模式。[4] 2016 年 12 月,2 号工作组发布了第二份《深海采矿支付制度》报告,报告的主要内容是为财政支付制度建立模型。[5] 2017 年 4 月,3 号工作组发布了第三份《深海采矿支付制度报告》,讨论建立模型分析实行不同征费模式所能得到

---

[1] International Seabed Authority, Towards the Development of a Regulatory Framework for Polymetallic Nodule Exploitation in the Area, ISA Technical Study No. 11, pp. 46 – 54.
[2] International Seabed Authority, Developing Financial Terms for Deep Sea Mining Exploitation, February 2014, pp. 1 – 166.
[3] International Seabed Authority, A Discussion Paper on the Development and Implementation of a Payment Mechanism in the Area, March 2015, pp. 1 – 29.
[4] Deep Seabed Mining Payment Regime Workshop#1, Final Report – Deep Seabed Mining Payment Regime, May 2016, pp. 1 – 52.
[5] Deep Seabed Mining Payment Regime Workshop#2, Workshop Summary, December 2016, pp. 1 – 13.

的不同结果。❶ 2018 年,秘书处委托麻省理工学院的多学科团队研发更科学的财务模型,以期为海管局制定财务条款提供强有力的支撑。2019 年 5 月,麻省理工学院公布了几种财务模型的比较研究结果。

表 2.1 有关财政支付制度的工作

| 年份 | 项目名称 | 内容 |
| --- | --- | --- |
| 2013 | 海管局 11 号研究报告:为多金属结核开发制定规章 | 阐明了制定开发规章的背景,里面包含了制定财政机制的内容 |
| 2014 | 为深海采矿制定财政条款 | 秘书处的独立研究报告,对比了采矿企业的财政制度和特许权使用费及其他税收 |
| 2015 | 海管局报告:发展和执行"区域"内支付机制 | 讨论了一些基本理论问题 |
| 2015 | "区域"采矿工作组 | 简报 |
| 2016 | 深海采矿支付制度 1 | 开始研究详细的过渡支付机制 |
| 2016 | 深海采矿支付制度 2 | 建立财政模型 |
| 2017 | 深海采矿支付制度 3 | 讨论财政模型 |
| 2019 | 麻省理工学院的报告 | 分析了几种不同的模型,需进一步完善 |

## 二、制定财政制度的原则

适用于任何财政支付机制的公平、简单、稳定、透明等原则,

---

❶ Deep Seabed Mining Payment Regime Workshop#3, Workshop Summary, April 2017, pp. 1-19.

同样适用于深海采矿的财政支付机制,尽管深海采矿活动尚面临许多不确定性因素。

(一) 公平原则

公平原则要求纳税人在法律地位上必须平等,税收负担在纳税人之间进行公平分配。公平原则包含实体上的公平和程序上的公平。实体公平原则的具体内容包括:第一,纳税地位平等,即所有纳税人作为纳征关系的当事人,享有平等的权利,履行同等的义务,不因个人情况差异而在法律地位上或者待遇上存在差异;第二,税负分配公平原则,能力相同的人应缴纳同样的税。[1]

具体到深海采矿领域,一项公平的财政支付机制是指考虑和平衡了全人类利益、担保国和承包者经济利益的制度。公平和平等的利润分享是"区域"财政条款讨论的核心,也是资源所有者和资源开发者之间期望达成的目标。首先,从海管局的角度来说,一项财政制度不应对承包者的合理商业行为产生抑制作用,财政制度对投资者来说应当是中立的,不能给投资者带来过重的财政负担。海管局除了考虑承包者需要向海管局缴纳费用,还需要考虑承包者需要向担保国缴纳费用。其次,海管局对所有参与深海采矿的主体应当实施平等待遇,征收同样的费用,履行相同的手续。最后,海管局除了公平地分享从"区域"获取的利润,对于"区域"资源开发的风险也应公平承担。对于承包者而言,面临着不能回收投资资本的风险。因此,海管局有义务制定相关的规章、规则和程序来指导承包者的活动。在制定一项公平的财政支付机制时,下列因素应当得到讨论:第一,国际社会要认识到"区域"内的资源是非可再生资源;第二,为"区域"活动吸引技术和投

---

[1] 刘隆亨主编:《财产税法》,北京大学出版社,2006,第 57–58 页。

资，鼓励承包者的活动；第三，随着行业的发展，可以调整和修改财政制度，从而实现人类共同继承财产的最佳收入。❶

（二）效率原则

效率原则是指以最小的费用获得最大的税收收入，并利用经济调控作用最大限度地促进经济的发展。具体到深海采矿的财政制度，效率原则要求海管局制定的财政支付制度不要太复杂，不应给承包者和海管局造成庞大的行政费用。1994 年《执行协定》允许承包者采用特许权使用费或者结合特许权使用费与盈利分享制度，如果采用几种不同的收费制度，则承包者有权选择适用其合同的制度。虽然与基于利润分享的征费模式相比，特许权使用费更易于管理，这也是海管局在其运作初期的一个关键考虑因素，因为海管局当前可能没有能力来处理复杂的利润分享机制。但是复杂是相对的，随着时间的推进和利益相关者的适应，原先看起来比较复杂的制度会变得简单、有效和易于管理。因此，尽管特许权使用费机制相对简单，但是海管局还需要考虑如何实现最佳收入的中长期目标以及降低对承包者的影响，不能仅以缴费系统的简单来确定缴费制度。总之，明确的规则和高效率的财政支付机制将降低人类共同继承财产原则无法实现的风险，并为投资者提供确定性。

（三）稳定性和灵活性原则

法律的稳定性是法律的第一要义，也是法律的本质属性。法律的稳定性不仅使人的生活摆脱偶然因素的支配，而且为社会的稳定和发展奠定了基础。❷ 但是法律的稳定性是相对的，不是绝对

---

❶ International Seabed Authority, A Discussion Paper on the Development and Implementation of a Payment Mechanism in the Area, March 2015, p. 19.
❷ 朱景文主编：《法理学》，中国人民大学出版社，2015，第 98 页。

的，因为法律具有滞后性，社会总是在不断的发展的，新情况总在不断地出现，所以为了适应新形势的需要，又要对法律进行修改。

具体到深海采矿的财政支付机制，海管局的缴费制度可视情况的变化定期加以修订，这对于海管局和承包者来说都是公平的，这也为海管局的财政制度提供了必要的灵活性。但是财政制度的稳定性和可预测性也应当得到保障，这也是吸引潜在承包者对"区域"进行投资的重要因素。稳定的财政支付制度能够为承包者创造一个稳定的商业环境，以便他们能够在作出投资决策之前更有信心地应用他们的经济模型。因此，早期的财政支付制度应该设立一个稳定的初始期限，比如商业生产之日起 10 年不变，每 5 年的审查机制可能太短，因为承包者可能需要 5 年的时间才能建造和调试多金属结核采矿系统。若是变化的频率太快，可能出现这样的情况，承包者在进入正式大规模商业生产之时，海管局的支付机制发生变化。[1] 同时，海管局要明确财政支付机制审查的触发因素，制定标准清楚的审查程序，这可以让承包者明确在何种情况下审查机制会被触发。而且海管局必须明确任何的修改不会自动适用于已有的承包者，只有经承包者协商后方能适用。许多国家都倾向于在每次价格变动时审查特许权使用费，而不是每隔几年设定一次。[2]

---

[1] Nauru Ocean Resources Inc. (NORI), Response by Nauru Ocean Resources Inc. to Section 6 of the Discussion Paper on the Development and Implementation of a Payment Mechanism in the Area, p. 13.

[2] Tonga Offshore Mining Limited (TOML), response to the Discussion Paper on the Development and Implementation of a Payment Mechanism in the Area for consideration by Members of the Authority and all stakeholders, p. 3.

## 三、制定财政制度的目标

《公约》附件三第 13 条第 1 款以及 1994 年《执行协定》第 8 节对海管局财政费用的征收目标作出了原则性规定，这些规定对海管局财政制度的设计具有重要的指导作用。

### （一）确保海管局从商业生产收益中获得最适度的收入

这一目标是实现人类共同继承财产原则最核心的考虑要素，任何的财政支付机制都必须能够有效地实现人类共同继承财产原则，为全人类利益服务。作为对矿产资源所有者的公平回报，这里的最佳收入指的是最好的可能收入。鉴于深海采矿活动的不确定性和高投资性、高风险性以及商品价格波动性等特征，如何保证海管局的收益是海管局需要特别考虑的问题。但是必须指出的是，海管局除了考虑商业收入，开发深海矿物资源所带来的许多环境和社会效益以及矿物资源本身增加所带来的好处也不能被忽视，它们也是全人类共同继承财产的组成部分。[1] 实际上，即使海管局只收取少量的费用，全人类仍将通过金属储量的增加而获得重大回报，具体表现为：第一，几乎所有的国家都将成为多金属结核采矿业的受益者，因为随着关键金属供应量的增加，这些金属要么在许多国家使用，要么成为各国之间的贸易产品；第二，从更广泛的角度来看，海底多金属结核开发将有助于全球经济的发展，关键金属供应的多元化将使原材料的供应和价格更加稳定。同时，深海开发活动将促进对海洋科学研究的投资，进而促进海洋科学技术的发展；第三，海底多金属结核的开发将通过减少陆

---

[1] Tonga Offshore Mining Limited (TOML), response to the Discussion Paper on the Development and Implementation of a Payment Mechanism in the Area for consideration by Members of the Authority and all stakeholders, p. 2.

地资源开发的压力为人类提供服务，陆上采矿正面临着金属等级下降而采矿的环境和社会影响却在增加的困境。因此，在确定海管局的最佳收入时，海管局还应考虑深海采矿所带来的额外收益。❶

## （二）为"区域"的勘探和开发吸引投资和技术

海管局对全人类共同利益的责任当然包括尽快促进"区域"内采矿活动的实施，要做到这一点，海管局就必须为愿意冒险开拓深海采矿行业的先行者提供顺畅的政策指引。虽然海管局的措施不能给予深海采矿者人为的竞争优势，但是为了吸引对"区域"活动的投资，"区域"的财务制度必须保持在全球矿产企业中的竞争力。因为，过于严苛的财政制度会对投资者产生抑制作用，不利于人类共同继承财产原则的实现。投资资本是流动的，国家内部通常会通过调整国内的财税制度来鼓励投资。因此，海管局的财政制度也应该在商业的基础上运作，财政条款无论是在投资者投资前还是投资后都应当具有可行性。❷

但是若为"区域"的勘探和开发吸引投资和技术的目标与第一项目标确保海管局从商业生产收益中获得最适度的收入发生冲突时，前者应当具有优先的地位。这是因为：首先，只有实现了大规模商业生产才会有海管局的最佳收入，因此所有其他事项的首要任务和先决条件都应当是加强对"区域"资源开发的吸引力；其次，在早期给予优化海管局收入过分重视的潜在负面影响大于

---

❶ Marawa Research and Exploration Ltd. (Marawa), Submission to the International Seabed Authority regarding the Development and Implementation of a Payment Mechanism in the Area, May 2015, p. 2.

❷ International Seabed Authority, Developing Financial Terms for Deep Sea Mining Exploitation, February 2014, p. 33.

提供过多激励措施所造成的影响。给予优化海管局收入过分的重视可能会带来的风险在于不会有承包者进行"区域"矿产资源的开发活动,从而导致海管局不会有任何收益,也不会存在通过增加矿产资源的供应给人类带来好处。相反,在深海采矿行业的早期给予过多激励措施的唯一风险在于海管局早期的收入会低,但是随着行业的发展,海管局的收入也会增长,金属的供应量也会增加。最后,海管局在深海采矿行业成熟以后可以修改初始的财政支付机制从而优化海管局的收入。因此,在深海采矿行业的早期应优先考虑吸引对"区域"活动的投资而不是优化海管局的收入。[1]

(三) 财政机制应当公平对待海管局和承包者

首先,确保承包者享有平等的财政待遇和类似的财政义务。在实践中,有许多不同的实体会参与到深海采矿活动当中,包括缔约国、国有企业、企业部以及自然人等。海管局应该对上述不同的实体公平对待,相同的商业交易应该具有相同的财政义务。[2]在统一和无歧视的基础上规定鼓励办法,使承包者同企业部、同发展中国家或其国民订立联合安排,鼓励向它们转让技术,并训练海管局和发展中国家的人员。使企业部能够同时有效地进行海底采矿。但这里也应该强调海管局的支付制度不能给企业部或其联合开发者人为的竞争优势。即为承包者提供的财政鼓励,不会导致承包者比陆上采矿者有人为的竞争优势。

---

[1] Marawa Research and Exploration Ltd. (Marawa), Submission to the International Seabed Authority regarding the Development and Implementation of a Payment Mechanism in the Area, May 2015, p. 1.

[2] International Seabed Authority, A Discussion Paper on the Development and Implementation of a Payment Mechanism in the Area, March 2015, p. 10.

其次，缴费的制度应公平对待承包者和海管局双方。"公平"需要考虑很多因素。在陆地采矿环境中，人们认为渐进式的财务系统更公平，也就是说矿产资源所有者的财务收入应该随着承包者盈利水平的提高而增加。但是，根据最佳行业实践，财务支付应当包含运营商的最低支付义务，即一旦生产开始，运营商就应当缴纳最低的生产费或特许权使用费。同样，在开发的早期阶段，财务制度不能对运营者造成过大的影响，以便运营者能够收回初始投资。而且，财务支付机制还应具有灵活性，以适应市场的波动。确定性、可预测性和稳定性也是公平财政机制中应具备的特征，但对于"区域"的财政支付机制，形成最终稳定的支付系统尚需时日。❶

（四）平衡不同利益相关者的目标

不同的深海采矿参与者由于自身利益的差异，对深海采矿的财政支付机制有不同的目标。从不同的角色出发，可以将利益攸关方分成三类，即国家、海管局和承包者（包括国家、国有企业、私有企业）。

从海管局的角度来说，海管局当然希望能够有效地管理"区域"内的勘探和开发活动，建立稳定的监管框架，在承包者在"区域"活动的收益中取得最佳收入的同时，公平地处理好承包者和人类共同继承财产之间的关系，降低管理费用和采矿成本，为"区域"内矿产资源的勘探和开发吸引投资和技术，保护深海环境。从国家的角度来说，其更关心如何实现国家收入的增加、经济的繁荣、科学技术的转移以及如何履行担保国的责任。从承包

---

❶ International Seabed Authority, A Discussion Paper on the Development and Implementation of a Payment Mechanism in the Area, March 2015, p. 11.

者的角度来说，其最希望的是有一个稳定和可预测的财政支付机制，能够在深海采矿活动的初期降低承包者的财政负担，从而降低承包者的风险和成本，实现最终的盈利。❶ 如何平衡好这三者的关系，也是海管局要深入考虑的问题。

## 四、制定财政制度的注意事项

（一）财政制度应鼓励承包者向开发阶段迈进

开发是实现人类共同继承财产原则的前提条件。因此，海管局制定财政制度的首要考虑要素应当是鼓励承包者向开发阶段迈进，为"区域"活动吸引投资和技术，在深海采矿的高风险没有降低之前，不应寻求高额的财政收入，从而抑制或阻碍该行业的发展，影响人类共同继承财产原则的实现。海管局需要考虑深海采矿是一个新兴行业，需要对新的和未经测试的技术及相关风险进行大量的投资，需要大量的勘探活动和高度专业化的机器设备，在这期间承包者是不存在收入的。因此，任何的财政支付机制都应该以支持对"区域"的开发活动为目标，直到该行业被证明具有商业的可行性之后再考虑具体的收费问题。《公约》也明确规定，海管局在考虑法技委的任何建议后，可制定规则、规章和程序，在统一而无歧视的基础上，规定鼓励承包者的办法，以推进海管局的财政制度目标。❷ 具体的激励措施包括但不限于：前期征收较低的特许权使用费和固定年费、加倍扣除勘探阶段的成本支出、鼓励科学研究、训练人员等。

---

❶ International Seabed Authority, A Discussion Paper on the Development and Implementation of a Payment Mechanism in the Area, March 2015, p. 17.
❷ 《海洋法公约》附件 3 第 13 条第 14 款。

## (二) 实施分阶段的财政支付机制，激励先行者

现在就制定一个财政制度的绝对条款和参数可能会对人类共同继承财产的长期收入有影响，也可能会阻碍对"区域"的投资，但是为了给承包者的投资活动提供稳定性和可预测性，可以采用分阶段或过渡性的方法来发展财政制度，即财政制度的过渡机制。❶ 这对于首批开发承包者是公平的，因为首批开发承包者承担着最高的投资成本和环境风险，而得到的却是较低或者根本就不存在的回报。因此，为了鼓励承包者对"区域"的开发和刺激行业的发展，海管局针对首批投资者或者开发者在开发的初始阶段，应该制定鼓励的财政支付机制。

第一阶段：一个初始的支付机制，即第一批开发合同的承包者在其商业生产开始之日起的第一个10年内可以支付较低的费用或者免费用。这将有利于：第一，为首批承包者承担的前期资本投入提供确定性；第二，使首批承包者能够产生最佳收入从而吸引对"区域"活动的投资；第三，增加开发"区域"资源的可能性，因为如果没有开发活动发生，海管局不会产生任何收益，国际社会也不会因此而受益；第四，协助承包者进行开发活动从而证明该行业的经济可行性。一旦经济可行性得到证实以后，海管局就可以考虑为深海采矿行业设计一种新的财政支付机制。而且，从长远看，降低首批开发承包者的财政义务，会导致海管局长期收入的增加，因为首批承包者的盈利加上深海采矿技术的发展和市场的成熟将会激励更多的承包者进入深海采矿行业。❷ 马拉瓦

---

❶ International Seabed Authority, A Discussion Paper on the Development and Implementation of a Payment Mechanism in the Area, March 2015, p. 20.

❷ Nauru Ocean Resources Inc. (NORI), Response by Nauru Ocean Resources Inc. to Section 6 of the Discussion Paper on the Development and Implementation of a Payment Mechanism in the Area, pp. 3 – 4.

（marawa）公司持相同的观点，主张许多陆地采矿项目的先行者可以获得商业生产第一个 10 年内的低费率的特许权使用费和免税期，巴布亚新几内亚就为拉木（Ramu）的矿镍项目提供了一个 10 年的免税期，因此海管局可以采取类似的措施，鼓励承包者对"区域"活动的投资。❶

第二阶段：长期支付机制。基于第一阶段提供的详细经济情况，海管局可以在第二阶段实施一个更加复杂的财政支付制度，比如利润分享机制，从而为海管局带来更多的收益。但是在实行第一阶段的初始支付机制时，海管局就应当着手设计复杂的财政模型，而不是一定要等到第一阶段结束后才开始。至于何时从第一阶段转移到第二阶段，承包者收回其在"区域"内的投资成本，达到收支平衡是一个可以考虑的时间点。❷

（三）实现代际公平与可持续发展

代际公平是人类共同继承财产原则的组成部分，因此我们在开发和利用"区域"资源时，不能只考虑现代人的利益，还必须考虑后代的利益。对于耗竭性资源，如化石燃料和矿物质，代际公平是必须考虑的一个因素。因为，它们的使用减少了后代可用的库存，但这并不意味着不应该使用这些资源。代际公平反映的是如何实现当代和后世之间从资源当中获取收入和消费资源的平衡。而可持续发展是指在满足当代需求的基础上，不能以影响后代的生存和需求能力为代价，包括生态系统、生物多样性和生态

---

❶ Marawa Research and Exploration Ltd. （Marawa）, Submission to the International Seabed Authority regarding the Development and Implementation of a Payment Mechanism in the Area, May 2015, p. 4.

❷ Deep Seabed Mining Payment Regime Workshop#1, Final Report – Deep Seabed Mining Payment Regime, May 2016, p. 23.

的完整性等。耗竭性矿产资源的可持续发展要求将耗竭性的自然资本转化成可持续的财政、人力、物质资本从而支撑经济的可持续发展和收入的持续增加。可见，可持续发展理念与代际公平在内涵上是一致的。

如何实现深海采矿的可持续发展与代际公平呢？有两种方法可以考虑：第一种是计算可耗尽资源的最佳提取比率，即社会贴现率，它结合了后代的利益。❶ 贴现率是指用未到期的票据向银行融通资金时，银行扣取自贴现日至到期日之间的利息率。社会学家把经济学中贴现率运用到社会经济活动中来，就形成了社会贴现率，从而用社会贴现率的高低来判断人们对于现在以及将来的预期价值，并作出选择。一般情况下，社会贴现率越高，就证明人们对未来越不重视。如煤炭产业的大力开发带来了地方经济的繁荣和发展，但这种繁荣是极高的贴现率换来的，远期的未来收益被过早地置换成眼前的价值。社会贴现率与自然资源可持续利用有着密切的关系，贴现率相对水平的高低会影响各种自然资源的利用强度。❷ 因此，前期资源开发的社会贴现率不能过高，应保持在一个合理的幅度。第二种办法是通过征收特许权使用费来平衡现在的消费和将来的消费，从而为将来的消费保存一定的资源量。

（四）考虑承包者的双重缴费问题

深海采矿和陆地采矿不一样。在陆地上采矿，承包者只需要向主权国家缴纳特许权使用费即可。深海采矿的承包者不仅需要

---

❶ Deep Seabed Mining Payment Regime Workshop#1，Final Report – Deep Seabed Mining Payment Regime，May 2016，pp. 14 – 15.
❷ 王冠楠、张璇：《社会贴现率问题研究》，《商场现代化》2010 年第 11 期，第 1 页。

向海管局缴纳特许权使用费,还需要向担保国或者管辖国缴纳费用,如担保国收取的担保费以及公司需要缴纳营业所得税。在陆上采矿通常需要支付给单个国家费用,在海底采矿需要分别向海管局和担保国缴纳费用。因此,对于海管局来说,确保合理分配承包者的收入,以免因海管局和担保国双重收取承包者收入的大部分进而阻碍承包者的投资和生产,是至关重要的。❶ 虽然任何的国家财政收费(国家对承包者的收费)不会影响承包者对海管局的义务,但它确实会影响承包者的总体收益和深海采矿的经济可行性。

此外,海管局的收入会随着金属价格的波动而波动,因为自然资源的价格存在不稳定性,价格波动的幅度可能会很大,持续的时间比较长,上升的价格完全不同于下降的价格,这叫作商品价格波动周期。当然,海管局的收入也与金属的突然间大量生产有关系。因此,在制定财政支付制度时,必须考虑针对价格大幅度波动的预防措施。❷

## 第二节 特许权使用费

矿产资源的特许权使用费(Royalty)是指矿产资源的所有者转让矿产所有权或者授予承包者开发矿藏的权利而征收的费用。❸

---

❶ UK Seabed Resources (UKSR), Comments to the Discussion Paper on the Development and Implementation of a Payment Mechanism in the Area, p. 4.
❷ International Seabed Authority, A Discussion Paper on the Development and Implementation of a Payment Mechanism in the Area, March 2015, p. 15.
❸ International Seabed Authority, Towards the Development of a Regulatory Framework for Polymetallic Nodule Exploitation in the Area, ISA Technical Study No. 11, p. 49.

因为税收是一个和国家主权相关的概念，所以开发规章统一采用特许权使用费的表述。

## 一、特许权使用费主要的征收模式和利弊分析

实践中有关特许权使用费的征收模式有多种，主要包括：从量征收、从价征收、利润分享机制、资源租赁费和混合制，其他还有产量分享、联合开发、固定费用、拍卖和服务协定等。

（一）从量征收特许权使用费

从量征收特许权使用费（United-based Royalties）是指以矿产资源的生产量为单位征收一定固定费用的方法。从量计征易于计算、收集、监控，而且只要承包者保持生产，资源的所有者就可以一直征收费用。从量计征的优势有：第一，管理简单，透明度高，它是所有征收模式当中最没有经济效率的但却是行政管理最简单的一种模式；第二，可以避免价格变动对特许权使用费的影响，保持总体收入的稳定性。从量计征的劣势是：第一，它不区分资源的等级、品质，税负不合理；第二，费率固定，没有弹性，总额不能反映价格的波动，没有市场的价格机能。因此，在实践中，从量计征主要适用于一些价值较低但是数量较大的商品，比如煤矿和铁矿。[1]

（二）从价征收特许权使费

从价征收特许权使用费（Ad Valorem Royalties）是指以产品的总价值为基础征收一定费用的计征方式，它不允许扣除任何成本，对承包者生产的矿物以价值为基础征收统一标准的费率，无论矿

---

[1] Deep Seabed Mining Payment Regime Workshop#1，Final Report – Deep Seabed Mining Payment Regime，May 2016，p.20.

业生产是否盈利均需缴纳费用。它也是对协议项目期间矿产价格的变化以及经济周期内运营的最高和最低营利性最不敏感的一种特许权使用费。从价计征也有比较明显的优势：第一，从价计征易于管理，对于同种商品征收同一标准的费率，只要生产者销售产品，矿产资源所有者就能够取得收入；第二，费率明确；第三，反映了市场及经济的变化，因为特许权使用费的总额会随着矿物价格的波动而波动，当价格上涨时，特许权使用费的总额会增加，反之则会减少。其劣势在于从价计征特许权使用费没有考虑生产者的成本和利润，在矿产品价格低下的情况下，它可能导致营运停止，而且从价计征需要知道金属的交易价格或者FOB价格，❶所以管理难度要稍大于从量计征的方式。从价征收特许权使用费主要适用于一些比较珍贵的金属。

（三）利润分享机制

利润分享机制（Profit-based Mechanisms）引起了利益攸关者的广泛讨论，它也被视为初始支付机制的后继者。利润分享机制不仅考虑了矿产资源的数量和价格，还考虑了承包者的成本和利润，❷它允许从承包者的收益中扣除资本支出、运营支出、融资成本和恢复成本等。因此，利润分享型特许权使用费是对在协议项目寿命周期内矿产价格和矿体经济差异状况（如矿床的大小，品位的高低，是利用现有设施，还是需要建设基础设施）最为敏感的一种特许权使用费。它让合同双方共担风险，共享利益。然而，在矿场投资回收初期以及资本扩张期间，利润分享特许权使用费

---

❶ Deep Seabed Mining Payment Regime Workshop#1, Final Report – Deep Seabed Mining Payment Regime, May 2016, p. 20.
❷ International Seabed Authority, Towards the Development of a Regulatory Framework for Polymetallic Nodule Exploitation in the Area, ISA Technical Study No. 11, p. 49.

将会很低乃至不存在。与从价型特许权使用费相比，海管局更难对其进行计算和收取。❶ 目前深海采矿面临很多不确定因素：第一，缺乏国际通用的成本计算方式；第二，估算成本范围的基础不统一；第三，公司的营业所得税和利润分享机制的兼容性问题；第四，海管局的行政管理能力是否能够满足复杂征收方式的需要。❷

（四）矿产资源租赁费

矿产资源租赁费（Mineral Resource Rent – based Payments）是指对所获得的经济租金又称超额利润按照一定费率征收的方式，它通常用于石油等高利润商品，有时也适用于高金属价格期间的煤炭和铁矿石。这对于深海采矿来说也是一种可考虑的征费方式，因为其具有中立性，采矿实体在得到了自己的正常利润后矿产资源所有者也得到了相应的资源租金。值得注意的是，石油通常具有非常高的利润和低资本成本。在国际上，石油和天然气的税收待遇与矿产资源的税收待遇显著不同。国际实践当中石油的税率几乎总是高于矿产资源的税率。❸ 加上其执行的复杂性和困难度以及很难去衡量和精确地定义采矿实体的正常利润，因此矿产资源租赁费模式并没有获得广泛的支持。总之，资源租赁费模式是一种理想的模式，但是目前尚不具备执行的条件。❹

---

❶ The Mining law Committee of the International Bar Association, Model Mine Development Agreement 1.0, April 4, 2011, pp. 33 – 34.
❷ Deep Seabed Mining Payment Regime Workshop#1, Final Report – Deep Seabed Mining Payment Regime, May 2016, p. 20.
❸ Nauru Ocean Resources Inc. (NORI), Response by Nauru Ocean Resource Inc. to Section 6 of the Discussion Paper on the Development and Implementation of a Payment Mechanism in the Area, p. 11.
❹ International Seabed Authority, Developing Financial Terms for Deep Sea Mining Exploitation, February 2014, p. 49.

(五) 深海采矿财政支付机制的选择

1. 主要陆上矿产国的做法

实践当中，不同的国家和地区根据各自的实际情况对矿产资源开发采取不同的收费制度（见表2.2）。

表2.2 主要矿产国或地区的征税方法[1]

| | 从量计征 | 从价计征 | 利润分享 | 混合制 |
|---|---|---|---|---|
| 国家或地区 | 澳大利亚、印度尼西亚、格鲁吉亚 | 中国、印度、蒙古、拉丁美洲、巴布亚新几内亚、菲律宾、美国密歇根州和亚利桑那州、哈萨克斯坦、乌兹别克斯坦、博茨瓦纳、安哥拉、加纳、科特迪瓦、莫桑比克、纳米比亚、赞比亚、阿塞拜疆、荷兰、俄罗斯、委内瑞拉 | 玻利维亚、秘鲁、美国、内华达州、安大略省、加拿大阿尔伯塔省、南非、坦桑尼亚、西澳大利亚、澳大利亚北部地区 | 中国、昆士兰、新南威尔士、西澳大利亚、不列颠哥伦比亚、加拿大萨斯喀彻温省、巴布亚新几内亚 |

从表2.2可以看出，从价征收特许权使用费是大多数国家或地区的做法，其次是利润分享机制。然而，每个国家的税收制度是基于各国国情设立的，里面包含了政治和经济因素的考量。因此，深海采矿行业的财政支付机制可以参考和借鉴上述国家或地区的做法，但是不能照搬。

2. 深海采矿财政支付机制的选择

针对四种不同收费模式，"区域"资源开发的财政制度需要平

---

[1] LIU Feng, Payment Mechanism for Deep Seabed Exploitation Versus Land Customary Regime of Different Countries, p. 13.

衡不同采矿实体之间的利益。

第一，从全人类共同继承财产原则和海管局的角度出发，从量征收特许权使用费并不能完全补偿人类共同继承财产的收入，因为从量征收特许权使用费使资源所有者放弃了从价格周期中获取的收入，它只考虑矿石的总数量而不考虑其总价值。即在从量征收特许权使用费的情况下，海管局不会从矿石的高价格中获益。虽然从价征收特许权使用费，海管局行政管理起来会稍微复杂一些，但是其具有更高的经济效益。尽管从价征收与从量征收一样，不管承包者有无实质性收益，海管局作为矿产资源的代管人都会固定地按量或者按价格收取费用，但不同的是，从价征收的特许权使用费会随着金属的价格一起波动，当金属价格高的时候，海管局的收入增多；反之，海管局的收入减少。

第二，从承包者的角度出发，从价或者从量征收特许权使用费都没有反映出承包者的生产成本和利润。从短期看，盈利分享机制与前两种方式比较起来，操作更复杂，需要海管局投入更多的时间和精力，但是随着深海采矿行业的日渐成熟和稳定，此种制度对海管局和承包者来说都是更为合理的一种模式。矿产资源租赁费在操作中比利润分享机制更复杂一些，所以其实施条件暂不成熟。总之，就利润分享机制而言，海管局的管理难度增加，收入不稳定，但是经济效益高。

第三，从平衡海管局和承包者的利益角度来说，海管局的财政支付制度应当包含两种模式，即从价征收特许权使用费或者从价征收特许权使用费加盈利分享机制，供承包者自己选择。如果海管局最终采用分阶段的财政支付机制，其前期可以采用从价征收特许权使用费的模式，后期采用混合制的模式。虽然盈利分享制度具有操作难度，因为需要承包者向海管局提交有关成本和利润的信息，但是实际上从承包者向海管局提交的年度报告和审计

表中，海管局能够获得所有有关承包者收入和支出的信息，上述信息足够海管局计算承包者的利润。❶

## 二、特许权使用费费率的设置

### （一）初期的特许权使用费费率不宜过高

一个较低的或者较轻的特许权使用费费率可以鼓励承包者进入"区域"开发活动。较低的费率也可以被认为是对承包者的一种补贴，因为早期的承包者承担了高成本和高风险，后期大量的商业生产一定是建立在早期低产量生产的基础之上的，早期的生产几乎是没有利润的。况且，早期的承包者花费了巨大的投资进行技术创新、研究深海采矿的可行性、探明资源的质量和增加对深海的认识。后来者都是在先行者已有知识的基础上进行投资活动，如果不给予早期承包者一些优惠措施，将不会有人进行开发活动。正如汤加近海开发有限公司主张的那样，在深海开发活动的早期（5 到 10 年），特许权使用费的费率应当是低的。❷ 瑙鲁海洋资源公司也主张在深海开发活动的早期，特许权使用费的费率不能设置过高，如果财政支付机制没有为第一批开发承包者提供激励，则该行业可能无法转向商业生产，这反过来又意味着海管局和国际社会可能完全错失收益；因此，该公司认为，第一批开发承包者可以获得 10 年的免费期。❸ 深海资源开发有限公司也主张在商业生产的第一期适

---

❶ Deep Seabed Mining Payment Regime Workshop#3，Workshop Summary，April，2017，p. 5.

❷ Tonga Offshore Mining Limited （TOML），response to the Discussion Paper on the Development and Implementation of a Payment Mechanism in the Area for consideration by Members of the Authority and all stakeholders，p. 2.

❸ Nauru Ocean Resources Inc. （NORI），Response by Nauru Ocean Resources Inc. to Section 6 of the Discussion Paper on the Development and Implementation of a Payment Mechanism in the Area，p. 6.

用最低的特许权使用费费率，从而降低承包者的项目经济风险，尽早收回投资成本。❶

同时，海管局针对同一时期进入"区域"开发活动的采矿实体应给予相同水平的待遇，即使用同样标准的费率，不能给予歧视或者差别待遇，以免造成人为的竞争优势或者劣势。至于低费率的实施期限，初始开发阶段实施较低的费率可能会导致承包者的加速开发。因为相比于后进入的承包者，第一批承包者可以提高开发率，但是费率低，因此承包者的收益就会高。加速开发也会带来一系列问题，如环境的损害、市场的不稳定等。因此，海管局应当为承包者设置一个合理的征收低费率的期限。

（二）深海采矿的费率应低于陆上生产矿石的费率

1994 年《执行协定》规定，财政支付制度下的缴费率不应超过相同或类似矿物的陆上采矿缴费率的一般范围，以避免给予承包者人为的竞争优势或使其处于竞争劣势。也就是说，"区域"内的承包者既不应该优先于陆地采矿经营者也不应该处于不利地位，即"区域"的财政制度应该和国际基本标准一致。❷ 但是随着对深海与陆地生态系统许多差异了解的加深，可能需要重新评估陆地与深海采矿之间进行比较的可取性。如果对深海开发的矿产资源征收和陆上矿石一样的费率，"区域"内的金属开发可能会处于不利的地位，这是因为：

第一，海管局不提供通常由国家提供的服务和基础设施。在陆上采矿的承包者受益于每个国家已有的大量的基础设施，

---

❶ Deep Ocean Resources Development Co., LTD（DORD），DORD's Comments on the draft Regulation on Exploitation of Mineral Resources in the Ara, December 2017, p. 8.
❷ International Seabed Authority, A Discussion Paper on the Development and Implementation of a Payment Mechanism in the Area, March 2015, pp. 10 – 15.

如用于运输矿石的道路、受过教育的熟练工人，而海管局并没有向承包者提供此类服务和基础设施；第二，投资于陆地矿产勘探和开发项目的个人和公司通常能够获得税收减免和税收激励措施，旨在鼓励企业在该国管辖范围内进行矿产勘探和开发投资。但是，海管局可能无法向投资者提供此类减税和奖励，所以投资者在"区域"内的采矿活动可能不包含此类税收优惠。因此，海管局应研究如何通过减少对承包者的费用来弥补这些差距；第三，国家通常通过国家协议为特定项目提供免税期和特许权使用费减免，特别是在项目的最初几年。因此，在这种情况下，将深海采矿的费率与陆地采矿的费率进行比较可能不太合适；第四，国际社会不仅通过承包者向海管局的付款受益，而且也会通过对来自"区域"中对社会和经济发展至关重要的矿物的供应增加而受益；第五，多金属结核不能简单地像许多陆基沉积物一样使用物理特性升级为中间产品。因此，深海采矿的费率和陆上生产矿石的费率考虑到成本和支出以及不同的情形，应当是不一样的。❶ 马拉瓦（marawa）公司持相同的观点。❷

同时，不同的矿石其金属含量和金属的价值是不同的。因此，海管局应当针对不同的矿产资源制定不同的费率。如适用于多金属结核的特许权使用费率应低于多金属硫化物的使用费率，这是因为：第一，与多金属硫化物不同，多金属结核不含贵金属；第

---

❶ Nauru Ocean Resources Inc. （NORI）, Response by Nauru Ocean Resources Inc. to Section 6 of the Discussion Paper on the Development and Implementation of a Payment Mechanism in the Area, pp. 4 – 5.
❷ Marawa Research and Exploration Ltd. （Marawa）, Submission to the International Seabed Authority regarding the Development and Implementation of a Payment Mechanism in the Area, May 2015, p. 5.

二,多金属硫化物可以很容易地浓缩成金属浓缩物,这通常在陆地上进行,并且容易出售给接受这种材料的加工商。而多金属结核不能使用物理特性升级为中间产品,多金属结核是氧化物,与多金属结核相关的加工是复杂且资本密集的。而且,多金属硫化物可以依靠现有的加工厂进行处理,但是并没有现有的加工厂可用于处理多金属结核。[1]

## 三、四种特许权使用费征收模式的比较

### (一)从价征收模式和混合制模式得到重视

海管局目前一共收到四份关于"区域"内多金属结核开发特许权使用费征收的经济模式。2019年2月21日,麻省理工学院的伦道夫·科尔臣(Randolph Kirchain)和理查德·罗斯(Richard Roth)介绍了四种经济模式的比较情况。[2] 这四种模式分别是:(1)非洲集团模式(The African Group Model,简称 AG 模式)[3];(2)中南大学模式(the China Southern University Model,简称 CSU 模式)[4];(3)德国联邦经济事务和能源部模式(the German Federal Ministry for Economic Affairs and Energy Model,简称 BMWi

---

[1] Nauru Ocean Resources Inc. (NORI), Response by Nauru Ocean Resources Inc. to Section 6 of the Discussion Paper on the Development and Implementation of a Payment Mechanism in the Area, p. 7.

[2] Randolph Kirchain, Frank R Field, and Richard Roth, Financial Regimes for Polymetallic Nodule Mining: A Comparison of Four Economic Models, Materials Systems Laboratory, Massachusetts Institute of Technology, January 2019, pp. 1 – 11.

[3] The African Group, Request for consideration by the Council of the African Group's proposal on the Economic Model/Payment Regime and Other Financial Matters in the Draft Exploitation Regulations under review, July 2018, pp. 1 – 24.

[4] Prof. Shaojun Liu, Financial model and economic evaluation of polymetallic nodules development in the Area, Central South University, China, pp. 1 – 17.

模式)❶；(4) 麻省理工学院的模式 (The Massachusetts Institute of Technology model, 简称 MIT 模式)❷。四种模式均采用了相似的分析方法，即现金流量折现分析，也都假设承包者每年能够进行 300 万吨干结核的采集作业。关于特许使用费的征收模式，除 BMWi 模式没有明确写清楚外，其他三种均分析了从价征收和混合征收两种模式（分析结果见表 2.3），均未采取从量征收和利润分享模式。从量征收不能反映商品的价值，因此，不适用于海底开发活动。至于纯粹的利润分享机制，正如 MIT 报告所言，虽然采取纯粹的利润分享机制，海管局能获得的收入最多，但是这会导致在深海开发活动的前 5 年，海管局不会获得任何收益，因此，MIT 并未考虑这种模式。

表 2.3 三种模型的费率对比

| 模式 | 从价征收 | 从价 + 利润分享 | 承包者利润 |
| --- | --- | --- | --- |
| AG 模型 | 2% 至 4%<br>20% | 5% + 30% | 27%（不能接受）<br>21%/22%（可接受） |
| CSU 模型 | 2% | 1% + 4% | 17%（不能超过） |
| MIT 模型 | 3% 至 8%<br>2% 至 6%<br>1% 至 3.5% | 3% + 20%<br>2% + 15%<br>1% + 10% | 17%<br>17.5%<br>18% |

从表格数据可知，尽管三方采用的分析方法相似，但是分析

---

❶ The German Federal Ministry for Economic Affairs and Energy Model, Analysis of the Economic Benefits of Developing Commercial Deep Sea Mining Operations in Regions where Germany has Exploration Licenses of the International Seabed Authority, as well as Compilation and Evaluation of Implementation Options with a Focus on the Performance of a Pilot Mining Test, 30 September 2016, pp. 1 – 212.
❷ Massachusetts Institute of Technology, Financial Payment System Working Group Meeting, February 2019, pp. 1 – 82.

出来的结果却不尽相同，如 AG 模型认为如果前 8 年采用 2% 的费率，后期采用 8% 的费率，承包者的内部回报率达到了 27%，这已经远远超出了承包者投资深海活动所需要的最低回报率，即使采取 20% 的费率或者 5% 的费率加 30% 的利润分享，承包者的收入也已经超出了投资所需要的回报率。[1] CSU 模型则认为如果采用的从价征收特许权使用费的方法，则费率不能超过 2%，此时承包者的回报率只有 17%，否则，承包者的回报率会低于陆上采矿业的回报率。[2] MIT 模型采取的费率与 CSU 模型不一致，但分析结果确与 CSU 的结果相近，如 MIT 采用 3% 至 8% 两级费率的分析模式，所得的承包者的回报率也是 17%。

之所以四种模型采用的方法相近却产生不同的结果，是因为各模型在分析时所采用的参数并不完全一致。麻省理工学院在分析四种模型的基础上，总结了导致差异的 21 种参数，这些参数可以分为五类：（1）分析框架，包括报告评估指标、经营范围、分析时段；（2）生产特征，包括规模、斜坡上升期、冶金加工方法、金属回收量、结核金属含量、金属产量；（3）未来价格幅度预估，包括钴、铜、锰、镍结核的总金属价值，结核的净金属价值；（4）运营成本现金流量预估，包括资本支出、运营成本、残值、矿址修复；（5）财务制度现金流量预估，包括担保国税率、特许权使用费、海管局费用。[3] 同时，四种模型在采用上述参数

---

[1] The African Group, Request for consideration by the Council of the African Group's proposal on the Economic Model/Payment Regime and Other Financial Matters in the Draft Exploitation Regulations under review, July 2018, pp. 17 – 18.

[2] Prof. Shaojun Liu, Financial model and economic evaluation of polymetallic nodules development in the Area, Central South University, China, pp. 13 – 14.

[3] Randolph Kirchain, Frank R Field, and Richard Roth, Financial Regimes for Polymetallic Nodule Mining: A Comparison of Four Economic Models, January 2019, p. 4.

时，所使用的标准也不一致，如 MIT 模型在估算海管局的收入时，认为海管局的收入只能来源于海底收集活动，而其他三种模型认为海管局的收入还需要考虑陆上结核的加工过程和成本。又如，AG 模型的总分析期间包括 7 年的勘探活动和 28 年的开发活动，CSU 模型只分析了 28 年的开发阶段，MIT 分析了 7 年的勘探阶段和 30 年的开发阶段。

(二) 海管局下一步工作的重点

目前，MIT 只是做出了一个初步的经济模型，许多内容需要进一步完善，主要包括：第一，需要确定特许权使用费的征收模式。在海管局第二十四届会议上，理事会接受德国的提议，即成立一个不限成员名额工作组，讨论财政模式，特别是审查麻省理工学院撰写的备选模型比较研究报告。在讨论支付机制时，大部分与会者赞成采用基于从价征收特许权使用费的制度，但有与会者表示不妨保留特许权使用费与收益分享机制相结合这个方案。❶第二，在整个合同期内采用固定费率（如 4%）更好，还是采用两级费率，即在预设的投资回收期过后，实行不同的费率（如前 5 年为 2%，之后为 6%）更好，这是需要进一步讨论的问题，大部分与会者更倾向于采用两级费率。❷ 同时，工作组关于支付机制和费率的建议只涉及多金属结核。有必要在适当的时候，对多金属硫化物和富钴铁锰结壳的支付机制和费率进行审议。第三，工作

---

❶ International Seabed Authority Council, Report of the Chair on the outcome of the first meeting of an open – ended working group of the Council in respect of the development and negotiation of the financial terms of a contract under article 13, paragraph 1, of annex III to the United Nations Convention on the Law of the Sea and section 8 of the annex to the Agreement relating to the Implementation of Part XI of the United Nations Convention on the Law of the Sea of 10 December 1982, ISBA/25/C/15, pp. 2 – 3.

❷ Id, p. 3.

组还需要继续讨论上述不同参数对支付机制的影响,以及深海采矿对陆上矿产资源行业特别是发展中国家矿产资源行业的影响。

## 四、特许权使用费的分配

根据《公约》第140条第2款的规定,海管局应按照第160条第2款第6项第1目(即海管局根据理事会的建议,审议和核准关于公平分享从"区域"内活动取得的财政及其他经济利益的规则、规章和程序,特别考虑到发展中国家和尚未取得完全独立或其他自治地位的人民的利益和需要)作出规定,在无歧视的基础上公平分配从"区域"内活动取得的财政及其他经济利益。因此,海管局应针对有关会议的公平分配制定具体、详细的规则,以切实落实"区域"及其资源是人类共同继承财产的原则。德国政府也在其评论意见中指出,海管局应该开始对公平分享"区域"内活动产生的财政和其他经济利益制定标准,这对于深海采矿开发活动来说是至关重要的。[1]

建立惠益分享机制可考虑确立如下原则:一是公平原则,以实现全人类利益与开发者商业利益的合理平衡,当代人与后代人代际利益的平衡。所谓全人类利益和开发者商业利益的平衡是指既要保障海管局的收入又不能阻碍承包者的积极性。所谓当代人与后代人利益的平衡,是指海管局在分配收益时必须为后世留存一定的资金或者资源量。二是发展中国家优惠待遇原则,以确保发展中国家能够按照《公约》和1994年《执行协定》从深海资源开发中获利。这主要指海管局在进行收益分配时应当给予发展中国家更多的考虑。

---

[1] The Government of Germany, International Seabed Authority's (ISA) Draft Regulations on Exploitation of Mineral Resources in the Area (ISBA/23/LTC/CPR. 3*), December 2017, p. 2.

三是公开透明原则，无论是规则制定还是实际分享采矿收益，都应公开透明。❶ 海管局自成立以来，人们就担心法技委工作的透明问题。随着国际社会对海底采矿兴趣的增加，各利益攸关方对海管局工作透明度的要求也会提高。在制定惠益分享机制规则的情形下，提高财务委员会工作的透明度尤为重要。如果财务委员会在审计和报告方面不透明，则很难想象国际社会，特别是计划获得深海采矿经济利益的发展中国家将如何确保承包者和担保国履行了他们的义务。❷

惠益分享的制定标准可以使用基于人口和人均收入的简单指标（如用于确定联合国预算捐款的指标）或者可以结合各种众所周知和普遍接受的发展指标和统计数据，包括联合国开发计划署的维护人类发展指数和世界银行制定的世界发展指标等。资金按照比例分配好后，海管局可以考虑三种投入模式：第一种是直接将从采矿活动中获得的收益分配给各国政府。这种模式对海管局来说最简单和易于管理，同时各国也可以自由决定如何更好地使用这笔资金；第二种是利用这笔资金资助旨在提供商品和服务的项目，以使这些国家的现有人口受益；第三种是将这些资金用于投资人力资本（如教育）或物质资本（如基础设施），这主要会使后代受益。❸ 具体采用何种分配标准以及资金投入模式是海管局下一步需要重点探讨的问题。

---

❶ 《中华人民共和国政府关于"区域"内矿产资源开发规章草案的评论意见》，2018年9月28日，第2-3页。
❷ Aline Jaeckel, Jeff A. Ardron, Kristina M. Gjerde, Sharing benefits of the common heritage of mankind – Is the deep seabed mining regime ready?, p. 202.
❸ Michael W. Lodge, Kathleen Segerson, b Nd Dale Squires, Sharing and Preserving the Resources in the Deep Sea: Challenges for the International Seabed Authority, The International Journal of Marine and Coast Law, Vol. 32, 2017, p. 435, p. 440.

## 第三节　固定年费

### 一、征收固定年费的目的

根据1994年《执行协定》第8节第4段的规定，承包者自商业生产开始之日起应缴付固定年费（Annual fixed fee）。此一年费可以用来抵免按照第三分段所采用制度应缴付的其他款项。但1994年《执行协定》并没有写清楚收取固定年费的目的和用途。根据采矿行业的实践，海管局收取的年费可能用于以下目的。

第一，固定费用中的很大一部分用于海管局的行政管理支出，因为海管局作为"区域"资源的所有者（或者代管人）和监管人负责对"区域"资源的勘探和开发活动制定规则、规章和程序进行管理和监督。特别是在开发活动阶段，海管局的行政管理成本相比于勘探阶段明显增高，该项费用也是各利益攸关者认可的一项支出。第二，根据《矿业开发示范协议（1.0）》的规定，收取年度租金（Annual rental）一般旨在用于防止投机性地持有土地而不进行勘探或开发，或用于补偿地表使用。[1] 1994年《执行协定》中的固定费用也可以视为年度租金，是一项用于鼓励承包者生产而不是占有矿区进行投机的费用，即固定费用可以视为一种滞留费来反对承包者的投机活动。在投机活动下，由于承包者的延迟生产，海管局将不会取得收入，这也是海管局的时间成本。承包者在基于合理商业原则的基础上推迟生产，比如受益于更高的价格（价格周期或者采矿

---

[1] The Mining law Committee of the International Bar Association, Model Mine Development Agreement 1.0, April 4, 2011, p. 33.

量直接影响价格）或由于将来技术的提高从而降低了成本。滞留费可以视为承包者和海管局分享从推迟生产中获得的高收益，也就是说和没有推迟生产的承包者相比，推迟生产的承包者获得了更高的收入从而使海管局的收入随着增加，这是承包者自己的价值选择。当然。海管局可以拒绝一项承包者的延期生产申请，但是若确实出现了不可生产的事由，承包者也可以申请修改自己的开发工作计划。❶

相比较而言，因为海管局的行政管理费用需要承包者另行缴纳，所以将固定年费定位为第二种用于防止承包者的投机性占有更为合适。

## 二、固定年费的征收数额

（一）固定年费的征收数额

《公约》附件三第 13 条第 3 款规定承包者自合同生效之日起，缴纳固定年费 100 万美元，第 4 款也规定了固定年费的计算模式。但是第 3 款被 1994 年《执行协定》修改为承包者自商业生产开始之日起缴纳固定年费，年费的数额由理事会确定，同时废除了第 4 款的计算方式。因此，自商业生产之日起的年度固定费用总额以及计算费用的基础至今悬而未决。固定年费是按照合同区面积还是采矿区面积计算都是需要继续考虑的问题。以面积计算在石油和天然气企业中比较常见。❷ 2018 年开发规章草案采取的是以合同区面积计算固定年费的数额，这种设置是否合理还有待进一步商榷。2019 年开发规章草案删除了以面积收取固定年费的方法，草案规定

---

❶ Deep Seabed Mining Payment Regime Workshop#1，Final Report – Deep Seabed Mining Payment Regime，May 2016，pp. 18 – 19.

❷ Id，p. 18.

承包者应自合同区内商业生产开始之日起缴纳固定年费。年费数额应由理事会按 1994 年《执行协定》附件第 8 节第 1（d）段的要求确定。

（二）征收固定年费需要注意的问题

固定年费属于承包者的成本支出项目之一，早日确定固定年费的征收数额，为承包者的投资提供确定性也是海管局需要考虑的因素。同时，从鼓励开发的角度出发，海管局在制定固定年费的征收规则时应当考虑以下因素。

第一，给予承包者征收固定年费的优惠措施。深海采矿活动在商业生产后停止运营的风险远高于土地开发作业。为了降低运营初期的经济风险，有必要在开发合同生效的第一个 10 年内设定最低年费比率，并在承包者停止运营期间设定免除支付的激励措施。日本国家石油天然气和金属公司认为尽管 40 多年深海采矿一直备受关注，但目前没有承包者进行实质性的开发活动，为了给承包者提供更大的激励措施以促进开发活动的进行，承包者只需要缴纳开发活动的第一个 10 年的年费。❶

第二，按面积缴纳年费需要进一步考虑。2018 年开发规章草案并未明确说明是针对多金属结核还是所有矿产资源，但有多条规则和参数与面积密切相关，固定年费就是其中之一，即以开发合同中确定的以平方千米计的合同区总面积乘以每平方千米的年费率计算固定年费。但就已进入勘探阶段的多金属结核、富钴结壳和多金属硫化物三种资源而言，其商业开发所需的面积是差距极大的。多金属结核开发可能需要上万平方公里，而多金属硫化

---

❶ Japan Oil, Gas and Metals National Corporation (JOGMEC), Comments by JOGMEC to the Draft Regulations on Exploitation of Mineral Resources in the Area (ISBA/23/LTC/CRP. 3), December 2017, p. 1.

物的开发则可能几平方公里就已经足够,很难想象采用同样的规则和标准按面积收费是合理的。深海资源开发有限公司也表示以合同区的面积计算年费对于多金属结核的开发来说是不公平的,因为它的合同区面积比其他资源类别大得多,需要大量的资金。因此,应该考虑从合同区域的总面积中扣除非采矿区域的面积,如环境影响参照区和保全参照区,同时根据采矿区的面积而非合同区的面积计算年费。❶ 2019 年开发规章草案虽然删除了以面积计算的方法,但是这只是回避了问题,计算方法仍需详细考虑。

第三,根据 1994 年《执行协定》的规定,年费可以用来抵免承包者缴纳的特许权使用费。❷ 这一做法也体现在《矿业开发示范协议(1.0)》中,即公司所缴纳的年度租金应当是可扣除费用,在矿业公司所应当向东道国缴纳的所得税中扣除。❸ 最新开发规章草案也延续了 1994 年《执行协定》的规定。但是需要进一步明确抵扣的规则和程序。

## 第四节　环境收费

### 一、保护海洋环境和财政制度

深海采矿是一项高危险性活动,关于深海采矿对海洋生物和

---

❶ Deep Ocean Resources Development Co., LTD (DORD), DORD's Comments on the draft Regulation on Exploitation of Mineral Resources in the Area, December 2017, p. 7.
❷ 《关于执行 1982 年 12 月 10 日〈联合国海洋法公约〉第十一部分的协定》第 8 节。
❸ The Mining law Committee of the International Bar Association, Model Mine Development Agreement 1.0, April 4, 2011, p. 33.

生态的潜在影响人们知之甚少。因此，人们在研究深海采矿的同时，也必须研究如何保护和保全海洋环境，以支持承包者的开发和勘探工作计划，从而有效保护海洋环境不受"区域"内活动可能产生的有害影响，最终保护人类的共同继承财产，实现资源的可持续开发。《公约》和三个勘探规章的诸多条款都规定了深海采矿的环境保护事项：第一，海管局应当制定适当的规章、规则和程序，对"区域"内活动采取必要措施，保护和养护"区域"内的自然资源。❶ 第二，为了确保有效保护海洋环境，使其免受"区域"内活动可能造成的有害影响，海管局和担保国对这种活动应采取《里约宣言》原则 15 所阐述的预防性办法和最佳环境做法；第三，每一项勘探合同应要求承包者参照法技委的建议，收集环境基线数据并确定环境基线，供对比评估其勘探工作计划所列的活动方案等。❷

海管局在制定开发合同的财政制度时，也应当考虑财政机制对实现海洋保护目标的激励作用；开发规章中任何与环境保护相关的财务制度，都应该在鼓励和支持良好的环境行为（如技术创新）的同时惩罚恶劣的破坏环境的行为；深海采矿的财政支付制度在设立激励措施的时候，不能将支付机制和环境责任分开。深海采矿造成的环境损害可以通过收取不同于特许权使用费的环境费用来解决。收取环境费用的主要目的有三个：第一，可用于资助一些使"区域"受益的活动，如提升海洋管理、保护脆弱的海洋生态环境和生物的多样性、促进对"区域"的科学研究；第二，减少发生环境损害的可能性；第三，一旦发生环境损害且超出了

---

❶ 《公约》第 145 条。
❷ International Seabed Authority, Developing Financial Terms for Deep Sea Mining Exploitation, February 2014, pp. 118 – 119.

预计范围时,海管局有足够的资金启动救助机制。

## 二、海洋环境收费的种类

### (一)环境履约保证金

环境履约保证金(Environmental Performance Guarantee)是一项通常用于环境管理的经济工具。它通常要求矿产资源开发的承包者在采矿之前存储一笔等同于或大于采矿活动可能造成的有害环境影响的用于弥补环境损害的资金。在承包者履行了环境履约保证金所涉及的义务后,资金将被退还。在承包者未能履行此类义务的情况下,海管局将没收环境履约保证金的全部或部分。设立环境履约保证金的目的是鼓励承包者遵守环境法规、实行最佳环境实践和充分履行保护环境的责任。环境履约保证金有其本身的优势,它能够鼓励承包者采取措施降低采矿活动对深海环境的影响。同时,在承包者因破产等情形而不具备偿还能力的情况下,承包者仍然有一笔储备资金用于补救环境损害。环境履约保证金对于承包者来说是一笔较大前期投资成本,而且实践当中也很难计算环境履约保证金的数额,特别是对于新兴的深海采矿行业更是如此。因此,在具体实施环境履约保证金之前,尚有许多问题需要解决:第一,环境履约保证金的包含范围。如环境履约保证金是否包含提前关闭开发活动、终止和最终关闭开发活动以及在关闭后监测和管理残留环境影响的费用?第二,环境履约保证金的缴付方式,是一定采用现金还是可以采用抵押的形式?如果采用现金支付的形式,是需要一次性缴纳还是可以分期支付?[1]

---

[1] Deep Seabed Mining Payment Regime Workshop#1, Final Report – Deep Seabed Mining Payment Regime, May 2016, p. 36.

澳大利亚政府支持环境履约保证金的设立，但是希望海管局进一步阐明设立环境履约保证金的目的和宗旨。而且，环境履约保证金的数额必须符合市场的条件。同时，认为环境履约保证金可以不以统一和非歧视的方式实施，可以根据承包者的资质、公司的安全能力以及采矿区的位置是否存在海底电缆等情况实施区别对待。❶ 日本政府认为环境履约保证金的数额，可以由承包者根据海管局制定的指南用承包者开始商业生产后的收入中支付。❷ 深海保护联盟表示，环境履约保证金的总额必须涵盖整个开发活动期间。❸

（二）环境责任信托基金

环境责任信托基金（Environmental Liability Trust Fund，以下称信托基金）是国际海洋法庭海底争端分庭（以下简称分庭）在其2011年2月发布的关于"海底活动中担保国的责任问题"（Responsibilities and obligations of States with respect to activities in the Area，以下简称咨询意见）中提出来的一项制度。在咨询意见中，分庭注意到一种情形，即在承包者的行为造成了环境损害且不能全额履行其赔偿责任，而担保国又已经采取了一切必要和适当的措施无需承担赔偿责任的情况下，会出现赔偿责任缺口的情形。因此，分庭建议海管局考虑设立一个信托基金，以弥补这种责任缺口。❹ 海管局采纳了分庭的意见，在开发规章草案中设立了环境责任信托基

---

❶ Australia, General Comments from Australia on Draft Regulations on Exploitation of Mineral Resources in the Area, September 2018, pp. 6–7.

❷ The Government of Japan, Comments on the Draft Regulations on Exploitation of Mineral Resources in the Area (ISBA/24/LTC/WP. 1/Rev. 1), September 2018, p. 12.

❸ Id, p. 15.

❹ Seabed Dispute Chamber of the International Tribunal for the Law of the Sea, Responsibilities and obligations of States with respect to activities in the Area, Advisory Opinion, 1 February 2011, ITLOS Reports 2011, pp. 64–65.

金,并规定其设立的主要目标:第一,实施任何旨在防止、限制或修复"区域"内活动对"区域"造成的任何损害或其费用无法从承包者或担保国回收的必要措施;第二,促进研究可减少"区域"内开发活动造成环境损害或破坏的海洋采矿工程方法和做法;第三,与保护海洋环境有关的教育和培训方案;第四,资助对修复"区域"的最佳可得技术进行研究;第五,在技术和经济上可行并有最佳可得证据支持的情况下修复"区域"。由此可见,海管局扩大了环境责任信托基金的宗旨范围,因为根据分庭的意见,环境责任信托基金应是救济和补充性的,目的在于预防、限制或修复"区域"内活动产生的环境损害。第二项至第五项规定得过于宽泛,容易稀释环境责任信托基金的核心目标,如相关培训可通过承包者履行培训义务等渠道来实施,这不属于环境责任信托基金的宗旨。

目前,环境责任信托基金的资金主要来源于:第一,向海管局缴纳的费用中按规定百分比或数额提取的部分;第二,向海管局缴纳的任何罚款中按规定百分比提取的部分;第三,海管局通过谈判或因违反与开发合同条款有关的法律诉讼程序而回收的任何数额资金中按规定百分比提取的部分;第四,根据财务委员会的建议,按理事会指示存入基金的任何资金;第五,基金通过投资属于基金的资金而获得的任何收入。[1]

几乎所有的评论意见都表达了对海管局扩大环境责任信托基金宗旨的不满。如澳大利亚政府指出,环境责任信托基金的作用应当限于分庭说明的弥补责任缺口,与海洋环境保护有关的教育和培训方案以及修复"区域"环境是承包者的义务,这些不应当

---

[1] Legal and Technical Commission, Draft Regulations on Exploitation of Mineral Resources in the Area, ISBA/24/LTC/WP.1/Rev.1, pp. 38 – 39.

属于环境责任信托基金的范围。同时,其认为环境责任信托基金的资金应当来源于担保国和承包者,其他缔约国不承担资金的来源。❶ 瑙鲁认为环境责任信托基金的宗旨应当只限于分庭说明的弥补责任缺口,其他的训练和研究等义务应当通过其他的方式解决。❷ 日本政府表示环境责任信托基金只能用于第一项目标,即弥补责任缺口,不能用于其他用途。因此,其他用途应当从这一条当中删掉。❸ 汤加的观点和上述各国的观点基本一致,主张针对草案中环境责任信托基金的第二项至第五项规定可以另外设立一个单独的基金来处理,如环境保护信托基金。❹ 新加坡政府持相同观点,并强调海管局需要确定环境责任信托基金资金的来源的提取比例。❺ 牙买加政府持相同观点。❻ 中国政府表示,环境责任信托基金应是救济和补充性的,目的在于预防、限制或修复"区域"内活动产生的环境损害,考虑到相关培训可通过承包者履行培训义务等渠道来实施,建议删除有关内容。❼ 深海保护联盟、❽ 欧盟

---

❶ The Government of Australia, General Comments from Australia on Draft Regulations on Exploitation of Mineral Resources in the Area, September 2018, p. 10.
❷ The Government of the Republic of Nauru, Revised Submissions of the Republic of Nauru on The Draft Mining Regulations, November 2018, p. 4.
❸ The Government of Japan, Comments on the Draft Regulations on Exploitation of Mineral Resources in the Area (ISBA/24/LTC/WP. 1/Rev. 1), September 2018, p. 14.
❹ The Kingdom of Tonga, Written submission of the Kingdom of Tonga on the Draft Regulations on Exploitation of Mineral Resources in the Area, September 2018, p. 8.
❺ The Government of Singapore, Singapore's Comments on the Draft Regulations on Exploitation of Mineral Resources in the Area, September 2018, pp. 4 – 5.
❻ The Government of Jamaica, Submission Jamaica Comments on the Draft Regulations, September 2018, p. 22.
❼ 《中华人民共和国政府关于"区域"内矿产资源开发规章草案的评论意见》,2018 年 9 月 28 日,第 8 页。
❽ Deep Sea Conservation Coalition, Comments on the revised draft exploitation regulations issued by the LTC (ISBA/24/LTC/WP. 1/Rev. 1), 30 September 2018, p. 17.

跨大西洋评估工程2020、深海活动倡议均持相同观点。2019年开发规章草案改变了环境责任信托基金的称呼，改名为"环境补偿金"，但其他具体内容没有改变。

（三）深海采矿可持续发展基金

法技委于2015年3月发布的"区域"内矿产资源开发法律框架草案提出了深海采矿可持续发展基金（Seabed Sustainability Fund）的概念。❶ 这个概念起源于英国的海洋综合可持续发展基金，主要目的是研究采矿活动的影响以及推广最佳环境做法，如促进海洋生态系统的研究、采矿活动的累积影响、高效和安全的资源开发等，基金的经费来源于对采矿项目的征税。❷ 如果建立深海采矿可持续发展基金，其目的包括但不限于：第一，促进深海生态系统的综合研究，完善与开发活动有关的海洋环境资源的性质、分布和敏感度的证据；第二，增加对"区域"内活动对海洋环境影响的认知，包括生物栖息地的丧失、海床的物理变化、噪声及其影响等；第三，有效和安全地开发"区域"资源以及进行适当地监测和管理，如对特殊环境利益区的管理；第四，根据《公约》第202条的规定，向发展中国家提供科学和技术援助；第五，研究环境恢复经济和技术上的可行性。❸

（四）总结

环境履约保证金是一项潜在的财政担保，担保承包者履行环

---

❶ International Seabed Authority, Developing a Regulatory Framework for Mineral Exploitation in the Area, March 2015, p. 32.
❷ Deep Seabed Mining Payment Regime Workshop#1, Final Report – Deep Seabed Mining Payment Regime, May 2016, p. 37.
❸ International Seabed Authority, A Discussion Paper on the development and drafting of Regulations on Exploitation for Mineral Resources in the Area (Environmental Matters), January 2017, pp. 73 – 74.

境保护义务。环境责任信托基金主要用以弥补环境损害责任的缺口。深海采矿可持续发展基金主要用于促进和发展海洋科学研究、加强对发展中国家的能力建设和技术援助。需要强调的是,两个基金尽管设置的理由不同,但在基金的资金来源和使用方面存在一些重叠,特别是考虑到海管局已有的捐赠基金和自愿信托基金,两个基金的设置无疑加大了海管局的行政管理成本和承包者的财政负担,因为基金的资金无疑来自承包者。因此,将两个基金合并成为一个基金行使综合管理职能是一种可选择的替代办法。

## 第五节 承包者的其他财政负担

### 一、履约保证金

在法律上,履约保证金的性质是履约担保,是工程发包人为防止承包人在合同执行过程中违反合同的规定而采取的一种财政担保。2016 年和 2017 年开发规章草案也将履约保证金纳入规定,2017 年开发规章草案第 9 条的规定,法技委可以建议理事会将如下事项作为同意工作计划的条件,申请者存放一项有关其执行情况义务的财政或抵押保证金,担保情况应当写进工作计划或者合同当中,这个时刻不得晚于开发活动开始的时间。向理事会提出的任何建议应以海管局的准则为基础,包括在与申请人协商后履约保证金的形式、数量和价值。当一项保证金成为工作计划的条款及条件时,海管局应当根据其政策与程序,认同这样的保证金,并同时规定,当承包者履行了保证金所对应的义务时,返还保证

金,当承包者未履行相应义务时,没收保证金。❶

但草案并没有规定什么情况下履约保证金是必须的和合适的,以及在没收之前是否有救济程序。❷ 履约保证金设定的目的是什么?❸ 履约保证金条款的详细分类以及其内涵到底所指为何?与环境履约保证金有什么区别也未明确。❹ 因此,大部分利益攸关方指出履约保证金条款需要进一步细化。例如,英国政府表示,英国对履约保证金条款提出保留,履约保证金条款需要得到进一步澄清和解释。❺ 日本政府认为,并不是所有的人都需要交履约保证金,因此,海管局应明确什么样的承包者才需要缴纳履约保证金。❻ 深海资源开发有限公司主张,设立履约保证金的目的应当详细说明,同时设立最小金额,在有担保国担保的情况下履约保证金应当扣除。❼ 甚至有利益攸关方主张,履约保证金没有存在的必要性。如全球海洋矿物资源有限公司表示,一项发展义务

---

❶ International Seabed Authority, Draft Regulations on Exploitation of Mineral Resources in the Area, ISBA/23/LTC/CRP. 3 *, August 2017, pp. 8 – 9.

❷ Pradeep Singh Arjan Singh, Comments with Respect to the Working Draft of Exploitation Regulations and Standard Contract Terms, November 2016, p. 3.

❸ MIDAS (Manage Impacts of Deep Sea Resources Exploitation), Observations and Comments from MIDAS on the "Working Draft of Exploitation Regulations and Standard Contract Terms, November 2016, p. 4.

❹ E coast Marine Research, Stakeholder Submission Draft Regulations and Standard Contract Terms on Exploitation for Mineral Resources in the Area, November 2016, p. 5.

❺ The Government of The United Kingdom, Submission of The United Kingdom Government in response to The ISA August 2017 Draft Regulations on Exploitation of mineral resources in the Area, December 2017, p. 12.

❻ The Government of Japan, Comments on the Draft Regulations on Exploitation of Mineral Resources in the Area, December 2017, p. 5.

❼ Deep Ocean Resources Development Co., LTD (DORD), DORD's Comments on the draft Regulation on Exploitation of Mineral Resources in the Area, December 2017, p. 3.

的财政担保并不是采矿行业的标准。❶ 新加坡海洋矿业有限公司持相同观点，表示不清楚为什么履约保证金是必要的，一项财政保证义务在采矿行业中并不常见。❷ 国际海洋金属联合会也认为，不知道为什么履约保证金的存在是必要的。❸ 汤加近海开发有限公司主张，履约保证金在实践当中通常用于环境事项，因此没有必要在开发事项当中规定。❹ 执行保证金的规定显然加重了承包者的财政负担，因此，2018年和2019年开发规章草案删除了履约保证金的规定。

## 二、保险费

为深海开发活动购买保险也是承包者的义务之一。根据2019年开发规章草案的规定，承包者应与令海管局满意、国际公认、财务健全的保险人维持适当保险合同的充分效力及作用，并使分包者与此类保险人维持适当保险合同，合同条款和数额应符合适用的国际海事惯例并遵守良好行业做法。同时，承包者应将海管局列为额外保险人，承包者应当尽最大努力确保海管局所要求的所有保险均经过批单变更，规定承保人放弃任何追索权，包括就

---

❶ Global Sea Mineral Resources, High Level Comments on Draft Exploitation Regulations, November 2016, p. 3.

❷ Ocean Mineral Singapore (OMS), Response to the International Seabed Authority's Report on Developing a Regulatory Framework for Mineral Exploitation in the Area, November 2016, p. 5.

❸ Inter ocean metal Joint Organization (IOM), Comments provided by the Inter ocean metal Joint Organization IOM to the document Draft regulations on exploitation of mineral resources in the Area, November 2017, p. 2.

❹ Tonga Offshore Mining Limited, The Submission Prepared by Tonga Of shore Mining Limited and Nautilus Minerals Inc. Regarding the Working Draft Regulations and Standard Contract Terms on Exploitation for Mineral Resources in the Area, November 2016, p. 3.

开发活动向海管局代位求偿的权利。❶ 设立保险制度的目的在于一旦开发活动造成损害时，承包者有足够的赔偿能力，保单的金额要足以涵盖整个开发合同期限内的活动。但是目前规定存在的问题有：第一，保险的总额尚不能确定；第二，国际上是否有针对深海采矿的保险也是需要考虑的问题；第三，规定承保人放弃任何追索权是不现实的。对于承包者来说，保险责任应当与市场相符，目前草案当中规定的保险条款可能是不切实际的，特别是在环境责任方面。因此，保险应当满足合理的商业水平，具有切实的可行性，总体费用不能过高。❷

由于相关规定的模糊性，所以几乎所有的利益攸关方的评论意见都集中在海管局应进一步明确保险的险种、保险对象和赔偿范围等有关内容上。如日本政府在其评论中写道，假设承包者希望向私人保险公司购买一项保险单，哪种保单可以涵盖哪种类型的损害是需要讨论的。❸ 韩国政府主张，给承包者设置的保险义务不宜过重，因为目前需要把承包者的负担降到最低程度，从而鼓励开发。❹ 国际海洋金属联合会认为，保险成本应该计入承包者的经济模式当中去，现在还不清楚市场上是否有针对深海采矿活动的保险制度，而且保费的金额也没有确定。❺ 澳大利亚政府也指

---

❶ International Seabed Authority, Draft Regulations on Exploitation of Mineral Resources in the Area, ISBA/24/LTC/WP.1/Rev.1, pp. 30 – 311.

❷ Nauru Ocean Resources Inc. (NORI), Comments by Nauru Ocean Resources Inc. (NORI) on the Zero Draft Exploitation Code, October 2016, p. 3.

❸ The Government of Japan, Comments on the Draft Regulations on Exploitation of Mineral Resources in the Area, December 2017, p. 8.

❹ The Republic of Korea, Draft Regulations on Exploitation of Mineral Resources in the Area, December 2017, p. 4.

❺ Inter ocean metal Joint Organization (IOM), Comments provided by the Interoceanmetal Joint Organization IOM to the document Draft regulations on exploitation of mineral resources in the Area, November 2017, p. 2.

出,海管局需要为承包者所需要购买的合适的险别提供指导,同时保险应当涵盖合同到期后的环境问题。[1] 俄罗斯政府认为,海管局应当明确国际公认的财务健全的保险人的标准。[2] 新加坡政府主张,海管局必须考虑相关的行业实践,服务提供商如保险公司是否做好准备进入服务市场提供相关的保险产品,否则这些产品的商业波动对承包者来讲是一种负担。[3] 中国政府认为,希望海管局进一步明确保险的险种、保险对象和赔偿范围等有关内容。[4] 瑙鲁海洋资源公司主张,让保险公司放弃追索权的规定是不现实的,这会让承包者很难获得这样的保险。[5] 汤加近海开发有限公司也认为,让保险公司放弃追索权会让承包者在实践中很难获得这样的保险。[6]

## 三、其他方面

承包者还需要向海管局缴纳年度报告费,即承包者应在开发合同生效之日起,在开发合同有效期及其延续期内向海管局支付由理事会决定不时确定的年度报告费。其他需要缴纳的费用还有申请核准工作计划的申请费、开发合同续签费、转让开发合同利益的转让费、使用开发合同作为担保的审批费、商业生产暂停费、

---

[1] Australia, General Comments from Australia on Draft Regulations on Exploitation of Mineral Resources in the Area, September 2018, p. 19.
[2] The Russian Federation, Russian Comments on the Draft Regulations on Exploitation of Mineral Resources in the Area, September 2018, p. 17.
[3] The Government of Singapore, Singapore's Comments on the Draft Regulations on Exploitation of Mineral Resources in the Area, September 2018, p. 2.
[4] 《中华人民共和国政府关于"区域"内矿产资源开发规章草案的评论意见》,2018年9月28日,第7页。
[5] Nauru Ocean Resources Inc., Comments by Nauru Ocean Resources Inc. (NORI) on the Draft Regulations on the Exploitation of Mineral Resources in the Area, September 2018, p. 15.
[6] Tonga Offshore Mining Limited, TOML comments on the updated Draft Exploitation, Regulations September 2018, p. 4.

工作计划的修改费、批准经修订的关闭计划费用、批准经修订的环境管理和监测计划费用，等等。❶ 总之，承包者在海管局的任何一项活动都需要缴纳费用（费用构成见图 2.1）。

```
承包者财政负担构成
├── 特许权使用费
├── 保险费
├── 行政费用
├── 固定年费
├── 环境费用
│   ├── 环境履约保证金
│   └── 环境责任信托基金
└── 其他
    ├── 年度报告费
    ├── 申请核准工作计划费
    ├── 开发合同续签费
    ├── 转让开发合同费
    ├── 使用合同作为担保的审批费
    ├── 商业生产暂停费
    ├── 工作计划修改费
    ├── 核准关闭计划费
    └── 核准环境管理计划费
```

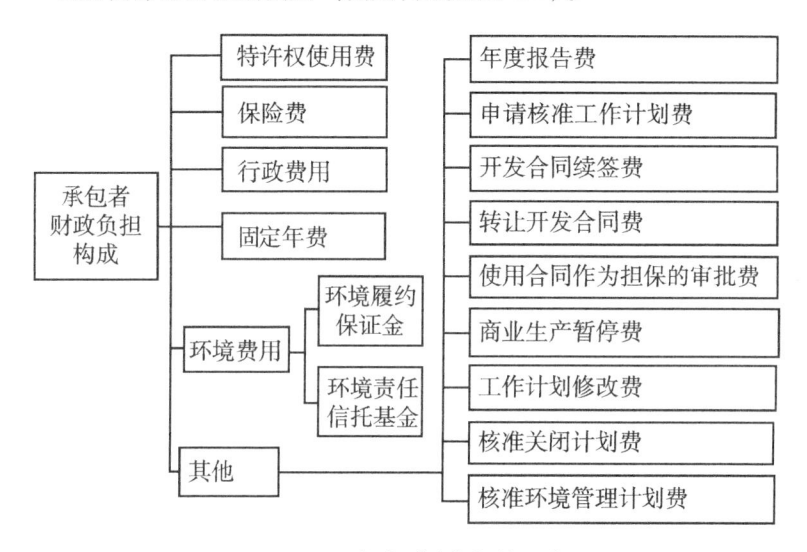

图 2.1　承包者财政负担的组成

## 第六节　开发规章草案的规定以及各利益攸关方的评论意见

### 一、2016 年开发规章草案的规定以及各利益攸关方的评论意见

（一）财政规定较简单

由于财政支付制度问题的复杂性，2016 年开发规章草案对开

---

❶ International Seabed Authority, Draft Regulations on Exploitation of Mineral Resources in the Area *, ISBA/24/LTC/WP.1/Rev.1, p.105.

发合同的特许权使用费、年度合同管理费、年度固定费用等作出了一般性规定。但存在的问题是：第一，开发规章草案未规定特许权使用费的具体征收方法，也没有针对不同的资源征收费率的标准作出规定；第二，对相关费用的征收总数额未作出规定。

(二) 各利益攸关方要求明确和细化财政制度

由于开发规章草案的规定较为模糊，所以各利益攸关方的评论意见集中在要求海管局制定更加详细的财政制度。如新加坡海洋矿业公司在其评论中指出，承包者的财政义务需要进一步得到明确，海管局针对不同种类的矿产资源应当征收不同标准的特许权使用费，年度固定费用的征收总额应与勘探合同的固定费用相当。❶ 新西兰政府在其评论意见中表示，海管局应当明确年度合同管理费、年度固定费用和处理费用之间的关系，明确每一项费用的用途。❷ 德国政府主张，固定年费的征收应当考虑不同矿产资源面积，统一按照合同的面积征收特许权使用费是不合适的。❸ 瑙鲁海洋资源公司认为，为了鼓励对"区域"的投资活动，特许权使用费费率应当建立在较低的基础之上，因为在海底采矿的这个新兴行业中，锰结核开发的经济可行性并未被证实，而且首批进行深海开发活动的承包者的费用应当低于之后承包者的费用。❹

---

❶ Ocean Mineral Singapore (OMS), Response to the International Seabed Authority's Report on Developing a Regulatory Framework for Mineral Exploitation in the Area, November 2016, pp. 8 – 9.
❷ Stefan Brager, Submission concerning the "Working Draft Regulations and Standard Contract Terms on Exploitation for Mineral Resources in the Area" as Published on the ISA Website as Part of a Stakeholder Consultation Process, November 2016, p. 5.
❸ Germany, ISA Report on Developing a Regulatory Framework for Mineral Exploitation in the Area, November 2016, p. 8.
❹ Nauru Ocean Resources Inc. (NORI), Comments by Nauru Ocean Resources Inc. (NORI) on the Zero Draft Exploitation Code, October 2016, pp. 7 – 8.

深海资源开发公司主张,关于年度合同管理费、固定年费和财政条款,由于早期的开发活动风险较大,所以应当激励早期的开发者,在商业生产的第一个10年应当实行较低的年费率和特许权使用费费率。❶ 日本国家石油天然气和金属公司、全球海洋矿物资源公司、新加坡政府持与上述实体相同的观点。

## 二、2017年开发规章草案的规定以及各利益攸关方的评论意见

（一）2017年开发规章草案的规定

2017年开发规章草案对于特许权使用费的征收方法进行了细化,但对特许权使用费的费率没有作出规定。由于财政制度的复杂性,2017年开发规章草案没有取得实质性进展。

（二）承包者普遍要求减轻财政负担

中国政府指出,《草案》只规定了"特许权使用费制度",而未保留1994年《执行协定》所认可的其他缴费机制的可能性,不利于鼓励承包者从事"区域"内资源的商业开发。❷ 英国政府指出,特许权使用费应当根据不同的资源种类、数量和价值进行计算。❸ 日本政府强调,每项费用的数额应设定在不会阻碍承包者对"区域"进行投资的水平,如果费用过高,将没有承包者会进行

---

❶ Deep Oceans Resources Development Co. Ltd. (DORD), Views and Comments to the "1st Working Draft" of Deep Ocean Resources Development Co, Ltd. (DORD), November 2016, p. 2.

❷ 《中华人民共和国政府关于"区域"内矿产资源开发规章草案的评论意见》, 2017年12月20日,第8页。

❸ The United Kingdom, Submission of The United Kingdom Government in response to The ISA August 2017 Draft Regulations on Exploitation of mineral resources in the Area, December 2017, p. 16.

"区域"开发活动。❶ 中国大洋协会认为,规章草案中的第七部分只规定了"承包者缴纳特许权使用费",完全剥夺了承包者采用"结合特许权使用费与盈利分享的制度"的权利,而且未给出任何解释和说明。应当指出的是根据多金属硫化物及富钴结壳探矿与勘探规章的第 16 条的规定,申请者可以选择提供保留区或提供在一个联合企业安排中的股份。应当说,后者更适宜于采用结合特许权使用费与盈利分享的制度。❷ 日本深海资源开发有限公司表示,在采矿开始后的第一个 10 年,固定年费的费率应当较低,并且需要为承包者制定激励措施。对于特许权使用费的征收,其认为从价征收是值得期待的,但是费率应分成两阶段,第一阶段的费率应当较低以减少深海采矿的经济风险、确保收回投资。❸ 日本石油天然气和金属国有企业主张,尽管 40 多年来,深海采矿活动一直受到关注,但实践当中并没有任何企业进行深海采矿,为了给承包者提供更大的激励,承包者只需要支付第一个 10 年的年费,类似于勘探条例中规定的年费。❹

### 三、2018 年开发规章草案的规定以及各利益攸关方的评论意见

**(一)2018 年开发规章草案的规定**

2018 年开发规章草案同样没有对费率作出规定,但决定针对

---

❶ The Government of Japan, Comments on the Draft Regulations on Exploitation of Mineral Resources in the Area, December 2017, p. 10.
❷ 中国大洋协会矿产资源开发协会:《关于"区域"内矿产资源开发规章草案相关问题的反馈意见》,2012 年 12 月 19 日,第 3 页。
❸ Deep Ocean Resources Development Co., LTD, DORD's Comments on the draft Regulation on Exploitation of Mineral Resources in the Area, December 2017, pp. 7 – 8.
❹ Japan Oil, Gas and Metals National Corporation (JOGMEC), Comments by JOGMEC to the Draft Regulations on Exploitation of Mineral Resources in the Area (ISBA/23/LTC/CRP. 3), December 2017, p. 1.

不同的资源种类征收不同的特许权使用费，详细规定体现在 2018 年开发规章草案第七部分，主要内容包括：平等待遇、财政鼓励、承包者应缴付特许权使用费、特许权使用费的申报和缴付、应提交的资料、多付的特许权使用费、海管局的查核和检查、反规避措施、公平调整、未付特许权使用费的利息、罚款、缴费制度审查、缴费率审查等。在附录四当中也规定特许权使用费的计算方式，目前采取的是从价征收特许权使用费的方法。

（二）降低承包者的费用

阿根廷政府主张，在任何情况下，特许权使用费应当与企业的盈利能力挂钩，因为它涉及矿物开发活动的盈利能力的最终变化，其价格随着时间的推移呈现出相当大的波动性，而不需要进行持续的审查机制。❶ 澳大利亚政府认为，有关财务方面的条款仍然需要大量的工作，包括确定行政费用和固定费用以及环境履约保证金的数额，海管局应当制定"区域"内开发活动经济收益的公平分享标准；同时，从价征收特许权使用费是合适的，因为它比利润分享制度更加简便、高效和利于管理。❷ 俄罗斯政府指出，对承包者的财政激励措施应当包含《公约》附件三第 13 条第 6 款第 9 项的规定，即承包者在商业生产开始之前承担的开发费用，应自商业生产开始之日起，平均分为十期收回，每年一期。在商业生产开始以后承担的承包者开发费用，应平均分为十期或不到十期等额收回，以确保在合同结束前全部收回。❸ 日本政府还

---

❶ The Government of The Argentine Republic, Written Comments By The Argentine Republic on Draft Regulations on Exploitation of Mineral Resources in the Area（ISBA/24/LTC/WP. 1/REV. 1）, 28th September 2018, p. 4.

❷ Australia, General Comments from Australia on Draft Regulations on Exploitation of Mineral Resources in the Area, September 2018, p. 20.

❸ The Russian Federation, Russian Comments on the Draft Regulations on Exploitation of Mineral Resources in the Area, September 2018, p. 20.

再次表示了要减少财政收费和固定年费。[1] 汤加政府认为，针对承包者的财政激励措施应当明确并且以统一和非歧视的方式实施，同时明确在什么特殊情况下，承包者可以分期支付特许权使用费。[2] 牙买加政府主张，应当明确固定年费、行政费用和其他费用的目的。因为，费用一词通常定义为为支付提供服务的费用，海管局在管理"区域"开发活动方面发生的费用应当通过对承包者征收费用来支付，与特许权使用费没有关系。[3] 英国政府指出，关于财务模式，采取特许权使用费制度是最合适的英国政府同时对基于利润的分享机制的可行性表示严重关切。[4] 中国政府认为，目前开发规章草案仅提出"从价的特许权使用费"模式，实际上，从利的特许权使用费及利润分享模式已在陆地采矿中被广泛应用且呈扩大趋势；建议对特许权使用费、盈利分享或两者组合等不同缴费方式进行研究，保证承包者享有选择不同缴费模式的权利；同时建议草案进一步明确财政鼓励的具体措施，如在商业开发第一阶段减免承包者缴费或减免首批承包者的费用等。草案同时指出在固定年费方面，按照合同区面积征收不合理。[5] 瑙鲁海洋资源公司认为，特许权使用费的费率应从第二个商业生产阶段改变，第二阶段的商业生产至少从 30 年后开始计算，同时为了

---

[1] The Government of Japan, Comments on the Draft Regulations on Exploitation of Mineral Resources in the Area (ISBA/24/LTC/WP.1/Rev.1), September 2018, p.15.

[2] The Kingdom of Tonga, Written submission of the Kingdom of Tonga on the Draft Regulations on Exploitation of Mineral Resources in the Area, September 2018, pp.8-9.

[3] The Government of Jamaica, Submission of Jamaica Comments on the Draft Regulations, September 2018, p.25.

[4] The Government of The United Kingdom, Submission of The United Kingdom Government In Res ponce to The ISA July 2018 Draft Regulations on Exploitation of Mineral Resources in the Area, September 2018, p.2.

[5] 《中华人民共和国政府关于"区域"内矿产资源开发规章草案的评论意见》，2018 年 9 月 28 日，第 9-11 页。

给承包者提供一个稳定和确定的规则,年费的费率不能每年都变。❶

**四、2019 年开发规章草案的规定以及各利益攸关方的评论意见**

（一）2019 年开发规章草案的规定

2019 年开发规章草案在特许权使用费的征收方法上并没有取得实质性的进展,内容与 2018 年开发规章草案基本一致。

（二）各方的评论意见

由于具体的收费制度尚未确定,2019 年开发规章草案的规定与 2018 年开发规章草案的内容相比较也未作出实质性修改,因此,有关财务制度的评论意见较少。考虑到特设工作组正在讨论开发合同的财政条款,因此,德国政府主张,在工作组提出最后结果之后、在理事会作决定之前,继续对拟议的条款进行讨论。同时,德国政府主张任何的激励政策只能在符合草案第 2 条规定的情况下进行。❷俄罗斯政府主张如果在特殊情况下,承包者有理由分期缴付特许权使用费,理事会可核准承包者以分期付款方式缴付到期应缴的特许权使用费,但是这应考虑到海管局制定的激励措施,要以统一和非歧视的方式进行。同时,俄罗斯政府建议草案中特许权使用费的计算应当依据矿石的干公吨数计算,因为目前的财务模式中采取的都是干公吨数的计算方法。对于承包者多支付的特许权

---

❶ Nauru Ocean Resources Inc., Comments by Nauru Ocean Resources Inc. (NORI) on the Draft Regulations on the Exploitation of Mineral Resources in the Area, September 2018, p. 18.
❷ The Federal Republic of Germany, Comments on the Draft Regulations on Exploitation of Mineral Resources in the Area (ISBA/25/C/WP.1), October 2019, p. 22.

使用费，草案应规定一个合理的期限，在多长时间内退还给承包者。❶

## 本章小结

国家管辖范围以外的海床和洋底区域及其底土以及该区域的资源为人类的共同继承财产，作为人类共同继承财产就意味着应该给世界公众提供公平的开发机会，海管局和承包者通过对海底矿产资源进行商业开发，从而获得财富来造福全人类。但需要注意的是，承包者一定是在利益的驱动下才会加大对海底矿产资源勘探和开发的投入，海底矿产资源开发面临高难度的技术挑战、市场不确定性以及环境问题等相关风险。因此，开发规章的财政缴费制度应当以鼓励和促进"区域"内矿产资源的开发为向导，而不是通过对承包者施加沉重的财政负担来限制海底矿产资源的开发。然而，根据最新草案的规定，在财务事项上，申请者需要缴纳的费用有特许权使用费、年度报告费、固定年费（可冲抵特许权使用费）、申请核准工作计划的申请费、保险费、开发合同续签费、转让开发合同利益和批准工作计划的费用、使用开发合同作为担保审查费、商业生产暂停费、工作计划的修改费、核准关闭计划费、核准环境管理计划费及其他费用，上述缴费机制名目繁多，恐给承包者带来较为沉重的财务负担。

因此，从鼓励承包者进行开发的角度出发，特别是在深海采

---

❶ The Russian Federation, Comments and Remarks of the Russian Federation on the Draft Regulations on Exploitation of Mineral Resources in the Area, October 2019, pp. 16 – 17.

矿行业发展的早期阶段，海管局的重心应当是促进深海采矿行业的发展，为承包者减负，从而吸引对"区域"活动的投资和技术创新。海管局的减负措施包括但不限于：在深海采矿行业发展的早期，征收较低标准的特许权使用费和年费，将不同的环境基金合并为一个基金，保证初始财政支付机制的稳定性等，为承包者创造一个稳定的、可预测的商业发展环境。

CHAPTER 03 >> 第三章
# 承包者矿业权之保护

## 第一节 矿业权概述

从经济和环境的角度来看，采矿活动周期长、投资高早期收益率低的，是一项高风险活动，承包者承受着巨大的商业风险。因此，为承包者创造一个稳定的商业环境，保护承包者的矿业权非常重要。[1]

### 一、矿业权的概念

关于矿业权的概念，国际上没有统一的定义。许多国家的国内立法都有所规定。如《日本矿业法》第5条规定："本法律所谓之'矿业权'，系指在业已登记注册的特定土地区域（矿区内），采掘及获得登记注册的矿物及该矿床中伴生的其他矿物的权利。"[2]

---

[1] Martin Kwaku Ayisi, The legal character of mineral rights under the new mining law of Kenya, Journal of Energy & Natural Resources Law, Vol. 35, No 1, 2017, pp. 25–26.

[2] 国土资源部地质勘查司：《各国矿业法选编》，中国大地出版社，2005，第109页。

《韩国矿业法》第 5 条第 1 款规定:"本法所称的'矿业权',指的是在注册的一定区域探掘和获得注册的矿物和储存在同一矿床的其他矿物的权利。"❶ 我国法律没有对矿业权进行明确定义,学术上有不同的学说。如李显冬教授认为,所谓矿业权是指按照主管机关的有关法律规定,经申请人申请,矿业权登记管理机构批准并办理登记后,矿业权申请人依法获得的勘查、开发矿产资源以及其他与此相关的权利之权利。❷ 崔建远教授认为矿业权是指探采人依法在已经登记的特定矿区或工作区勘查、开发一定的矿产资源,取得矿石标本、地质资料及其信息,或矿产品,并排除他人干涉的权利。❸ 以上观点虽然在文字表述上略有差异,但实质内涵并无多大差别。

## 二、矿业权的种类

矿业权在各国的法律制度中有不同的分类方法。目前,世界各国的矿业法对矿业权主要有以下几种分类方法。

(1) 一分法:即狭义上的矿业权,仅指采矿权,权利人只需要申请一次,就可以获得勘查和开发矿产活动的全部权利,而不需要再经过任何重新申请,即不区分探矿权和采矿权,只设立一种矿业权。如土耳其采取的就是单一采矿权制度,但是其采矿权包含三个阶段,即勘查、预开发和开发三个阶段,每个阶段都需要取得相应的许可证方可进行。❹《俄罗斯联邦地下资源法》也规

---

❶ 国土资源部地质勘查司:《各国矿业法选编》,中国大地出版社,2005,第 79 页。
❷ 李显冬、刘志强:《论矿业权的法律属性》,《当代法学》2009 年第 2 期,第 104 页。
❸ 崔建远:《物权法》,中国人民大学出版社,2011,第 372 页。
❹ 国土资源部地质勘查司:《各国矿业法选编》,中国大地出版社,2005,第 231 - 237 页。

定只要取得地下资源的使用许可证,就可以拥有采矿权。❶

(2)二分法:指矿业权包括探矿权和采矿权,探矿权和采矿权的取得要分别进行申请。如《日本矿业法》第 11 条规定:"矿业权分为钻探权和采掘权。"❷ 这里的钻探权即为探矿权,采掘权即为采矿权。《巴西矿业法典》第 7 条规定:"矿床的开发须有矿业能源部部长颁发的勘查批准书和共和国总统通过法令颁布的开发特许。"❸ 第 38 条规定:"勘查人或其继承人要求批准开发的申请应写给矿业能源部部长。❹" 这说明探矿权和采矿权是分别申请的。我国台湾地区所谓的"矿业法"第 4 条规定:"探矿权、采矿权均为矿业权。"❺ 我国《矿业权出让转让管理暂行规定》第 3 条第 1 款规定:"探矿权、采矿权为财产权,统称为矿业权。"❻ 探矿权是指在依法取得的勘查许可证规定的范围内,勘查矿产资源的权利。取得勘查许可证的单位或者个人称为探矿权人。❼ 采矿权是指在法律许可的期限和矿区范围内开发矿产资源并享有采出的矿产品所有权的权利,取得采矿许可证的单位或者个人称为采矿权人。❽

(3)三分法:三分法是指将矿业权分为探矿权、矿产开发评价权和采矿权。

此外,有些国家把矿业权分为更多的种类。如澳大利亚的矿业权主要有五种,包括普查许可证、采矿请求权、勘探许可证、

---

❶ 国土资源部地质勘查司:《各国矿业法选编》,中国大地出版社,2005,第 525 页。
❷ 同上书,第 110 页。
❸ 同上书,第 979 页。
❹ 同上书,第 985 页。
❺ 同上书,第 68 页。
❻ 《矿业权出让转让管理暂行规定》(国土资发〔2000〕309 号)第 3 条第 1 款。
❼ 《中华人民共和国矿产资源法实施细则》第 6 条。
❽ 同上。

采矿租矿权、矿产开发评价。❶ 巴基斯坦的矿业权分为四种，即普查许可、探矿许可、矿区留置许可、开发许可。❷

## 第二节 "区域"的矿业权制度

《公约》和三个勘探规章本身并没有关于矿业权的规定，但是其将"区域"内矿产资源的活动划分为探矿、勘探和开发三个阶段，同时海管局也针对三个不同的活动阶段采取分阶段立法的模式，即探采分离的立法模式。《公约》和三个勘探规章规定的三阶段与陆地矿业制度比较起来，探矿和勘探阶段就类似二分法当中的探矿阶段，开发阶段类似二分法中的采矿阶段，矿业权人在深海采矿活动中统一称为承包者。

### 一、探矿制度

探矿（Prospecting）首先规定在《公约》附件三第2条当中，但《公约》并没有关于探矿的清晰定义。《多金属结核规章》第1条第3款第5项规定，探矿是指在不享有任何专属权利的情况下，在"区域"内探寻多金属结核矿床，包括估计多金属结核矿床的成分、大小和分布情况及其经济价值。❸ 此后的《多金属硫化物规章》和《富钴铁锰结壳规章》都沿用了这一定义。探矿阶段是开发陆地或海洋矿产资源的一个基本阶段。

---

❶ 国土资源部地质勘查司：《各国矿业法选编》，中国大地出版社，2005，第1133页。
❷ 同上书，第217页。
❸ International Seabed Authority, Decision of the Council of the International Seabed Authority relating to amendments to the Regulations on Prospecting and Exploration for Polymetallic Nodules in the Area and related matters, ISBA/19/C/17, p. 4.

因为探矿活动并不会赋予探矿者对"区域"内的矿产资源享有任何专属权力，所以海管局对探矿活动的限制是有限的。《公约》只是简单地规定探矿者在进行探矿活动时，需要向海管局书面承诺遵守《公约》及海管局的规章、规则和程序，同时需要将准备进行探矿的大约面积通知海管局，但不需要和海管局签订探矿合同。探矿者享有的权利包括：第一，一个以上的探矿者可以在同一个或几个区域内同时进行探矿，没有时间和地点的限制，除非探矿区和其他勘探计划工作区或者保留区重叠；第二，探矿者可以回收实验所需要的合理数量的深海矿物，但不得用于商业用途；第三，秘书长应当确保探矿者有关数据和资料的机密性。而且，《公约》明确规定海管局应鼓励"区域"内的探矿活动。因此，三个勘探规章对承包者探矿活动的规定是比较宽松的。

在探矿阶段，探矿者需要履行的义务主要有：第一，探矿者应当将探矿的意向以符合规定的格式通知海管局，通知应当载有探矿者的基本信息、探矿区域、探矿方案、遵守《公约》和海管局规章、规则和程序的书面承诺（包括合作进行海洋科学研究、保护深海洋环境、接受海管局的核查、提供相关数据）；第二，提交年度报告，说明探矿的一般情况；第三，在探矿过程中，运用预防性方法和最佳环境做法，保全和保护海洋环境，报告海洋环境事故等；第四，发现考古文物或历史文物，探矿者应当立即将该事项以及发现的地点以书面形式通知秘书长。秘书长应将这些资料转交给联合国教科文组织总干事。

## 二、勘探制度

勘探（Exploration）是指以专属权利在"区域"内探寻多金属结核矿床，分析这些矿床，使用和测试采集系统和设备、加工设施及运输系统以及对开发时必须考虑的环境、技术、经济、商业和其他有关因素进行研究。❶ 根据《公约》第 153 条第 3 款和附件三的规定，承包者进行勘探工作的前提是与海管局签订勘探合同，与探矿活动不受时间和地点的限制不同，勘探活动只能在承包者申请和海管局批准的特定区域进行，同时受时间的限制，一般为 15 年。在勘探合同到期之前，承包者可以申请延长勘探合同的期限。符合延长条件的，海管局可以批准延长 5 年。

　　海管局对勘探活动的管理相对于探矿活动是比较严格的，根据三个勘探规章的规定，如果某一国家或实体欲申请在特定区域勘探某种矿产资源，它首先应当向海管局申请核准勘探工作计划，申请书的内容包括申请者的资料、担保国出具的担保书、所申请勘探区的资料、书面承诺履行承包者合同义务书、申请者的财政和技术资料等。承包者申请勘探"区域"的资源可以采取《公约》确立的通过提出保留区或者联合安排的方式进行。《多金属结核规章》只规定了提供保留区的勘探方式，没有涉及联合安排的方式。但在《多金属硫化物规章》和《富钴铁锰结壳规章》中则提及了上述两种方式，并且对联合安排作了比较详细的规定。海管局在收到承包者的申请书后，秘书长将所有的资料交给法技委审查，如果申请书符合海管局的要求，则法技委将建议理事会核准承包者的申请，在理事会核准后，海管局将与申请者签订专属勘探合同。此后，承包者方能从事勘探活动。

## 三、开发制度

　　开发（Exploitation）是指以拥有专属权力为商业目的从"区

---

❶ International Seabed Authority, Decision of the Council of the International Seabed Authority relating to amendments to the Regulations on Prospecting and Exploration for Polymetallic Nodules in the Area and related matters, ISBA/19/C/17, p. 3.

域"回收资源和从资源中提取矿物,包括在"区域"内为生产和销售金属建造和运行采矿、加工和运输系统以及终止和关闭采矿业务。❶ 根据《公约》第153条第3款和附件三的规定,开发的前提是承包者与海管局签订开发合同,开发活动只能在承包者申请和海管局批准的特定区域进行。同时,承包者的开发活动同样受时间和地点的限制。

由于开发活动风险系数比勘探阶段更高,所以海管局对开发活动的管理最为严格。目前,开发规章正在制定过程当中,根据开发规章草案的规定,申请者欲在"区域"内进行开发活动,申请者必须在符合《公约》各项规定的前提下,向海管局申请核准工作计划,需要提交的材料包括但不限于:请求核准采取合同形式的工作计划申请书、担保书、采矿工作计划、融资计划、环境影响报告、应急计划、安保计划、关闭计划、监测计划、书面承诺等。❷ 秘书长在收到申请者的申请书后,经审查将合格的资料转交给法技委继续审查。如果申请者的申请符合要求,则法技委将建议理事会核准该申请,在理事会核准后,海管局将和申请者签订专属开发合同,此后承包者方能从事开发活动。

## 第三节 承包者矿业权的内容

矿业权的内容是指矿业权法律关系的主体依法享有的权利和承担的义务。由于探矿阶段相对简单,本节重点探讨勘探和开发

---

❶ International Seabed Authority, Draft Regulations on Exploitation of Mineral Resources in the Area, ISBA/24/LTC/WP. 1/Rev. 1, p. 111.

❷ Id, pp. 12 – 14.

阶段承包者的权利和义务。

## 一、承包者在勘探阶段的权利

### (一) 承包者的优先开发权

1. 承包者优先开发权的规定

根据《公约》和三个勘探规章的规定，承包者享有在工作计划所包括的区域内勘探和开发指明类别资源的优先权（priority）。如《公约》附件三第 10 条规定，按照规定取得核准只进行勘探的工作计划的经营者，就同一区域和资源在各申请者中应有取得开发工作计划的优惠和优先的权利（preference and priority），但如果经营者的工作成绩不令人满意时，这种优惠或优先权可予以撤销。❶《多金属结核规章》第 24 条第 2 款规定，持有一项已核准的勘探工作计划的承包者，应在那些就同一区域和资源提出开发工作计划的各申请者中享有优惠和优先权。❷《多金属硫化物规章》和《富钴铁锰结壳规章》均作了相同的规定。❸ 最新开发规章草案也规定如果有多份对同一区域或同一资源类别的申请，法技委应根据《公约》附件三第 10 条的规定确定申请者是否享有优惠和优先权。❹

2. 承包者的优先开发权的内涵

民法上的优先权包含不同的种类，包括优先受偿权、优先购买权、优先承租权、优先申请权、优先通行权等。优先购买权也

---

❶ 《联合国海洋法公约》附件 3 第 10 条。
❷ 《"区域"内多金属结核探矿和勘探规章》第 24 条。
❸ 《"区域"内多金属硫化物探矿和勘探规章》第 26 条、《"区域"内富钴铁锰结壳探矿和勘探规章》第 26 条。
❹ International Seabed Authority, Draft Regulations on Exploitation of Mineral Resources in the Area, ISBA/24/LTC/WP.1/Rev.1, p. 15.

称"先买权",是指特定的民事主体依照法律规定享有的先于他人购买某项特定财产的权利。[1] 承包者的优先开发权类似于承租人的优先购买权,即义务人出卖标的物时权利人享有在同等条件下优先购买该物的权利,是一种法定的优先缔约权。承包者在勘探合同有效期内,有优先取得对勘查作业区内矿产资源进行开发的权利,即承包者有优先与海管局签订开发合同的权利。承包者的优先开发权期限应当属于除斥期间,超过法定期限,承包者没有提出开发申请的,则承包者的优先开发权丧失。[2] 承包者的优先开发权通常包括两层含义:第一,承包者优先取得勘探区内新发现矿种的开发权,即承包者就其勘探区内的新发现矿种申请开发权,他人亦就同一事项提出申请的,前者优先取得开发权;第二,承包者优先取得勘探区内矿产资源的开发权。[3] 需要注意的是:

首先,承包者取得工作计划区内矿产资源的勘探权并不必然取得该区域内矿产资源的开发权。即承包者不能就其所享有的优先开发权而自然而然地获得开发权。承包者若希望将勘探权转换成开发权需要满足海管局规定的实体性条件方可,如勘探合同的承包者需要符合开发活动的主体条件,具有开发资质,缴纳特许权使用费,提交环境管理计划、关闭计划以及履行保护环境义务等。只有在符合法律规定的条件下,承包者才能获得开发权。

其次,承包者的优先开发权内涵中所提到的同等条件并非要求所有条件绝对相同,而是有两种情况:第一,如果承包者提供的条件优于第三人提供的条件,根据举重以明轻的解释原则,海

---

[1] 王利明:《物权法研究》,中国人民大学出版社,2002,第342页。
[2] 李晓妹、李鸿雁:《探矿权人优先权法理解析》,《中国国土资源经济》2007年第7期,第7页。
[3] 崔建远:《矿业权法律关系论》,《清华大学学报(哲学社会科学版)》2001年第3期,第30页。

管局自然无理拒绝勘探合同承包者行使其优先开发权；第二，第三人提出的条件与承包者的条件相当。这时，勘探合同的承包者也应当享有优先开发权。❶ 这里的同等条件只要求承包者能够满足法律规定的限制性条件即可，即只要承包者能够满足海管局规定的获得开发权的实体条件，承包者就应该享有优先开发权，因为对于获得海管局的开发权而言，并不存在竞价的问题，更何况《公约》和三个勘探规章还明确规定了勘探阶段的承包者享有获得开发权的优惠。

最后，先申请先审核的原则也要尊重承包者的优先开发权。海管局对开发权的获得采取先申请先审核的办法，但是海管局在审核申请者的开发申请时，承包者的优先权必须得到尊重。若承包者享有优先开发权，则即使第三人的申请在先，法技委也应当先审核承包者的申请。

3. 设定承包者优先开发权的原因分析

（1）勘探和开发活动分离是承包者优先开发权存在的制度基础。《公约》和三个勘探规章对深海采矿活动采取了勘、采分离的制度，获得深海矿区的勘探权并不能当然地获得开发权。探矿的最终目的是通过开发盈利，一些矿业发达的国家在探矿权和采矿权分设的情况下，会设立法律条款来保障探矿人的优先权。如《日本矿业法》第 27 条第 2 款规定："如果要求设立钻探权的申请所提及的土地区域与申请采掘地重叠，且邮寄申请书的时刻又相同，则提出要求设立采掘申请人的人员对此重叠部分享有优先权。"❷《印度矿山与矿产（管理开发）法》第 11 条规定："勘探

---

❶ 李慧、吴琼：《探矿权人优先权制度的完善》，《国土资源导刊》2005 年第 3 期，第 55 页。
❷ 国土资源部地质勘查司：《各国矿业法选编》，中国大地出版社，2005，第 113 页。

许可证持有人，就该勘探许可证项下的土地享有取得此土地之采矿租约的优先权。"❶《西澳大利亚采矿法》第67条规定："在不违反本法和勘探许可证所服从的任何条件的情况下，在许可证有效期间内，勘探许可证的持有人在下列方面有优于任何其他人的权利，即对于勘探许可证标明的土地的任何一部分或几部分，要求授予一个或多个采矿租约、一般用途租约或者二者都有。"❷《巴西矿业法典》规定，勘查报告一旦核准后，勘查人可在一年内申请开发特许，若期限结束后，勘查人或其继承人未申请开发特许，其权利将失效。❸设立承包者的优先开发权制度对承包者而言是一个重要的法律保障，这个制度可以鼓励承包者合法地从事勘查活动然后合法取得开发权。否则，承包者会担心不能获得开发权进而影响其收益，他们会在勘探过程中采取边采边勘探或者以勘探代替开发的做法，而刺激承包者在勘探阶段进行掠夺性开发，会扰乱矿业市场的秩序，带来乱采乱挖等破坏环境的问题。

（2）公平、效益原则是设定承包者优先开发权的理论基础。勘探权和开发权是两种不同的权利。如上所述，取得勘探权并不必然取得开发权，勘探合同的承包者需要满足法律规定的其他实体性条件才能取得矿产资源的开发权。如果申请人不能满足优先获得开发权的条件，矿产资源所有权人可以将开发权转让给其他人，如此更能保障矿产资源所有人的选择权。与此同时，勘探合同的承包者在对勘查区块进行勘查、探测工作时，已经进行了大量的资金、人员、基础设施等方面的投入，对勘探区域内矿产资源的含量、走向也有更深的了解。如果完全割裂勘探权和开发权

---

❶ 国土资源部地质勘查司：《各国矿业法选编》，中国大地出版社，2005，第194页。
❷ 同上书，第864页。
❸ 同上书，第984页。

的关系，勘探合同的承包者和其他申请人具有同样的开发权缔约机会，这会损害勘探人的合法权益以及降低矿产资源的利用效益。因此，无论是从维护勘探合同承包者利益的角度出发，还是从保护矿产资源所有者权益的角度出发，设定承包者的优先开发权都是公平合理的，能够实现资源开发的合理配置。

（3）保护承包者勘探活动的积极性是设定承包者优先开发权的现实要求。矿产勘探活动的高风险、高投入、周期长的特性，决定了大规模资金和长时间投入是找矿成功的前提。矿产资源分布的不确定性、不均衡性直接导致承包者矿产勘查开发的高风险性。在陆地上，通常只有不到5%的勘查项目最终可能转化为矿山建设项目。此外，开发的风险还会受到区域环境、市场以及海管局政策的影响，所以，矿产勘查属于高风险行业。❶ 与传统的陆上采矿相比，深海采矿的成本更高，技术更具有挑战性。有高风险，承包者自然希望能够有高收益，这就需要通过确保承包者能够优先获得开发权来实现，否则，会极大地影响在矿产勘查这个高风险领域的投资，进而影响矿产开发的可持续性。承包者的优先开发权是海管局鼓励区域勘探和开发的一种优惠政策，❷ 也符合国际上的通行做法。

4. 承包者优先开发权面临的问题及应对措施

（1）承包者的优先开发权未能得到充分保障。目前，《公约》、三个勘探规章以及开发规章草案只是对承包者的优先开发权作出了原则性的规定，缺乏具体的内容，因而没有执行的保障性。存

---

❶ 刘欣：《矿业权解析与规制》，法律出版社，2011，第59页。
❷ Jason C. Nelson, The Contemporary Seabed Mining Regime: A Critical Analysis of the Mining Regulations Promulgated by the International Seabed Authority, Colorado Journal of International Environmental Law and Policy, Vol. 16, Issue 1, 2005, p. 51.

在的问题包括：一，对优先开发权的性质规定不明，是条件同等的优先开发权还是排他的优先开发权？二，行使优先开发权的条件、期限、程序规定不明确，操作性不强，给海管局留下了过多的自由裁量空间，不利于承包者优先开发权的实现；三，缺乏对该优先开发权的保障性规定，即如果出现海管局不执行相关规定，承包者的优先开发权得不到实现的情况，承包者应当通过何种途径或何种保障机制维护自己的权利？没有相关规定。承包者进行了大量的勘查投入，承担了巨大的风险，如果在探明储量后最终不能获得开发权，其投资权益应当如何保护？海管局现行的相关法律、法规并没有作出明确的规定。这是海管局现行的矿业规章、规则和程序在承包者权益保障方面的制度缺失。同时，这也是吸引商业资金进入深海采矿行业在法律方面的障碍。❶

（2）承包者优先开发权的完善措施。首先，明确承包者的优先开发权的性质。根据《公约》、三个勘探规章以及开发规章草案的规定，法技委对申请人申请的审查是采取先申请先审查的办法，除非承包者根据《公约》的规定享有优惠和优先。这说明承包者的优先开发权应当是同等条件下的优先权，并不是排他的优先权。然而，同等条件并非绝对的条件相同，勘探合同的承包者只要能够满足海管局规章、规则和程序规定的最低申请条件，就可以取得优先开发权。

其次，确定优先开发权的行使期限。尽管承包者享有在勘探区的优先开发权，但是从保护第三人的角度出发，这种优先的效力也不能无限期地行使。根据《多金属结核规章》第 26 条的规定，承包者应当在勘探工作计划期满时向海管局申请开发工作计

---

❶ 王明宏：《探矿权、采矿权的法律属性与立法》，《中国国土资源经济》2018 年第 3 期，第 6 - 7 页。

划，除非承包者已经提出申请，或已获准延长勘探工作计划，或决定放弃其在勘探工作计划所涉区域的权利。❶ 其他两个勘探规章也作了类似的规定。法条似乎默认承包者的优先期是整个勘探合同期限内，如果承包者在勘探合同期限内包括延长期内没有提出开发的申请，则视为承包者放弃了优先开发权。但是开发规章草案并没有对此作出明确的规定，从保护承包者权利的角度出发，开发规章应当明确优先权的期限。

再次，对于矿区内发现的新矿物资源，承包者应当享有优先的开发权。《多金属结核规章》规定："如果探矿者或者承包者在'区域'内发现多金属结核以外的其他资源，这些资源的探矿、勘探和开发应按照海管局根据《公约》和1994年《执行协定》就这些资源制定的规则、规章和程序进行。探矿者或承包者应将其发现通知海管局。"❷ 开发规章草案规定，承包者如在"区域"内发现开发合同所涉资源类别以外的资源，则应在发现后30日内通知秘书长。根据海管局相关规则，如需勘探和开发此类资源类别，则必须向海管局提出单独申请。❸ 根据上述规定可知，承包者在勘探区内发现新的矿种，需要按照海管局的规则重新提出申请获准后才能进行勘探或者开发，开发规章草案并未提及承包者对新矿种的优先开发权。因此，在开发规章草案中应明确承包者对新发现矿产资源类别的优先开发权。

最后，明确海管局的通知义务和通知时限。根据《公约》附件三第10条的规定，如果承包者的工作成绩不令人满意时，海管

---

❶《"区域"内多金属结核探矿和勘探规章》第26条。
❷ 同上。
❸ International Seabed Authority, Draft Regulations on Exploitation of Mineral Resources in the Area, ISBA/24/LTC/WP.1/Rev.1, p.33.

局可以取消承包者的优惠和优先权。所谓的工作成绩不令人满意是指虽经海管局一次或多次向承包者发出书面警告，要求承包者遵守已核准的工作计划中的要求，但承包者仍不履行。《多金属结核规章》第 26 第 2 款也规定，在理事会对承包者发出书面通知，指出承包者未遵循经核准的勘探工作计划的具体要求后，如果承包者未能在通知规定的时限内依照要求行事，理事会可撤销这种优惠或优先权。规定的时限应当为合理的时限。在最后决定撤销这种优惠或优先权以前，承包者应有合理机会提出意见。理事会应说明建议撤销优惠或优先权的理由，并应考虑承包者的回应。理事会的决定应考虑承包者的回应并应以实质证据为基础。本条虽然规定了理事会的通知义务，但是对于合理的时限并没有作出明确的规定，不利于保护承包者的利益。同时，若是第三方向海管局申请承包者勘探区矿产资源的开发权，海管局也应当及时通知承包者，方便承包者主张自己的优先权。如果承包者对理事会的决定不服或者由于海管局没有履行通知义务而导致开发权让与第三人，则承包者可以在法定的期间内以优先权受到侵害为由，将相关争议提交《公约》第十一部分第五节所规定的司法救济程序。

(二) 承包者的专属勘探权

1. 承包者专属勘探权的规定

根据《公约》附件三第 3 条第 4 款第 3 项的规定，每一项核准的工作计划应按照海管局的规则、规章和程序，授予经营者在工作计划所包括的区域内勘探和开发指明类别资源的专属权力。《多金属结核规章》第 24 条第 1 款也规定："承包者对一项多金属结核勘探工作计划所涉区域享有专属勘探权。海管局应确保其他实体在同一区域就其他资源进行作业的方式不致干扰承包者的作业"❶。《多金属硫化物规章》和《富钴铁锰结壳规章》均作了相同的规定。❷

2. 承包者专属勘探权的内涵

承包者的专属勘探权也称排他性占有权，是勘探权的首要权能，是承包者实施勘查作业的必备前提。其他任何单位和个人，非经承包者授权，不得进入承包者的勘查作业区内展开同类矿产资源的勘查活动，承包者占有的对象是登记的特定勘探区或者工作区以及赋存在其中的特定种类的矿产资源。勘探权的这种排他性和财产权的排他性是一致的。财产权的排他性决定了在一个物上只能设定一个所有权。勘探权是一种财产权，所有某一特定区域和工作对象的勘查权就只能由取得了该区域和工作对象的勘查许可证的探矿人所享有。❸ 由于承包者专属勘探权和专属开发权的设立具有相似性，所以具体的规定放在承包者的专属开发权章节论述。

（三）按照勘探许可证的规定进行勘查作业的权利

勘探许可证规定的区域是勘探权客体的组成部分，即勘探区或工作区。矿产勘查分为普查、详查、勘探三个阶段，因此，勘探权相应地包含普查权、详查权和勘探权三个阶段。承包者享有的实施普查行为的权能为普查权，其内容包括大致查明普查区内的地质构造情况，了解矿体的形状分布情况等；详查权是对经普

---

❶ 《"区域"内多金属结核探矿和勘探规章》第24条。
❷ 《"区域"内多金属硫化物探矿和勘探规章》第26条、《"区域"内富钴铁锰结壳探矿和勘探规章》第26条。
❸ 谢军安、郝东恒、谢雯、张文镔：《矿业权制度改革与政策法律措施研究》，地质出版社，2011，第33页。

查工作证实具有进一步工作价值的矿床作出是否具有工业价值的评价；勘探权是对经详查工作证实具有工业价值并拟进行开发利用的矿床进行勘探，是作为矿产开发行性研究和设计依据的权能。❶

此外，承包者的权利还包括：第一，在勘探区架设供电、供水、通信管线及通行的权利，在勘查区内架设相关勘探设施是行使勘探权所必需的，否则，勘探权将无法存在。由于深海勘探承包者的活动主要位于公海上和国际海底区域，所以承包者在遵守《公约》及相关规定的基础上，可以自由地行使建设相关勘探设施的权利。第二，要求海管局对相关资料保密的权利。承包者提交的勘探工作成果等需要保密的资料，对承包者而言具有重大的商业价值。因此，承包者有权要求海管局予以保密，不得泄露承包者的机密信息。第三，承包者的权利还包括在勘探区及相邻区域通行的权利、申请延长勘探合同期限的权利、从勘探区回收矿物以用于研究的权利，等等。

## 二、承包者在勘探阶段的义务

（一）依法缴纳勘探权有关费用

海管局三个勘探规章的第三部分第三节都对承包者请求核准勘探申请的处理费用作出了规定，各项规定之间有一定的区别。

《多金属结核规章》第19条规定，承包者请求核准多金属结核勘探工作计划的处理费用为50万美元或等值可自由兑换货币的固定规费，在提交申请书时全额缴付。如果秘书长通知说收费不

---

❶ 崔建远：《矿业权法律关系论》，《清华大学学报（哲学社会科学版）》2001年第3期，第28-30页。

足以支付海管局处理申请书的行政费用，理事会应当审查收费数额，但如果海管局处理申请书的行政费用低于固定费用，海管局应当将差额退还申请者。❶ 根据《多金属硫化物规章》的规定，承包者请求处理勘探多金属硫化物工作计划的收费可以分两种方式缴付：第一种是缴纳一笔50万美元或等值的可自由兑换货币的固定收费，由申请者在提交申请书时缴付；第二种是承包者可以选择在提交申请书时缴付一笔5万美元或等值的可自由兑换货币的固定收费，并按照规定的计算方法缴付年费。根据《富钴铁锰结壳规章》的规定，承包者请求处理勘探富钴铁锰结壳工作计划的收费方式为，缴纳一笔50万美元或等值的可自由兑换货币的固定收费，由申请者在提交申请书时缴付，海管局实行多退少补原则，但是承包者补缴的部分不能超过上述固定规费的10%。

（二）按照核准的工作计划完成勘探工作

"区域"内的活动，应按照依据附件三所拟订、并经理事会与法技委审议后核准的"正式书面工作计划"进行。同时，工作计划应按照《公约》附件三的规定采取合同的形式。因此，承包者有义务就核准的工作计划与海管局订立合同。合同当中明确了承包者的相关义务，包括：第一，承包者应按照合同规定的时间表放弃所分配区域的若干部分，将其恢复为"区域"。第二，制订勘探训练方案。每一项合同都以附件方式载有承包者与海管局和担保国合作拟订的训练海管局和发展中国家人员的切实方案。训练方案应着重有关进行勘探的训练，由上述人员充分参与合同涉及的所有活动。第三，勘探活动必须在承包者申请海管局批准的特定区域和时间内进行。根据海管局规章的规划和效益原则的要求，

---

❶ 《"区域"内多金属结核探矿和勘探规章》第19条。

承包者的勘探工作应当在 15 年内完成，在勘探工作计划期限届满前 6 个月，承包者可申请延长勘探工作计划，每次延长期限不得超过 5 年。如果承包者已作出真诚努力遵守工作计划的各项要求，但由于承包者无法控制的原因而不能完成进入开发阶段的必要准备工作，或者在当时的经济环境下没有理由进入开发阶段，则海管局理事会应根据委员会建议核准这种延长。

（三）接受海管局的监督并如实报告和提供有关资料

根据规章的规定，承包者和秘书长应每隔 5 年共同对勘探工作计划的执行情况进行定期审查，秘书长可请求承包者提交审查可能需要的进一步数据和资料。承包者应当如实提供有关资料，不得虚报、瞒报，不得拒绝接受审查。承包者根据审查结果说明下一个五年期的活动方案，对上一个活动方案作出必要的调整。同时，承包者应当按照国际公认的会计原则保存完整和正确的账簿、账目和财务记录。保存的账簿、账目和财务记录，应包括充分披露实际和直接支出的勘探费用资料和有助于切实审计这些费用的其他资料。

（四）遵守有关环境保护的规定

根据《公约》第 145 条和勘探规章的规定，每一承包者应采用预防性做法和最佳环境做法，尽量在合理的可能范围内采取必要措施防止、减少和控制其"区域"内活动对海洋环境造成的污染和其他危害。承包者在勘探过程中需要参照法技委发布的建议，收集环境基线数据并确定环境基线，供对比评估勘探工作计划所列的活动方案可能对海洋环境造成的影响。同时，承包者应以最有效的手段，迅速向秘书长书面报告活动引发的任何已经、正在或可能对海洋环境造成严重损害的事故等。

（五）保护历史文物

《公约》第 149 条对"区域"内发现的考古和历史文物进行规定，并规定主要受益人是"全人类"，但应受来源国或文化上的发源国或历史和考古上的来源国的优先权利的限制。海管局的三个勘探规章对《公约》的规定进行了细化。依据规定，在勘探区内发现任何具有考古或历史意义的遗骸，以及任何类似性质的文物或遗址时，承包者应立即将此事及发现的地点以书面形式通知秘书长，包括报告已采取的保全和保护措施。秘书长应立即将这些资料转交联合国教科文组织总干事以及任何其他主管国际组织。在勘探区发现这种遗骸、文物或遗址后，为了避免扰动此类遗骸、文物或遗址，在理事会考虑到联合国教科文组织总干事或任何其他主管国际组织的意见后另有决定之前，不得在一个合理范围内继续进行探矿或勘探。此外，承包者的义务还有按照合同规定的时间放弃部分区域，制订勘探训练方案，提交年度报告，提交数据和资料，技术转让，等等。

## 三、承包者在开发阶段的权利

（一）承包者的专属开发权

1. 承包者专属开发权的有关规定

2017 年开发规章草案第 19 条规定，开发合同应授予承包者以下专属权利：第一，根据本条第 7 款的规定，勘探指定的资源类别；第二，根据已核准的工作计划，在合同区内开发指定的资源类别，前提是生产只能在已核准的采矿区进行；第三，海管局在整个开发合同期限内都不得允许其他任何实体在合同区内开发或勘探同类别一资源；第四，海管局应确保在合同区内对另一资源

类别开展作业的其他任何实体不会干扰授予承包者的权利。❶

2. 承包者专属开发权的内涵

承包者的专属开发权，也称排他性开发权，即在同一矿区范围内不允许有其他同类采矿权的存在，对于该范围内的同种矿产资源只有一个开发权人。这里强调的主要是矿种排他原则，不允许主管机关对同类矿产资源在同一区域内对不同的申请人重复发证。但是对于不同的金属矿产、非金属矿产等非同种矿产之间，在不影响他人探矿权、采矿权的原则下，可以在已设立探矿权和采矿权的范围内设立不损害原采矿权人或原探矿权人权益的探矿权或采矿权。例如，在大面积的油田或煤田范围内又批准地下水、建筑用砂、石、黏土等其他金属、非金属矿产的探矿权或采矿权。一般矿业权纠纷的产生是由于相同矿种或金属矿产、非金属矿产同类矿产的无证开发、越界开发，或由于重复发证而造成的。❷

3. 承包者专属开发权的具体表现

首先，承包者申请划定的开发矿区范围是未设立开发权的空白地带。包括三种情况：第一种情况是第三方勘查工作完成后，认为发现的矿产地无进一步开展地质工作的前景或者无开发利用的价值而自愿放弃权利的地区；第二种情况是第三方发现有价值的开发地，但自己无力开发或因法律规定的勘探期届满而必须放弃开发；第三种情况是承包者原有的勘探地，从勘探权转化成开发权。

其次，采矿活动不受他人的干扰。在承包者矿区范围内，非经承包者同意，任何人不得侵入或干涉，法律对此予以保护。但

---

❶ International Seabed Authority, Draft Regulations on Exploitation of Mineral Resources in the Area, ISBA/24/LTC/WP.1/Rev.1, p.20.

❷ 国土资源部地质勘查司：《各国矿业法选编》，中国大地出版社，2005，第1192页。

这里需要强调的是，《公约》同时赋予了第三人在公海进行科学研究的自由、铺设海底电缆和管道的自由以及捕鱼自由等权利。因此，承包者在进行海底开发活动的时候与海洋环境中的其他使用者之间，互相有合理顾及的义务。

最后，同一矿区范围内不允许有其他同类开发权的存在，但允许异类开发权的存在。但是，第三人申请划定的开发权矿区范围与承包者已设立开发权的矿区范围重叠或有其他影响的，海管局在审批开发申请时，应以不影响承包者已有的利益为原则。❶ 世界上大部分国家都赋予了采矿权人排他性开发权。如《法国矿业法典》第52条规定，矿山开发许可证赋予排他性开发权。❷《韩国矿业法》第24条规定："不得在区域设定两个以上的矿业权。但是在异种矿物认为分别经营矿业无妨碍的情况和符合第35条的情况例外。"❸《日本矿业法》第16条规定："在同一区域内，不能设立2个以上的矿业权。但是，如系以异种矿床中所存在的矿物为标的物，或系第46条所述的场合，则不在此限。"❹《法国矿业法典》规定，旨在发现矿山的勘探工作只能依排他性勘探许可证而进行。❺

4. 异种矿业权申请时的处理方法

从国际上看，对于中到高级勘查阶段及采矿阶段的矿权均是排他的，这个排他性的原则是绝对的。国际上的一般惯例是：除煤炭外的矿物为一大类，油气为一大类，水气矿产为一大类，煤为一大类。同一地区可以由不同申请人申请不同大类矿产的矿业权。如果

---

❶ 刘欣：《矿业权解析与规制》，法律出版社，2011，第49—53页。
❷ 国土资源部地质勘查司：《各国矿业法选编》，中国大地出版社，2005，第599页。
❸ 同上书，第83页。
❹ 同上书，第111页。
❺ 同上书，第594页。

在同一地区出现不同大类矿产重复申请的现象，一般惯例为由主管矿业权的管理部门以保证在先矿业权人的利益为原则公平地处理。实践中主要有两种做法：第一种是由主管机关按照"不妨碍"的方法处理；第二种是按照事先征得原有矿权人同意的方式处理。

实践中，按照"不妨碍"方法来处理的国家有：按照《韩国矿业法》的规定，在设定矿业的申请区域在申请当时与同种矿物的矿区重复的情况下，对其重复的区域不许可设定矿业权，但在设矿业权申请区域与异种矿物的矿区重复时，工商资源部长官认为分别经营矿业有妨碍时，不许可对该重复区域设定矿业权。在此种情况下，石灰岩矿区和以石灰岩为母岩赋存的异种矿物设定矿业权的申请区域重复时，视为对分别经营矿业无妨碍。❶ 由此可见，韩国在同一个区域设定异种矿物权的标准是"分别经营没有妨碍"。《日本矿业法》规定，如果申请矿业地与他人的矿区重叠，在这种情况下，如通商产业局长认为在该申请矿业地开发矿物将显然妨碍他人活动时，不得就其相关部分，对该申请颁发许可。❷ 这说明日本对同一矿区设定异种矿业权的标准也是"互相不妨碍"。《南斯拉夫塞尔维亚社会主义共和国矿业法》规定，在进行地下开发的开发区内，主管矿业的机关可以给另外的矿业组织发放开发地面矿物原料的许可证以及发放在同一开发区内开发地下矿物原料的许可证，但前提是这一开发既不妨碍也不危及在同一开发区进行开发的其他矿业组织的工作。❸ 可见，南斯拉夫的判断标准是"不妨碍不危及"。《南非矿业法》第15条也作了相似的规定。❹

---

❶ 国土资源部地质勘查司：《各国矿业法选编》，中国大地出版社，2005，第83页。
❷ 同上书，第114页。
❸ 同上书，第640页。
❹ 同上书，第676页。

实践中，按照事先征得矿业权人同意来处理的有：《葡萄牙共和国法令》规定，当在被勘查矿床的合同覆盖的区域里，存在固体矿产或矿点是已经发布的权利许可证或已被申请的权利许可证客体，且为开发必须在这个区域里从事工作，没有采矿经营者或权利许可证申请人或勘探权人的事先书面协议，不能进行同样的工作，这样各个主体之间的关系用一个公平和谐的方式来管理。❶《西澳大利亚采矿法案》第 70 条的规定，任何第三人可以标出并申请关于已获准勘探许可证标的任何一部分寻找黄金或宝石或二者的勘探许可证，但第三人应当将此事通知原勘探许可证持有人，原勘探许可证持有人可以提反对意见，在听取了原勘探许可证持有人的意见后，主管机关可以拒绝或同意第三人的申请。❷

5. 承包者专属开发权的扩展

虽然承包者拥有专属勘探权和开发权，但承包者的权利行使不是无限制的，考虑到公平合理和效益原则，承包者需要给相邻矿区承包者的勘探权和开发权让路。如《日本矿业法》规定，如所采掘的矿区与他人的矿区邻接，且作为标的物的矿物及同一矿床中存在的矿物相同，在这种情况下，按照矿床的位置及形状，如果不掘进到邻接的矿区就无法充分开发该矿床，则可在得到该邻接矿区的矿业权所有者及抵押权所有者的承诺之后，确定矿床，提出要求扩大矿区的申请，在这种情况下，矿业权所有者及抵押权所有者没有正当的理由不得拒绝给予承诺。❸《韩国矿业法》规定，在相邻的他人矿区的目的矿物与自己矿区已注册矿物在同一

---

❶ 国土资源部地质勘查司：《各国矿业法选编》，中国大地出版社，2005，第 632 - 633 页。
❷ 同上书，第 864 - 865 页。
❸ 同上书，第 116 页。

矿床中赋存的矿物相同的情况下，从矿床的位置、赋存状况来看，如在自己矿区利用原有坑道开发比在邻接矿区另行开发更经济合理时，可取得邻接矿区的矿业权者、租矿权者和抵押权者的承诺，确定矿床，并申请增加矿区。在此种情况下，邻接矿区的矿业权者、租矿权者和抵押权者无正当理由不得拒绝。❶ 葡萄牙更是建立了特许权的合并制度，即在有关特许权人的请求下，为了开发所有相邻的特许权所覆盖的面积下的具有同一性质的资源，可以建立协定，合并两个特许权。❷

6. 承包者专属勘探权规定的不足及应对

《公约》、三个勘探规章和开发规章草案均对承包者的专属勘探权和开发权作了原则性的规定。但是还存在不完善的地方：第一，根据规章的规定，海管局认为第三方可以在承包者的合同区范围内设立异种勘探权或者开发权。但是针对第三人在承包者的合同区设立异种矿业权的程序、海管局判断第三人的活动是否会造成对承包者活动的影响的标准以及是否需要征得承包者的同意、承包者是否可以提出反对意见等均未规定清楚；第二，如果承包者需要开发的矿产资源类别确实需要延伸到另一承包者的合同区，解决的办法也未提及。

针对上述问题，参考各国的做法，《西澳大利亚采矿法案》的做法是值得借鉴的。海管局在受理第三人申请勘探权或开发权承包者合同区内的另一矿产资源种类时，海管局的判断标准应当按照"分别经营没有妨碍"来进行。同时，海管局应当将第三人的申请通知承包者，承包者有提出反对意见的权利，海管局必须考虑承包者的反对意见。海管局在综合了各方意见之后作出批准或

---

❶ 国土资源部地质勘查司：《各国矿业法选编》，中国大地出版社，2005，第85页。
❷ 同上书，第630页。

拒绝第三人申请的决定。若当事人对海管局的决定不服，可以将相关争议提交依照《公约》第十一部分第五节所规定的司法救济程序。若承包者的矿业权确实需要扩展到另一承包者的合同区时，另一承包者无正当理由不得拒绝，但是也要尽到相互合理顾及义务，不能影响另一承包者的正常商业运作。

（二）矿地占有权和使用权

矿产资源存在于海底及其下层土壤，因此承包者从事开发活动必须占有特定的采矿区。所谓采矿区，是指开发工作计划所述的合同区的一部分或若干部分。❶ 在法律上，获得开发权的同时便获得地下占有权和使用权。由于深海采矿活动发生在"区域"，所以承包者在向海管局申请开发矿区资源时，海管局也应当保证承包者在矿区的占有权和使用权。当然，承包者在使用矿区时应当合理顾及"区域"内的其他活动，如海底电缆和管道所有者的活动。

（三）依法转让开发权

开发权是一种财产权，因而许多国家的矿产资源法允许对开发权进行转让、出租和抵押。如《土耳其采矿法》规定，采矿权和发现权都可以转让。❷ 当然，转让也需要符合法律规定的条件。《法国矿业法典》规定，排他性矿山勘探许可证、矿山特许权、矿山或采场的开发许可证的转移，矿山特许权、矿山或采场的开发许可证的出租经批准后生效。❸《韩国矿业法》规定，矿业权可以进行继承、让渡、租矿权或抵押权的设定。修改前的《中华人民

---

❶ International Seabed Authority, Draft Regulations on Exploitation of Mineral Resources in the Area, ISBA/24/LTC/WP.1/Rev.1, p.112.
❷ 国土资源部地质勘查司：《各国矿业法选编》，中国大地出版社，2005，第231页。
❸ 同上书，第609页。

共和国矿产资源法》(以下简称《矿产资源法》)禁止采矿权的转让、出租和抵押,但是修改后的《矿产资源法》作出了新的规定,即已经取得采矿权的矿山企业,因企业合并、分立,与他人合资、合作经营,或者因企业资产出售以及有其他变更企业资产的情形而需要变更采矿权主体的,经依法批准可以将采矿权转让他人。❶允许开发权的流转符合市场效益原则,但也要符合一定的条件,避免出现投机性的矿权转让,即出现"空占"矿权的现象。这里可以借鉴《墨西哥矿业法》的规定,即提高租金以及规定最低费用的投入,在一定期间内不得转让等。❷

(四)取得和销售矿产品的权利

承包者通过开发活动使矿产与矿床相分离,产出矿产品,该产品系开发权行使的结果,归开发权人所有。承包者得依自己的意志占有和支配特定范围内的矿产资源,他人不得干涉。承包者直接取得该矿产品的所有权是开发权法律效力的当然表现。既然承包者享有矿产资源的所有权,其就有权利对矿产品占有、使用、收益和处分,可以自由地销售自己的产品,原则上他人不得干涉。

## 四、承包者在开发阶段的义务

承包者在享受权利的同时,必须履行相应的义务。承包者在开发阶段的义务主要包括:

(一)按批准的开发合同进行开发

开发"区域"内的矿产资源,承包者必须与海管局签订开发

---

❶ 《中华人民共和国矿产资源法》第 6 条第 1 款第 2 项。
❷ 崔建远:《矿业权法律关系论》,《清华大学学报(哲学社会科学版)》2001 年第 3 期,第 32 页。

合同，开发合同的期限为 30 年，当然承包者与海管局经协商也可以确定一个更短的期限，也可以在合同到期后申请延长合同的开发期限。开发合同规定了承包者开始商业生产、维持商业生产、因市场情况而减少或暂停生产、根据工作计划优化开发、保护环境、进行年度报告等事项。承包者应当按照开发合同的规定，及时地投入生产活动，避免采矿权的闲置。

（二）在开发过程中有效保护、合理开发、综合利用矿产资源

在采矿权的行使过程中，不合理开发包括采用不科学的工序导致矿产资源不能充分开发，或者在有共生矿种的矿区内，人为地只开发一种矿产资源而导致其他共生矿种不能被开发出来。为避免出现这种情况，就有必要把有效保护、合理开发、综合利用矿产资源作为采矿人的一项重要义务。承包者在开发过程中应按照良好行业的做法，避免低效率的采矿做法以及在开发过程中尽量避免产生废物。

（三）保护海洋环境的义务

开发活动与勘探活动比较起来，造成海洋环境污染事故的风险系数更高，所以海管局采取了更为严格的环境保护措施。承包者需要编写环境影响报告和环境管理和监测计划，并且需要按照上述计划，防止、减少和控制其"区域"内活动对海洋环境造成污染和其他危害。同时，承包者也不得随意向海洋环境中丢弃、倾倒和排放任何采矿废物等。

此外，承包者的义务还包括：缴纳特许权使用费、固定年费及其他费用的义务，提交年度报告的义务，合理顾及海洋环境的其他使用者的义务，保护"区域"内历史文物的义务，接受海管

局监督的义务,等等。

## 第四节 开发规章草案的规定及各利益攸关方的评论意见

### 一、2016 年开发规章草案的规定以及各利益攸关方的评论意见

(一) 2016 年开发规章草案的规定

在开发规章草案有关承包者矿业权的规定中,承包者最不满意的地方聚焦于承包者优先开发权和专属勘探权的规定。在 2016 年开发规章草案中,法技委针对承包者的申请工作计划采取的是先申请先审核的办法,承包者的优先开发权仅仅在草案第 11 条有关法技委核准申请者的工作计划的规定中提及,即如果法技委认为另外一个适格主体对于工作计划中的同种资源享有优先开发权。[1] 规定承包者专属勘探权的仅有两项,第一项是草案附件六的 C 项,即承包者有兴趣在合同区进行开发活动并为此作出财政承诺,以及双方在此订立的契约,海管局特此授予承包者专属勘探权利,依照本合同的条款和条件对合同区域内的资源进行开发。第二项是附件七的第三节第 3 项,即承包者应享有依照本合同的条款和条件,对合同区域内资源和进行开发的专属权利。[2]

---

[1] International Seabed Authority, Working Draft Regulations and Standard Contract Terms on Exploitation for Mineral Resources in the Area, July 2016, p. 21.
[2] Id, p. 58, p. 61.

## (二) 承包者强烈要求保护专属和优先开发权

几乎所有的承包者都表达了对上述规定的不满，认为开发规章草案的规定不足以保护承包者根据《公约》所享有的权利。如深海资源开发有限公司认为，此种规定不足以保护承包者的利益，因此，应当在开发规章的正式文本中明确承包者的专属和优先开发权。❶ 汤加近海开发有限公司主张，开发期限内项目的稳定和安全也是承包者获得融资的关键，所以应当在开发规章草案中赋予承包者此项权利，先申请先审查的方法也必须遵守承包者的优先权。❷ 英国海底资源有限公司也认为，持有勘探合同的承包者有针对同一区域资源开发的优先权，甚至有权拒绝在他之前提出申请的人。❸ 瑙鲁海洋资源公司主张，为了鼓励承包者投资深海开发技术，承包者必须确信其能够获得专有、优先开发矿产资源的权利。❹ 汤加近海开发有限公司与全球海洋矿物公司均持相同观点。❺

---

❶ Deep Oceans Resources Development Co. Ltd., Views and Comments to the "1st Working Draft" of Deep Ocean Resources Development Co, Ltd., November 2016, pp. 3 – 4.

❷ Tonga Offshore Mining Limited, The Submission Prepared by Tonga Offshore Mining Limited and Nautilus Minerals Inc. Regarding the Working Draft Regulations and Standard Contract Terms on Exploitation for Mineral Resources in the Area, October 2016, pp. 1 – 2.

❸ UK Deep – Sea Ecosystems Special Interest Group, Review of the Regulatory Framework for Mineral Exploitation in the Area "Zero – Draft", November 2016, p. 1.

❹ Nauru Ocean Resources Inc., Comments by Nauru Ocean Resources Inc. (NORI) on the Zero Draft Exploitation Code, October 2016, p. 2.

❺ Tonga Offshore Mining Limited, The Submission Prepared by Tonga Offshore Mining Limited and Nautilus Minerals Inc. Regarding the Working Draft Regulations and Standard Contract Terms on Exploitation for Mineral Resources in the Area, November 2016, p. 1.

## 二、2017 年开发规章草案的规定以及各利益攸关方的评论意见

### (一) 2017 年开发规章草案未作实质性变更

海管局在收到广大利益攸关方关于草案的评论意见后,2017 年开发规章并未针对承包者的专属和优先开发权的规定作出实质性的改变,关于承包者的优先开发权只是间接地规定在开发规章草案的第 10 条第 3 款第 2 项中,专属权也仅仅体现在附件九的第四项和附件十的第四节中。

### (二) 承包者继续要求保护专属和优先开发权

由于相关规定并没有得到改善,上述规定仍然遭到了许多担保国和承包者的反对。中国政府指出关于勘探合同承包者对相关矿产资源的优先开发权,《公约》附件三第 10 条对勘探承包者就同一区域和资源取得开发工作计划的优先权有明确规定,但草案在此方面的规定不够充分,不利于保障承包者的合法权益。[1] 中国大洋协会指出,海管局的勘探规章中对承包者的权利已经有明确的阐述。如,《多金属结核规章》第四部分第 24 条为"承包者的权利",并明确规定承包者"对一项多金属结核勘探工作计划所涉区域享有专属勘探权",且"在那些就同一区域和资源提出开发工作计划的各申请者中享有优惠和优先权";承包者的这些权利应当在开发规章的结构和内容上得到充分的体现。[2] 日本深海资源开发有限公司主张,草案应当明确规定承包者对在合同区内新发现的

---

[1] 《中华人民共和国政府关于"区域"内矿产资源开发规章草案的评论意见》,2017 年 12 月 20 日,第 7 – 8 页。
[2] 中国大洋协会矿产资源开发协会:《关于"区域"内矿产资源开发规章草案相关问题的反馈意见》,2012 年 12 月 19 日,第 2 页。

矿物资源享有优惠和优先权。❶

## 三、2018 年开发规章草案的规定以及各利益攸关方的评论意见

（一）2018 年开发规章草案加强了对承包者权利的保护

2018 年开发规章草案对承包者的专属和优先开发权作了较大的改进，主要表现为：第一，在法技委对申请书的审议中，明确规定如果有多份对同一区域和同一资源类别的申请，法技委应根据《公约》附件三第 10 条的规定确定申请者是否享有优惠和优先权；第二，草案第 19 条专门规定开发合同应当授予承包者专属开发权利。

（二）承包者基本满意草案的规定

各利益攸关方对草案的规定基本满意，评论意见主要集中在一些具体问题的完善上。如巴西政府强调，只有之前的勘探合同承包者才有资格就同一区域的同种资源申请开发合同。❷ 日本政府认为，在决定承包者是否具有对某一区域特定资源的专属和优先开发权时，应当由秘书长在初步审查工作计划核准申请书时作出决定，而不用等到法技委来审核，如此可以减少法技委的工作量；同时，海管局不得接受申请人的开发工作计划申请，除非是根据与海管局的勘探合同进行的申请，或使用根据勘探合同以外获得的信息，但《公约》对担保国生效之前获得的信息除外。❸

---

❶ Deep Ocean Resources Development Co., LTD, DORD's Comments on the draft Regulation on Exploitation of Mineral Resources in the Area, December 2017, p. 6.
❷ Brazil, Comments By Brazil on The ISBA Exploitation Code Draft, October 2018, p. 7.
❸ The Government of Japan, Comments on the Draft Regulations on Exploitation of Mineral Resources in the Area (ISBA/24/LTC/WP.1/Rev.1), September 2018, p. 7.

## 四、2019 年开发规章草案的规定以及各利益攸关方的评论意见

**（一）2019 年内开发规章草案加强了对承包者权利的保护**

2019 年开发规章草案对承包者的专属和优先开发权作了细微的修改，即将原来审核承包者是否享有优先和专属开发权的主体由法技委改为秘书长。

**（二）承包者基本满意开发规章草案的规定**

由于决定承包者是否享有优惠和优先权，是非常重要的事情，草案规定直接由秘书长决定，秘书长的自由裁量权过大。因此，中国政府建议，将"秘书长确定依《公约》附件三第 10 条申请人是否享有优惠和优先权"改为"秘书长确定依《公约》附件三第 10 条申请人是否享有优惠和优先权，如对此存在争议，则应提交法技委作出建议并由理事会作出决定"。[1] 中国政府的建议是比较合理的，在赋予了秘书长一定权限的同时又作出了一定的限制。俄罗斯政府表示第 18 条的标题应当直接由原来的"开发合同规定的权利和排他性"改为"开发合同下承包者的专属权利"，同时建议修改第 18 条，增加一款，即"承包者应依照《公约》第 87 条和第 147 条的规定行使本条规定的专有权，"这么修改的目的是建立承包者行使开采合同赋予承包者专属权的法律框架。[2] 英国政府建议在第 10 条第 1 款的后面增加一项，即秘书长应当将确定申请人是否享有优惠和优先权告知海管局的成员。因为如果没有这一

---

[1] 《中华人民共和国政府关于"区域"内矿产资源开发规章草案的评论意见》，2019 年 10 月 15 日，第 9 页。
[2] The Russian Federation, Comments and Remarks of the Russian Federation on the Draft Regulations on Exploitation of Mineral Resources in the Area, October 2019, p. 8.

条,海管局好像都不用将秘书长的决定通知成员。[1]

## 本章小结

  承包者的矿业权是承包者的重要权利,承包者的矿业权包含探矿、勘探和开发三个阶段。在勘探和开发阶段,承包者的专属勘探和开发权、对资源的所有权和财产权、优先开发权等都是承包者的重要权利。当然,承包者在行使权利的同时,也要履行相应的义务,实现权利和义务的统一。2016年和2017年开发规章草案对于承包者的义务规定得比较严格,而对于承包者的权利保护显得不足。2018年和2019年开发规章草案弥补了这一缺陷。海管局应当充分保障承包者的相关权利,尤其是承包者的专属和优先开发权,因为这是鼓励承包者积极向"区域"活动进行大规模投资以及完成可行性研究的必要措施。承包者对"区域"进行投资的目的是获得收益,承包者只有在明确自己在进行了大量的勘探活动后能够拥有勘探区的专属和优先开发权的情况下,才会进行深海投资活动。否则,因为政策的不确定性,承包者可能会采取边挖边勘探的做法,反而不利于维持正常的商业生产秩序和保护海洋生态环境。

---

[1] The United Kingdom Government, Submission of the United Kingdom Government in response to the March 2019 draft Regulations on Exploitation of Mineral Resources in the Area, October 2019, p. 4.

# 第四章
# 承包者与其他海洋用户间合理顾及义务之履行

## 第一节 承包者与其他海洋用户间的合理顾及义务

### 一、合理顾及义务的来源与含义

（一）合理顾及义务的来源

《公约》第 87 条赋予了所有国家行使公海自由的权利，包括航行自由、飞越自由、铺设海底电缆和管道的自由、建造人工岛屿的自由、捕鱼自由、科学研究的自由。《公约》在赋予所有国家行使公海自由权利的同时也强调，所有国家在行使上述权利时必须"适当顾及"（due regard）其他国家行使公海自由的利益，并适当顾及本《公约》所规定的同"区域"内活动有关的权利。❶《公约》第 147 条规定了"区域"内活动应与海洋环境中的其他活动相互适

---

❶ 《公约》第 87 条。

应,即"区域"内活动的进行,应"合理顾及"(reasonable regard)海洋环境中的其他活动,如"区域"内活动所使用的设施不得设立在对国际航行必经的公认海道可能有干扰的地方及有密集捕捞活动的区域。同样在海洋环境中进行的其他活动,应合理顾及"区域"活动,不能干扰承包者在"区域"内的正常生产活动。❶《多金属结核规章》规定,承包者执行"区域"的活动方案应当"适当顾及"其活动对海洋环境的影响并合理顾及海洋环境中的其他活动。《多金属硫化物规章》以及《富钴铁锰结壳规章》中均作了相同的规定。❷可见,"区域"内活动与海洋环境中的其他活动之间有一种互相的合理顾及义务。

与此同时,"合理顾及"一词还出现在《公约》的许多其他条款中。如关于航行的第 27 条第 4 款、第 39 条第 3 款第 1 项和第 234 条,关于捕捞的第 60 条第 3 款和第 66 条第 3 款第 1 项,关于海底电缆和管道的第 79 条第 5 款,关于国家权利和义务的第 56 条第 2 款、第 58 条第 3 项和第 142 条第 1 款,关于其他国家在技术转让方面合法利益的第 267 条以及关于地域分配的第 162 条第 2 款第 4 项和第 167 第 2 款条。

(二)合理顾及的含义

1. 合理顾及与适当顾及含义相同

合理顾及与适当顾及两种表述在《公约》和三个勘探规章中多次出现,但《公约》和三个勘探规章并没有关于合理顾及与适

---

❶ 《公约》第 147 条。
❷ 《"区域"内多金属结核探矿和勘探规章》附件 5 第 13 节第 3 项、《"区域"内多金属硫化物探矿和勘探规章》附件 4 第 13 节第 3 项、《"区域"内富钴铁锰结壳探矿和勘探规章》附件四第 13 节第 3 项。

当顾及的精确定义。《公约》第 147 条中的合理顾及似乎是对《公约》第 87 条中适当顾及的呼应。1958 年《公海公约》第 2 条规定,所有国家在行使公海自由时都应当合理顾及其他国家行使公海自由的利益。在 1974 年英国诉冰岛渔业管辖权案件中,国际法院在其判决中写明,《公海公约》第 2 条规定的合理顾及原则,要求冰岛和英国适当顾及彼此的利益,并尊重其他国家的利益。[1] 由此可见,国际法院认为合理顾及和适当顾及在含义上是等同的。辛格法官在上述案件的声明中也指出,一直以来在海洋事务中都有必要将《公海公约》第 2 条所确立的合理顾及他国利益原则承认为一项存在的义务,因此,在相邻水域的沿海渔业中,沿海国权利的行使必须适当顾及他国的权利。[2] 由此,可以得出的结论是合理顾及与适当顾及含义相同。海管局理事会也持相同的观点。[3] 开发规章草案中主要使用的是合理顾及一词,因此,本书统一使用合理顾及的表述。

2. 合理顾及的含义

如上所述,《公约》本身并没有关于合理顾及的定义。国际法协会(美国分会)海洋委员会提出了适当顾及的定义,即 1982 年《公约》第 87 条所使用的适当顾及是指,对各国行使公海自由的权利的限制。适当顾及要求所有国家在行使公海自由时,要考虑到其他国家使用公海的利益,并避免有干扰其他国家行使公海自由的活动。各国要避免对其他国家的国民使用公海造成不利影响

---

[1] International Court of Justice, Fisheries Jurisdiction (United Kingdom v. Iceland), I. C. J. Reports 1974, p. 30.
[2] Id, p. 40.
[3] International Seabed Authority Council, Issues associated with the conduct of marine scientific research in exploration areas, ISBA/22/C/3, p. 3.

的行为的任何可能。❶ 弗吉尼亚评注提出，第147条中的合理顾及包括承认各国有权在海洋环境中开展活动和第192条规定的各国有保护和保全海洋环境的义务。另一位评论员提出，该词要求某种形式的行为，但未明确任何具体的规范性内容。❷ 根据国际海洋法庭（以下简称法庭）的观点，合理顾及的一般含义要求每个国家根据不同的情况和不同权利的性质，尊重另外一个国家的权利，不同的情况下，合理顾及的范围和措施也将不同。而且，在大多数案件中，这种考量必然至少涉及与另一国的协商。❸ 从以上的表述中可以总结出，合理顾及是指一国在行使公海自由权利时要考虑到另一国的权利、并且不能以损害其他国家权利的方式来实现自己的权利。可以说，合理顾及为各国在行使海洋权利的同时创设了一种义务。

## 二、合理顾及的内在法理要求

根据《公约》第300条的规定，缔约国应诚意履行根据本公约承担的义务并应以不致构成滥用权利的方式行使本公约所承认的权利、管辖权和自由。❹《公约》的这一条明确地表达了合理顾及的内在法理要求。

（一）善意履行国际义务原则

按照《国际法原则宣言》的规定，善意履行国际义务原则是

---

❶ Nordquist et al., United Nations Convention on the Law of the Sea 1982 – A Commentary, Vol. 3, 1995, p. 264.

❷ International Seabed Authority Council, Issues associated with the conduct of marine scientific research in exploration areas, ISBA/22/C/3, p. 3.

❸ Permanent Court of Arbitration, Chagos Marine Protected Area Arbitration (Mauritius v. United Kingdom), Award 2015, p. 202.

❹ 《公约》第300条。

指每一个国家都应善意履行其依据《联合国宪章》所负的义务，善意履行其依国际法原则与规则所负的义务，善意履行其作为缔约国参加的有效双边或多边条约所负的义务。具体而言，善意履行国际义务原则包含两层含义：第一，各国在解释自己所承担的国际义务时，应秉承客观的、实事求是的态度。就条约关系而言，缔约方应当确认缔约各方在达成协议时所取得的谅解，确认缔约各方在谈判过程中相互妥协所达成的共识，而不能单方片面地解释自己所承担的义务；第二，在适用法律规则时，各国应当遵循惯例和理性地对自己进行自我约束。在当今国际社会，坚持善意履行国际义务原则，对于开展国际合作、促进共同发展、维护正常的国际法律秩序，都具有十分重要的意义。[1]

具体到"区域"的勘探和开发活动与其他活动之间，各个行为体应当善意地履行自己的义务，包括保护海洋环境、不影响其他国家权利的行使等。在善意履行国际义务原则的指导下，海洋活动的各方参与主体可以实现和平共处，互利共赢。否则，各方相互干扰，互不相让，最后的结果只能是两败俱伤。

（二）权利不得滥用原则

一个国家行使自己的权利，不能建立在蔑视其他国家权利的基础上，即权利的拥有者不能滥用自己的权利，这也是国际法上义务的一般基础。[2] 合理顾及是对公海自由原则的一种限制。世上不存在无义务的权利，也不存在无限制的自由。国家在行使《公约》所赋予的海洋权利的同时必须承担相应的义务，权利有其界

---

[1] 杨泽伟：《国际法》，高等教育出版社，2017，第62页。
[2] 张国斌：《〈联合国海洋法公约〉"适当顾及"研究》，《中国海洋法评论》2014年第2期，第58页。

限，自由有其边界。如承包者在"区域"进行勘探或者开发活动时，不能以获取自己的单方面的利益为目的牺牲甚至榨取其他海底用户的利益。海底电缆所有者在铺设海底电缆时不能任意放置海底电缆，应当尽量避免将电缆放置在开发活动集中区或者捕鱼活动高发区。同理，捕鱼活动应当避免损坏海底电缆并与承包者的矿产资源开发活动错开时间。在1974年英国诉冰岛渔业管辖权案的判决中，法院裁定冰岛单方面将渔业管辖权扩大到50海里的行为违背了合理顾及义务，[1] 就是对权利滥用最好的限制。

## 三、"区域"内活动有关合理顾及的具体实施

可以合理地断定，"区域"内的海洋科学研究活动、捕鱼活动等不应不合理地干扰承包者根据与海管局签订的合同所享受的权利。同时，承包者和研究人员以及承包者担保国和对研究人员的活动负有责任的国家，必须适当顾及彼此开展活动的权利，不对另一方的活动予以不适当的干预。然而，目前存在的问题是，由于合理顾及本身的模糊性以及《公约》并没有给出明确的行为指引和法律后果，所以并不清楚海洋活动的参与者需要采取哪些措施方能符合合理顾及的标准。《公约》以及三个勘探规章也未就履行合理顾及义务必须采取的具体步骤，向深海采矿的承包者和海洋活动中的其他活动提供实际指导。《公约》和三个勘探规章甚至不要求其他活动通知承包者或海管局计划进行某种活动或研究。[2] 因此，我们只能从《公约》的其他相关条款来探索履行合理顾及

---

[1] International Court of Justice, Fisheries Jurisdiction (United Kingdom v. Iceland), pp. 1 – 45.
[2] International Seabed Authority Council, Issues associated with the conduct of marine scientific research in exploration areas, ISBA/22/C/3, p. 3.

义务的具体措施和程序要求。

根据《公约》第 142 条的规定，"区域"内活动涉及跨越国家管辖范围的矿产资源时，应当适当顾及这种矿床跨越其管辖范围的任何沿海国的权利和合法利益，需要采取的措施包括事前的通知和协商，以免侵犯其他国家的权利和利益。❶《公约》第 60 条规定，沿海国在专属经济区建造人工岛屿、设施或结构，必须尽到通知义务，并对其存在必须维持永久性的警告方法。尚未撤出设施或结构的深度、位置和大小也应当妥为公布。❷ 以上两条规定说明沿海国的合理顾及义务至少包括通知要件，即信息的交流。根据国际法院在 1974 年渔业管辖权案件的判决中所作出的解释，合理顾及意味着协商和共存。❸ 由此可以初步总结出合理顾及义务的履行至少包括两个构成要件：第一，通知要件，即信息交流是不言而喻的，一方应当将自己的活动通知可能受其活动影响的另外一方；第二，协商义务。当通知义务完成后，若双方之间确实出现了冲突的情况，此时双方之间的善意磋商就不可避免。

鉴于目前在"区域"存在的电缆较多且已经与承包者的勘探合同区发生了交叉的情况，而且在可预见的未来，这种冲突的情况还可能增多，因此本章以海底电缆的铺设活动和承包者的勘探和开发活动为基础，在探寻双方履行合理顾及义务的同时总结合理顾及的共性要件，以期为承包者与海洋环境中的其他活动之间合理顾及义务的履行提供一定的参考。

---

❶ 《公约》第 142 条。
❷ 《公约》第 60 条。
❸ International Cable Protection Committee, Comments of the International Cable Protection Committee on the International Seabed Authority's Draft Exploitation Regulations, September 2018, p. 1.

## 第二节 与海底电缆有关的合理顾及义务之履行

### 一、海底电缆概述

(一) 海底电缆的发展

海底电缆始于19世纪早期。1850年,世界上第一条海底电报电缆在英国多佛到法国加来之间的英吉利海峡铺设。1866年,第一条跨大西洋的海底电缆建成。1902—1903年,第一条跨太平洋(1902年从美国大陆连接夏威夷,1903年从关岛到菲律宾)电缆建成。[1] 这些早期的突破极大地增强了远距离通信和信息传播。到20世纪,世界上大多数地方已经通过网络连接起来。但是随着第一次世界大战期间无线电报技术的提升和20世纪30年代的经济大萧条,海底电报电缆逐渐衰落。20世纪30年代中期诞生了海底电话电缆,可以进行多个语音通道的复用。到1960年,随着科学技术的发展,可以在更深的海底铺设更长的电缆。20世纪70年代末,光缆系统得到了发展。20世纪80年代第一个海底光纤系统建成,到1986年,海底光缆系统开始取代其他通信系统。1988年,连接美、英、法三国的第一条跨洋光缆铺设完成并且海底电缆在信息容量、通信速度、数据传输和语音通信等方面开始超越卫星。到20世纪80年代中期,海底电缆和互联网二者的技术结合变革了整个产

---

[1] Kingsley Ekwere, Submarine Cables and the Marine Environment: Enhancing Sustainable and Harmonious Interactions, China Oceans Law Review, Vol. 2016, No. 1, pp. 155.

业，电缆可用于传输数据；与此同时，互联网使人们可以基于商业、教育和娱乐的目的访问数据。❶ 据统计，截至2015年3月，全球海洋中约有265个独立的电缆系统，总长度为1 576 481公里。❷

（二）海底电缆的重要性

海底电缆是全球经济的支柱，是全球至关重要的通信基础设施。目前，98%的国际互联网、数据和电话通信都是电缆承载的。至今，只有少数国家没有光纤连接，许多国家目前正在实施电缆项目。海底光纤电缆传输全球大部分数据和通信，因而对全球经济及所有国家的国家安全都极为重要。❸ 与卫星相比，电缆具有更低的延迟率和成本以及更高的可扩展性。海底电缆对影响全球经济的金融交易、航运、航空运输和国际物流尤其重要，主要电缆故障可以有效地隔离一个国家的经济以及依赖其商品和服务的其他国家。❹ 在没有具有备用容量的替代路线的情况下，电缆故障会造成国际电信中断的重大风险。❺ 同时，海底电缆对海洋环境影响较小。这是因为：第一，海底电缆本身的体积较小，对环境的影

---

❶ Kingsley Ekwere, Submarine Cables and the Marine Environment: Enhancing Sustainable and Harmonious Interactions, China Oceans Law Review, Vol. 2016, No. 1, pp. 155 - 157.

❷ International Seabed Authority, Submarine Cables and Deep Seabed Mining Advancing Common Interests and Addressing UNCLOS "Due Regard" Obligations, March 2015, p. 17.

❸ United Nations General Assembly, Oceans and the law of the sea, A/RES/69/245, p. 4.

❹ International Seabed Authority, Submarine Cables and Deep Seabed Mining Advancing Common Interests and Addressing UNCLOS "Due Regard" Obligations, March 2015, p. 17.

❺ The International Cable Protection Committee, Comments of the International Cable Protection Committee on the International Seabed Authority's Draft Regulations on Exploitation of Minerals Resources in The Area, December 2017, p. 3.

响相对较小。研究表明，海底电缆本身的存在对周围动物群没有实质性的影响。这些研究比较了海底电缆附近和周围的海洋环境以及电缆部署前和部署后的海洋环境，并没有发现海洋环境退化的证据。❶ 有关海底电缆的所有活动中对环境影响最大的是海底电缆的维修活动，这一影响主要由电缆船的运行所致。第二，电缆的规划路线避开了生态上的重要保护区，而且海底电缆有可能为灾害预警和应对气候变化做出积极贡献，同时，国际社会正在研究海底电缆用于监测的潜力。总之，作为国际电信系统的基础，海底电缆是全球重要基础设施的组成部分，在可持续工业化方面发挥直接作用，并间接促进所有那些被认为对可持续发展有重要作用的其他领域。❷

（三）海底电缆铺设的不同阶段

1. 线路规划和调查阶段

在线路的规划和调查阶段，电缆公司需要确定新电缆的铺设路线。首先，电缆公司需要根据总的电缆路线进行综合分析，分析的目标是确定新电缆的大致路线以最大限度地缩短电缆长度和降低生产成本。其次，电缆所有者需要进行地理地质初步调查，以确定新电缆铺设的各个着陆点，识别风险，做好风险的应对措施以及获得铺设电缆所需要的许可证。在正常情况下，新铺设的电缆路线要尽量避开原有的其他电缆路线和海底管道，在实在不能避开的情况下，新电缆的铺设者需要与受影响的电缆所有者进

---

❶ Andrew Friedman, Submarine Telecommunication Cables and a Biodiversity Agreement in ABNJ: Finding New Routes for Cooperation, The International Journal of Marine and Coast Law, Vol. 32, 2017, p. 11.

❷ United Nations General Assembly, Oceans and the law of the sea, A/70/74, pp. 17 – 18.

行协商，以确定如何进行电缆的交叉铺设。地理地质初步调查后电缆公司会生成电缆的初步路线位置列表，主要用于确定新电缆的精确路线坐标。最后，电缆所有者需要进行海上电缆路线调查，分析路线经过的海床状况，精确定位路线中的障碍物。在这个过程中通常需要使用一些复杂的工具，如单光束和多光束回波探测器、侧扫声呐（side-scan sonars）、底部探测器和磁力计等。❶

2. 制造和铺设阶段

在制造和铺设阶段，电缆所有者着手实际铺设电缆。工厂生产的电缆长度和类型需要与电缆公司在进行海上电缆路线调查时产生的数据相匹配。深度超过 2500 米的电缆，重量较轻，其表面由聚乙烯材料包裹但是没有护套。它们的直径大小与花园软管或啤酒盖的大小相似，为 17 毫米到 20 毫米。在公海中，电缆船在实施铺设操作时通常以 6 节或更低的速度进行，正常情况下是 10 节至 12 节，这主要是为了能够精确定位原来设置的路线并且避免在铺设时电缆松弛。❷ 通常，铺设在公海海底的电缆不会进行埋藏，而是被直接放置在海床上。

3. 维护阶段

在这个阶段，电缆所有者的主要任务是预防和修复电缆损坏。海底电缆的维修费用极高，铺设一条跨大西洋的电缆大约需要耗资 5 亿美元，维修需要花费额外的 100 万到 300 万美元。因此，电缆公司在铺设的时候非常小心，以期最大限度地降低电缆在预期寿命期间（通常是 25 年）出现故障的风险。公海上的电缆维修更

---

❶ International Seabed Authority, Submarine Cables and Deep Seabed Mining Advancing Common Interests and Addressing UNCLOS "Due Regard" Obligations, March 2015, pp. 18-19.

❷ Id, p. 19.

加复杂和需要更强的技术。因此，电缆所有者会采取预防措施来避免公海海底的电缆故障，主要包括：第一，一条新的电缆被铺设以后，电缆所有者会向国家水文局提供"已铺设"电缆的路线图，这些路线图在海图上以带有波浪的红色线显示并被通知给其他海底用户。第二，沿海水域的电缆所有者会发布电缆感知图，告知渔民和其他海域使用者在某些频繁活动海域的电缆的精确位置，这些图表以免费的电子格式提供，以方便船舶使用电子导航设备。但是公海上或者水深超过 2000 米的电缆位置尚不能标注在航海图上。第三，电缆所有者会对海上高危活动进行监控，同时，电缆所有者针对可能损害海底电缆的用户提供指导和建议。❶

当海底电缆确实发生了故障时，电缆需要紧急进行维修以确保电信服务的可靠性。因此，通常电缆公司要求电缆船在收到通知后 24 小时内起航。在进行公海维修的情况下，维修时间会长一些。船只到达故障位置后，维修持续四到七天的时间，天气和航海技术都会影响电缆公司的维修速度。自 19 世纪以来，除了电缆维修的安全性得到改进，电缆的维修技术并没有显著改变。回收受损电缆的步骤一般为，维修人员沿着电缆路径使用抓钩捞出电缆，在故障点切断电缆，然后用备用电缆接续到原来的电缆上。❷

海底电缆通常在其使用寿命结束后被留在原来的位置。因为在服务了 25 年后，电缆所有者将它们从海洋中移除所造成的干扰会比将它们留在原来的位置更多。实践中，有些电缆可以被重复

---

❶ International Seabed Authority, Submarine Cables and Deep Seabed Mining Advancing Common Interests and Addressing UNCLOS "Due Regard" Obligations, March 2015, pp. 19 – 20.
❷ Kingsley Ekwere, Submarine Cables and the Marine Environment: Enhancing Sustainable and Harmonious Interactions, China Oceans Law Review, Vol. 2016, No. 1, p. 175.

使用，如用于新的通信连接，特别是对于发展中国家和一些小岛屿国家。还有些海底电缆被捐赠作为科学电缆重新使用或者被恢复用作人工鱼礁。若确实需要打捞上来的，电缆公司可以聘请专业的人员进行海底电缆的打捞活动。❶

## 二、海底电缆的活动主体与海底电缆系统的国际法分析

### （一）海底电缆的活动主体

#### 1. 电缆公司

与其他海洋活动不一样，海底电缆不受任何与公海有关组织的管理，海底电缆也没有担保国和船旗国。全世界所依赖的海底电缆几乎完全由私人运营，由私营企业操作和维修。世界海底电缆获得成功的一个关键因素是在公海中铺设和维护海底电缆的自由。这种自由允许基于市场导向的电缆行业蓬勃发展，而不需进行大规模的公共投资或监管。海底电缆的所有者和运营者通常也是海底电缆的制造商和供应商以及电缆检验员和安装人员。

#### 2. 国际电缆保护委员会

国际电缆保护委员会（The International Cable Protection Committee，简称 ICPC）是一个非政府间国际组织，具有向其成员施加具有约束力的决定的监管权限。它是一个非营利组织，保护所有类型的海底电缆，包括提供全球 98% 电信服务的光纤电缆、电力电缆、科学电缆和军用电缆。ICPC 成立于 1958 年，当时名为有线电视保护委员会。1967 年更名为 ICPC，以期更好地反映其愿景和声明，即成为国际海底电缆的主管当局，在海底电缆的安全

---

❶ International Cable Protection Committee（ICPC Ltd），Recommendation No. 1 Management of Redundant and Out‐of‐Service Cables, January 2016, pp. 4 - 6.

性和可靠性问题上，为运营商提供领导和指导。❶ 截至 2023 年 2 月 6 日，ICPC 一共有来自 60 多个国家的 191 个成员，❷ 包括主要的电缆所有者、电缆维修部门、电缆系统制造商、电缆船运营商、电缆路线调查公司和政府。

ICPC 在实践中主要通过提供以下服务保护海底电缆免受人为和自然灾害的影响，包括：第一，制定和维护电缆路线规划、安装、操作、维护和保护的最低的行业标准；第二，促进有关海底电缆系统的技术、环境和法律信息的交流；第三，回应有关海底电缆的国际法和环境问题的一般查询；第四，监测新出现的立法并在必要时提供信息以保护海底电缆所有者的合法权利；第五，提高对海底电缆的战略、经济、社会效益的认识，特别是政府机构、捕鱼业和其他海底用户对电缆的认识；第六，赞助有利于保护海底电缆系统的项目或计划；第七，向潜在的新电缆所有者提供相关信息，以鼓励其采用最低行业标准；第八，促进 ICPC 成员与海底电缆行业领先技术供应商之间的有效沟通；第九，开发和维护 ICPC 站，为 ICPC 成员的共同利益服务；第十，与代表海底用户的其他国际组织建立联系。❸

（二）海底电缆系统的国际法分析

1. 调整公约

海底电缆系统受相关国际条约的调整。首先，第一份处理各

---

❶ International Seabed Authority, Submarine Cables and Deep Seabed Mining Advancing Common Interests and Addressing UNCLOS "Due Regard" Obligations, March 2015, p. 9.
❷ 国际电缆保护委员会："成员名单"，https://www.iscpc.org/about－the－icpc/member－list/，访问日期：2023 年 2 月 8 日。
❸ 国际海底电缆保护委员会："ICPC 介绍"，https://www.iscpc.org/about－the－icpc/，访问日期：2023 年 2 月 8 日。

国有关海底电缆权利和义务的国际条约是 1884 年的《保护海底电缆公约》。其次，是 1958 年《公海公约》，1972 年《预防海上碰撞公约》，最后，是 1982 年的《联合国海洋法公约》。这其中规定的最全面和最广泛的是《联合国海洋法公约》，其规定了在海洋中展开活动必须遵守的法律框架。1884 年《保护海底电缆公约》目前仍然有效，1886 年修订为《海底电缆保护宣言》，1887 年修订为《海底电缆保护议定书》，但 1884 年《保护海底电缆公约》主要涉及海底电报电缆的保护问题。就整体而言，《联合国海洋法公约》既涵盖了海底电缆的保护问题，又涉及了海底电缆的铺设和维修问题。[1]

2.《联合国海洋法公约》中的规定

《公约》的若干条款规定了适用于大陆架以外的公海海床电缆的铺设规则。《公约》第 87 条规定了公海自由原则，其中第 1 款第 3 项规定了所有国家有在公海海底铺设海底电缆和管道的自由。第 2 款规定，这些自由应由所有国家行使，但必须适当顾及其他国家行使公海自由的利益，并适当顾及本公约所规定的同"区域"内活动有关的权利。铺设海底电缆的自由自然涵盖了所有类型的电缆操作，包括电缆的路线调查和电缆维修。《公约》第 113 条规定了破坏公海海底电缆的刑事和民事责任，每个国家均应制定必要的法律和规章，规定悬挂该国旗帜的船舶或受其管辖的人因故意或重大疏忽而破坏或损害公海海底电缆，致使电报或电话通信停顿或受阻的行为，以及类似的破坏或损坏海底管道或高压电缆

---

[1] Kingsley Ekwere, Submarine Cables and the Marine Environment: Enhancing Sustainable and Harmonious Interactions, China Oceans Law Review, Vol. 2016, No. 1, p. 163.

的行为，均为应予处罚。此项规定也应适用于故意或可能造成这种破坏或损害的行为。但对于仅为了保全自己的生命或船舶的正当目的而行事的人，在采取避免破坏或损害的一切必要预防措施后，仍然发生的任何破坏或损害，此项规定不应适用。《公约》第114条引入了"先铺设"的原则，即如果电缆所有人在铺设或维修自己的电缆时损坏另一根已经存在的电缆，则行为人必须承担维修费用。《公约》第115条鼓励船舶所有人牺牲锚或者渔具以保护电缆。电缆所有者必须赔偿船舶所有人因避免海底电缆损害而牺牲的锚、网或其他渔具，但唯一的条件是船舶所有人实际已经采取了一切合理的预防措施，而且赔偿的范围不会延伸到间接损害。❶

总之，在《公约》的规定下，电缆所有者享有在公海海床铺设电缆的广泛自由，这些自由仅仅受到对公海其他用户适当顾及义务的限制。

## 三、海底电缆与其他海洋活动合理顾及义务履行之实质要件

为了履行海底电缆活动和海洋其他活动之间的合理顾及义务，ICPC发布了一系列指南以期为电缆所有者和其他海洋用户提供指导。虽然这些指南没有法律上的约束力，但是在实践中为海底电缆所有者和其他海洋用户之间避免纠纷的产生发挥了重要的作用。总结ICPC指南的经验，可以为海底电缆所有者与承包者之间履行合理顾及义务从实体上提供借鉴。

---

❶ 《公约》第87条、第113条、第114条、第115条。

## (一) 海底电缆之间相互交叉的情况

这种情况是指一根新的电缆需要靠近或穿过另外一根已经存在的电缆时。原则上，新电缆的铺设路线需要尽可能地避免与其他海底电缆交叉，特别是正处于服务中的电缆。若交叉实属不可避免，则新电缆的铺设者需要履行下列义务：首先，新电缆的铺设者应当尽早通知受其活动影响的其他电缆用户并获得已存在电缆的相关信息。其次，新电缆所有者应当与受其活动影响的电缆所有者进行早期的磋商，以便双方就电缆之间的近距离接触或者交叉铺设达成协议。在大多数情况下，电缆所有者之间会达成一份非正式的"交叉协议"，交叉协议的内容通常包括交叉点的位置、交叉电缆信息、水深、交叉的角度、电缆的类型、埋藏信息等。最后，新电缆的铺设者应当在实施铺设工作前的 24 小时到 48 小时之间以及铺设工作完成之后的 24 小时内通知受影响的电缆所有者。[1]

## (二) 海底电缆和海底管道之间的交叉情况

海底电缆和海底石油和天然气开发活动的持续增加，将不可避免地带来海底电缆和海底管道之间交叉情况的增多，具体情形包括：第一，新的管道或电力电缆需要穿过已经存在的电信电缆；第二，新的电信电缆需要穿过已经存在的管道或电力电缆；第三，新的电力电缆需要穿过已经存在的电力电缆；第四，新的电力电缆需要穿过已经存在的管道；第五，新的管道需要穿过已经存在的电力电缆。国际法未能就海底电缆和管道相互交叉的情况提供

---

[1] International Cable Protection Committee. ICPC Recommendation #2, Recommended Routing and Reporting Criteria for Cables in Proximity to Others, Issue 3 November 2015, pp. 1–17.

足够的法律依据，有关国家的国内立法也很少。而且，在发生冲突的情况下诉诸法律是一件耗费时间和精力以及资金的事情，因此，通过双方之间的磋商达成协议以解决管道和电缆的交叉问题符合各方利益。协议的内容通常包括但不限于：如何界定双方权利、义务和责任，是否包含间接损失，交叉的特定区域，安装程序的一般说明，管道和电缆的维修，等等。在上述过程中，最重要的是一旦发现可能存在交叉的情况，当事人双方应当尽早交换信息。因为无论是海底电缆还是管道，当事人双方越早沟通，越能避免许多复杂问题的出现，从而减少活动的预算。此外，在任何可能影响国际电信业务工作的业务活动展开之前，行为人应至少提前两个星期通知受影响的电缆所有者。[1]

（三）在海底电缆附件安装可再生风能装置

在海底电缆附近安装可再生风能装置的一个重要问题是，双方之间的安全距离。利益相关者在讨论海底电缆和海上可再生风能装置之间的接近距离时，同样需要根据具体情况制定安全和适当的解决方案，以确定实际需要多少海上空间来有效和安全地执行电缆维修工作。ICPC 指出其发布的指南并未为双方制定一个硬性的规定，而是希望双方就两种设施互相干扰的风险加强对话，指南只是为双方的讨论提供一个起点。首先，双方应当就可以接受的距离进行谈判。对于海底电缆而言，通常的安全距离是距离电缆两侧 500 米远，对海上可再生风能装置而言，安全区域也是装置周围 500 米。实践中，双方当事人可以就可接受的安全距离进行

---

[1] International Cable Protection Committee. ICPC Recommendation #3, Criteria to be Applied to Proposed Crossings of Submarine Cables and/or Pipelines, Issue 10A, 12 February 2014, pp. 1 – 9.

谈判。其次，双方最终将达成一项协议，协议的内容包括但不限于：如何界定双方责任、权利和义务、是否包含间接损失，临近区域的界定，详细的工作计划，维修需求，协议有效期等。最后，一项维修的方法说明是协议的重要组成部分，包括通知要求、数据资料等。❶

（四）合理顾及义务履行的实质要件

通过对以上三项活动合理顾及义务履行的总结，可以得出海底电缆所有者和其他海洋用户之间合理注意义务履行的实质要件包括：第一，通知要件。即双方之间的活动可能产生冲突时，当事人之间需要履行通知义务并进行信息交流；第二，有意义的磋商，当事人应当就受影响的区域、可选择的施工方案等内容进行讨论，最终以双方之间达成有效的协议来确定双方之间的权利和义务，从而实现双方之间的和平共处。

### 四、海底电缆所有者与其他海洋活动合理顾及义务履行之程序要件

ICPC除了就海底电缆所有者与其他海洋用户之间的冲突问题发布了实质性指导，其还就用户之间的冲突问题发布了程序上的指导。

（一）在海底电缆附近进行土木工程或海上施工工程时应遵循的程序

在海底电缆附近进行土木工程或海上施工工程时需要遵循的

---

❶ International Cable Protection Committee. ICPC Recommendation #13, The Proximity of Offshore Renewable Wind Energy Installations and Submarine Cable Infrastructure in National Waters, Issue 2A, 26 November 2013, pp. 1 – 39.

程序包括：第一，事前的通知和讨论。首先，负责施工的建筑公司应与受影响的海底电缆所有者，讨论建筑公司的施工计划，以确定可能影响海底电缆运营和维护的问题与责任。其次，建筑公司应当帮助海底电缆所有者定位海底电缆的位置，但是费用由建筑公司承担。再次，建筑公司和海底电缆所有者在工作期间指定专门的联系人和备用联系人，所有与工作有关的信件都应当在上述人员之间发送，如有需要，指定的工作人员应当24小时可联系。最后，建筑工程的设计完成之后，建筑公司需要通知电缆公司的联络人员预计在电缆附近施工的时间和地点。当然，双方之间也应签订具有约束力的法律协议，明确双方的权利和义务；第二，在工作开始之前，建筑公司需要再次确认海底电缆的位置。建筑公司的联系人应当通知海底电缆所有者的联系人工作即将开始，并提供紧急联系电话，以便海底电缆所有者发现危险时可以立即通知建筑公司；第三，工作中，建筑公司的联系人应当及时告知海底电缆所有者施工者的工作进度，特别是与事先通知或商定的有关工作计划的任何变化。如有必要，海底电缆所有者可以在建筑公司实施危险工作期间，派出监督人员在建筑公司的工作船舶监督建筑公司的操作并确保其遵守商定的计划；第四，工作完成以后，建筑公司应向海底电缆所有者提供最终工程图纸的副本，以使海底电缆所有者及维护者能够维护位于工作区域附近的电缆。[1]

---

[1] International Cable Protection Committee. ICPC Recommendation #7, Procedure to be Followed Whilst Civil Engineering or Offshore Construction Work is Undertaken in the Vicinity of Active Submarine Cable Systems, Issue 6B, 4 February 2014, pp. 1 – 5.

(二) 在电缆附近进行地震勘探工作应遵循的程序

一个活跃的海底电缆系统包含电光装置,这是沿着其路线间隔地管理电光信号所必需的。如果这些设备的内部组件受到大于其本身设置的加速度影响,则存在严重损坏的风险。因此,地震勘测公司在海底电缆附近实施调查工作时,也需要遵循与建筑公司类似的程序,包括事先的通知与协商、指定联系人、保持500米的安全距离、帮助定位海底电缆的位置,工作开始前的通知、工作中的通知、接受电缆所有者派员监督、事后提供图纸等。[1]

(三) 在电缆附近进行挖掘或采矿工作应遵循的程序

全球海底电缆行业的现有记录显示,在过去30年中,至少有34次电缆故障是由海底开发活动 (如采矿或疏浚) 造成的。海底挖掘活动对海底电缆的影响包括直接影响和间接影响。因此,在海底电缆附近进行挖掘活动应遵循的程序包括:第一,事前的通知和协商。首先,当海底挖掘或者开发工作离海底电缆只有一海里的距离时,负责海底开发工作的承包者应与受影响的电缆所有者讨论拟议的工作计划,以确定拟议的工作计划是否会对海底电缆产生影响。当二者之间的距离只有500米时,电缆公司通常会要求承包者调整开发位置。其次,承包者应当协助电缆所有者定位海底电缆的位置,费用由承包者负担。再次,承包者应当向电缆所有者提供开发工作的副本。最后,相互指定专门的联络员,承包者应当将在电缆附近预计进行开发的时间和地点通知电缆所有者的联络员;第二,开始挖掘前,当开发工作离海底电

---

[1] International Cable Protection Committee. ICPC Recommendation #8 Procedure To Be Followed Whilst Offshore Seismic Survey Work Is Undertaken In The Vicinity Of Active Submarine Cable Systems, Issue 8, 8, December 2014, pp. 1 – 7.

缆只有一海里的距离时，承包者的联络员应当告知电缆所有者的联络员开发工作即将开始并留下紧急联系方式，以便在紧急情况发生时，电缆所有者的联络员可立即要求承包者停止开发工作；第三，在开发工作进行中，承包者的联络员应当及时告知海底电缆所有者的联络员开发工作的进度。除非双方另有约定，在距离一条正在使用中的电缆500米时，承包者的联络员应当在开发工作前的24~48小时通知海底电缆所有者的联络员，以便其安排对电缆进行特殊监控。同时，承包者的活动不应当影响海底电缆的维修活动；第四，开发工作完成后，承包者应当通知海底电缆联络员。除非另有约定，承包者应在90天内向电缆所有者提供电缆附近的新测深图和海底地形图，地形图清楚地显示受开发或疏浚影响的海床的地形。❶

（四）合理顾及义务履行的程序要件

从ICPC发布的有关在海底电缆附近进行建筑、地震勘测和挖掘工作的程序指南中，我们可以总结出履行合理顾及义务程序上的一些共性要件：第一，事前的通知和协商，包括指定联络人员、帮助定位海底电缆的位置、通知工作的时间和地点、提供工作副本等；第二，即将在电缆附近展开工作时通知并留下紧急联系方式；第三，工作中保持通知，必要时，电缆所有者可以派员监督；第四，工作完成之后的通知，并提供最新的海底地形图给电缆所有者。上述程序有助于确定深海采矿的承包者在海底电缆附近进行开发工作时应遵守的流程。当然，任何的义务都是双向的。电

---

❶ International Cable Protection Committee. ICPC Recommendation #15 Procedure to be Followed Whilst Marine Aggregate Extraction, Dredging or Mining is Undertaken in the Vicinity of Active Submarine Cable Systems, Issue 1, 11 November 2014, pp. 1–9.

缆所有者若需要在承包者的合同区展开电缆的铺设工作，也应当遵守对应的工作程序。

## 第三节　承包者与电缆所有者合理顾及义务之履行

### 一、"区域"开发活动与海底电缆活动的共性与区别

（一）"区域"开发活动与海底电缆活动的共性

承包者的深海开发活动与海底电缆所有者在"区域"的电缆铺设活动有诸多相似之处。首先，两项活动均发生在"区域"，在全世界海洋的最深处进行。深海矿物资源开发活动覆盖广阔的"区域"，而海底电缆覆盖很长的距离。海管局目前批准的勘探区总面积范围已经超过了墨西哥的国土面积范围。每个勘探区由一个或多个连续或非连续的区域组成，每一个勘探合同的面积因矿产资源种类的不同而不同。多金属结核的勘探区面积为 75 000 平方公里、多金属硫化物勘探区的面积为 10 000 平方公里、富钴铁锰结壳的勘探区面积为 3000 平方公里。其次，深海资源勘探和开发活动和海底电缆管道的铺设活动一样，都需要复杂的技术和先进的工具，如用于分析深海海底地势的多波束回波探测器以及用于从海底提取物品和样品的抓钩和取样工具。工程师不断地改进这些工具以提高它们的可操作性。再次，两项活动均涉及深海海洋环境保护问题。根据海管局的规定，承包者需要建立详细的环境基线以评估勘探区的生物多样性。同时，承包者需要执行监测计划以评估其活动对深海环境的影响。海底电缆对海洋环境的影

响虽小，但是也需要注意深海环境保护。最后，两项活动都具有较高的社会价值。矿物资源可用于电子设备供电、生产商品和药品开发。此外，承包者在"区域"内的活动在生态系统和生物多样性的数据收集方面也发挥了重要作用。而电缆促进了人与人之间的交流、促进了科学和国际贸易的发展并提供了更多的互联网接入。与此同时，深海采矿活动和海底电缆铺设都需要大量的前期投资，因此，两项活动都有共同的动力去避免深海活动所可能造成的风险。

（二）"区域"开发活动与海底电缆活动的不同

承包者的深海开发活动与海底电缆所有者的电缆铺设活动也存在明显的差异。首先，两项活动的管理体制不同。"区域"内的深海采矿活动与基本不受管制的海底电缆铺设活动相比较，前者更加规范。所有的深海勘探活动以及开发活动都受海管局的管理，需要履行不同的许可程序。承包者只有在与海管局签订了勘探或者开发合同之后才能进行勘探或者开发活动。同时，所有合同都包含海管局制定的一些标准条款并赋予承包者在合同区的一些专属权力。但是，海管局对海底电缆的所有者没有管辖权。因为他们只是将电缆放置在海床上，并没有进行任何的勘探或者开发活动。而且，电缆所有者在公海海底铺设海底管道不需要任何国家的同意，更无需征得 ICPC 的同意。其次，深海矿产资源开发活动比海底电缆行业更加多样化，每一份勘探合同都是独一无二的。最后，海底电缆行业比深海采矿行业更加成熟。目前，深海采矿活动尚处于勘探阶段，承包者根据海洋勘探的结果，评估合同区未来采矿的可行性及其对环境的潜在影响。只有在进入开发阶段之后，承包者才能根据新的开发合同进行资源的回收工作。电缆行业相对来说已经比较成熟，已经有一个完善的铺设和运营流程。

## 二、"区域"内活动与海底电缆活动发生冲突的风险

目前,在"区域"已经有两块矿区与海底电缆发生交叉。一块是位于东太平洋的海管局留给发展中国家的实体或受其有效控制的实体勘探的多金属结核保留区,一条长 4 634 公里名为 HONOTUA 的连接夏威夷与法属波利尼西亚的电缆穿过了上述保留区,HONOTUA 建于 2009—2010 年,正式于 2010 年开始商业运作。2015 年,中国五矿集团获得了上述保留区的勘探合同。[1] 另外一块交叉区域位于印度洋,一条由法国电信、南非电信和印度塔塔电信共有的名为 SAFE 的电缆穿过了这块海管局指定给韩国政府的建成于 2014 年 6 月 24 日的多金属硫化物勘探区。SAFE 建于 2002,连接的是毛里求斯、南非、印度、马来西亚和留尼旺岛。[2] 由此可见,两种活动确实存在相互干扰的风险。而且随着两种活动的增加,相互干扰的风险也会增加。在实践中,发生重叠的情况主要包括两种:第一种是在已经存在电缆的区域批准了一个新的勘探合同区;第二种是新电缆需要穿过承包者已有的勘探或者开发区。在上述情况下,承包者和电缆所有者若是互不相让,同时间在"区域"内展开活动,双方均将遭受重大的损失和损害。因此,在两种活动均得到了《公约》授权的情况下,双方当事人之间合理顾及义务的履行就显得非常重要。它不仅能够预防争端的发生,而且还是在争端发生的情况下判断双方责任的依据。

---

[1] OPT French polynesia, Comments of OPT French Polynesia on Draft Exploitation Regulations, December 2017, p. 3.

[2] International Seabed Authority, Submarine Cables and Deep Seabed Mining Advancing Common Interests and Addressing UNCLOS "Due Regard" Obligations, March 2015, p. 10.

## 三、承包者和电缆所有者合理顾及义务之履行

根据上文的论述以及 ICPC 发布的指南可知,合理顾及义务履行的实质要件包含通知和磋商两个方面,具体到承包者和电缆所有者之间的合理顾及义务的履行体现为:第一,通知要件是指电缆所有者和采矿承包者应当在自愿的基础上通过直接或间接联系,实际通知彼此的运营情况;第二,协商要件。当通知发出之后,无论是承包者还是电缆所有者意识到两者之间的活动将发生冲突时,双方应当进行有意义的磋商,充分告知对方自己预期采取的计划和运作程序从而减少甚至避免双方之间的冲突。由于两项活动在地理因素、海洋地质地形以及资源种类方面的差异,每次磋商的结果也会不一样。但不变的是双方当事人应当本着诚实信用原则,相互交换电缆活动和采矿活动的相关数据,尽可能地达成相互可以接受的、切实可行的协议或者安排。虽然现行的国际法并没有规定双方在开始作业之前必须达成有效的协议,《公约》只是要求任何一方必须合理顾及另外一方行使权利的义务,但无论是通过正式协议还是非正式的安排,双方都可以从减少彼此资产风险的实际步骤和程序中受益。❶ 一旦双方协商成功,则双方需要遵循一定的程序从而正确地履行合理顾及义务。电缆所有者和承包者需要履行的义务如下文所示。

(一)电缆所有者的合理顾及义务之履行

1. 事前的查明义务

首先,海管局在其网站上公布了勘探合同的坐标以及有关勘

---

❶ International Cable Protection Committee, Recommendation No. 17, Submarine Cable Operations in Deep Seabed Mining Concessions Designated by the International Seabed Authority, May 2017, p. 6.

探合同持有人的信息。海底电缆所有者、船舶操作员、安装人员和测量人员在"区域"内进行活动前应当查看海管局的网站。电缆所有者可以直接联系勘探合同承包者了解勘探区域或者开发区域的信息，以期在路线调查阶段尽量避免出现两项活动的交叉情况。ICPC 也可以向 ICPC 成员发出通知，告知其承包者合同区的位置，以便电缆所有者可以通知受电缆所有者活动影响的承包者。但是，承包者的合同信息只有在获得海管局批准以后才会公布。在申请过程中由于商业敏感性，承包者的申请信息是不公开的。因此，电缆所有者在进行地理地质初步调查时，应当及时查看海管局的网站，以获取最新的公共信息。其次，海底电缆铺设者或者维修者应当将预期的铺设计划副本或维修计划副本提交给承包者，告知承包者电缆所有者计划铺设或者维修电缆的时间等信息，以便承包者作出判断。最后，电缆所有者应当指定一个专门的代表或项目协调员负责承包者与电缆所有者之间的联络工作。

如果电缆所有者计划在承包者的合同区内铺设海底电缆，最好的办法是电缆所有者更改电缆铺设路线以避免开发活动可能对海底电缆造成损害。具体的操作包括：第一，从整体上避开合同区；第二，电缆可以穿过海管局出于环境考虑而作为环境监测的不允许进行采矿的区域，如环境特别利益区；第三，将电缆铺设在承包者出于经济考虑而不会进行开发活动的地区。

2. 铺设或维修中的义务

电缆所有者的指定代表或项目协调员应当及时向承包者通报工作进度，特别是工作计划的任何变更。如果确有必要，承包者可以在电缆所有者实施铺设工作期间派员（并且电缆所有者应允许）在电缆所有者的工作船上监督电缆铺设者的操作并确保其遵循商定的铺设或维修计划。承包者应当尽量避免干扰电缆所有者的正常铺设活动。

3. 铺设或维修完成后的义务

铺设工作完成以后，海底电缆所有者应当将海底电缆的位置提供给深海采矿活动的承包者和其他海底用户。在水深小于或等于2000米的水域，国际航道测量组织（The International Hydrographic Office，简称IHO）建议国家制图机构（如英国海军部、美国国家海洋和大气局、测量局）绘制航海图以显示海底电缆的位置。即当一条海底电缆铺好以后，电缆所有者需要将电缆的路线位置列表包括经度和纬度提交给绘图机构。收到电缆的路线位置列表后，绘图主管部门可以自行决定向使用海洋的其他用户发布用红色标准符号标记海底电缆的航海图。目前，全世界的海员都使用航海图来安全航行并避开海底电缆。同时，虽然电子路线图的传递可能是有效的，但是建议海底电缆的位置路线图也通过挂号信或其他方式送达给承包者，以作为电缆所有者向承包者实际交付"已铺设"海底电缆位置路线信息的证据。若电缆所有者未能提供送达电力路线图的证明，则可能会导致电缆所有者对承包者行为造成电缆损坏的索赔失败。[1]

（二）承包者合理顾及义务之履行

1. 事先的审查义务

为了落实《公约》第147条的规定，法技委在审核承包者的勘探或者开发工作计划时，会询问承包者所申请的区域是否存在海底电缆，以便海管局可以通知受承包者工作计划影响的电缆所

---

[1] International Cable Protection Committee, Recommendation No.17, Submarine Cable Operations in Deep Seabed Mining Concessions Designated by the International Seabed Authority, May 2017, p. 5.

有者。这已经是实践当中的通常做法，虽然这一做法并没有在勘探规章中得到明确规定。2014 年 8 月 8 日，中国五矿集团向海管局秘书处提交了一份请求批准多金属结核勘探工作计划的申请书。在 2015 年 2 月回答法技委的询问时，中国五矿集团声明申请书考虑到了申请区域铺设海底电缆或管道的可能性。五矿集团指出，按照《公约》第 147 条和勘探规章的有关规定，高度重视"区域"和海洋环境内活动的相互通融。根据有关国际法的规定，五矿集团表示将采取一切必要措施，确保适当保护海底电缆或管道，并表示愿意与海管局及海底电缆或管道所有者和运营人进行全面合作。❶ 但是实践中存在的问题是如果海底电缆的信息不公开的话，承包者将无法判断其合同区是否存在交叉的情况。

2. 工作计划开始之前的义务

若承包者的合同区确实存在海底电缆，在这种情况下，承包者可以继续勘探或者开发该区域。但是承包者必须事先通知合同区内的电缆所有者，承包者需要不会以故意或通过有罪疏忽的方式进行操作，从而损坏海底电缆。并且只要电缆没有损坏或者其修理可能受到威胁，承包者可以合法地接近电缆。但是，在承包者正式进行开发活动前，需要注意的事项有：

首先，需要明确承包者海底开发活动与海底电缆之间的安全距离。承包者应当与电缆所有者讨论预期的工作计划可能对海底电缆产生的潜在影响，包括由于开发工作引起的海床沉积物运输或冲刷对电缆路线附近海床区域稳定性的影响。根据国际航道测量组织发

---

❶ International Seabed Authority Council, Report and recommendations of the Legal and Technical Commission to the Council of the International Seabed Authority relating to an application for the approval of a plan of work for exploration for polymetallic nodules by China Minmetals Corporation, ISBA/21/C/2, p. 4.

布的决议，为了降低海底电缆损坏的风险，其他设施在海底电缆附近操作时应当与海底电缆保持的安全距离为电缆两侧的 0.25 海里，即大约 456 米。❶ 根据国际电缆保护委员会发布的指南，承包者开发活动与海底电缆之间的安全距离为电缆两侧的 500 米。❷ 但是这一安全距离得到了承包者的反对，因为如此宽的"安全距离"极大地缩减了承包者的勘探和开发范围。况且，承包者的大多数的勘探区已经不连续，未来的开发区将会更少。❸ 实践中，这些标准或者建议通常被认为是理想化的，特别是在一些活动比较集中的海域。因此，这些标准是具有弹性的，承包者和电缆所有者之间可以通过协商达成协议，商定一个双方都可以接受的安全距离。❹ 如果电缆所有者已经通知了承包者海底电缆的位置，承包者在海底作业过程中由于故意或者疏忽损坏电缆，除非是为了避免自己的生命受到危胁或船舶受到损害的正当目的，否则承包者应当支付电缆的维修费用。

其次，在开发工作正式开始之前，承包者应向电缆所有者提供矿产资源开发作业的副本。

最后，承包者应在工作期间指定项目协调员或者代表作为与电缆所有者之间的联络员，所有与工作有关的信件都应在这些人

---

❶ OPT French polynesia, Comments of OPT French Polynesia on Draft Exploitation Regulations, December 2017, p. 4.

❷ International Cable Protection Committee, Recommendation No. 17, Submarine Cable Operations in Deep Seabed Mining Concessions Designated by the International Seabed Authority, May 2017, p. 6.

❸ International Seabed Authority, Submarine Cables and Deep Seabed Mining Advancing Common Interests and Addressing UNCLOS "Due Regard" Obligations, March 2015, p. 22.

❹ OPT French polynesia, Comments of OPT French Polynesia on Draft Exploitation Regulations, December 2017, p. 5.

之间发送。如果发生紧急情况，指定的工作人员应保持 24 小时可联系。当开发区的工作计划完成后，承包者应将计划在电缆附近进行开发操作的时间告知电缆所有者的联络员。❶

3. 开发工作进行中

承包者的项目协调员应向电缆项目协调员通报工作进度，特别是与先前通知或同意的工作计划有关的任何变更。对于在电缆附近 500 米范围内（除非另有约定）的任何开发操作，应至少提前 24 小时至 48 小时进行通知。这将为电缆所有者的项目协调员安排对电缆系统性能的特殊监控提供时间。如果电缆所有者需要在开发工作附近的电缆上进行电缆维修操作，承包者应保证维修操作不受阻碍地进行。如果确有必要，电缆所有者可以在承包者实施开发工作期间允许电缆所有者派员在承包者的工作船上监督承包者的操作并确保其遵循商定的计划。❷ 承包者应对承包者本身或其分包商进行的开发工作引起的任何电缆损坏承担赔偿责任，包括直接成本（电缆修理）和间接成本（如交通恢复）。

4. 开发工作完成后

承包者在电缆附近的开发工作完成后，承包者应当告知电缆所有者开发工作已经完成。承包者（除非另有约定）应在 90 天内向电缆所有者提供电缆附近的新测深图和海底地形图，地形图应清楚地显示受矿产资源开发或疏浚影响的海床的地形。❸

---

❶ International Cable Protection Committee. ICPC Recommendation NO. 15 Procedure to be Followed Whilst Marine Aggregate Extraction, Dredging or Mining is Undertaken in the Vicinity of Active Submarine Cable Systems, Issue 1, 11 November 2014, pp. 6–7.

❷ Id, pp. 7–8.

❸ Id, p. 8.

## 四、履行合理顾及义务的完善措施

### （一）海管局和 ICPC 需继续加强合作

海管局作为深海采矿活动的主管机关，ICPC 作为电缆行业的协调组织，两个机构在彼此的信息交流中发挥着重要的作用，双方可以通过其自身的职能帮助各自的成员正确地履行合理顾及义务。由申请者自行判断其拟订的工作计划是否履行了在实施开发活动时合理顾及海洋环境中的其他活动的义务，是比较困难的。承包者在获取相关信息方面可能存在盲区，因此海管局应和 ICPC 加强合作，沟通信息，为申请者提供相关资料。2010 年，海管局与 ICPC 达成了谅解备忘录，备忘录具体说明了二者之间的合作范围，包括：第一，在适当的情况下就共同关心的问题进行磋商，以期促进和加强对各自活动的了解；第二，根据各自机构的议事规则，邀请对方的代表作为观察员出席并参加各自机构的会议；第三，在切实可行的情况下进行信息交换或者通过与电缆所有者直接联络，提供有关电缆路线和勘探区域的信息，但双方须遵守保密条款的规定；第四，在适当的情况下，合作收集环境数据和信息，并交换标准化数据和信息；第五，适时进行合作研究和举办研讨会；第六，邀请对方的代表参加相关的专家会议和研讨会；第七，谅解备忘录并不妨碍任一方与其他组织达成合作协议；第八，两个组织之间的合作以及电缆所有者和承包者提交的有关勘探和开发合同的信息和数据，受《公约》、1994 年《执行协定》以及海管局有关规则、条例和程序对保密要求的保护。❶

---

❶ Memorandum of understanding between the International Cable Protection Committee and the International Seabed Authority, pp. 1 – 2, https://www.isa.org.jn/files/documents/EN/Regs/MOU – ICPC. pdf, visited at December 3, 2018.

2015年3月10日,双方就深海采矿活动与电缆铺设活动之间合理顾及义务的履行举办了研讨会。研讨会的目的是讨论有关电缆所有者和勘探合同承包者之间如何交换信息,以实际履行《公约》规定的合理顾及义务。这是第一届有关如何解决海底电缆与"区域"活动之间干扰风险日益增加问题的研讨会。会议讨论了与两种活动有关的技术和法律问题,并总结了需要进一步讨论的问题,如促进海底电缆所有者与深海海底承包者之间的合作等。2018年10月29日至30日,海管局和ICPC在泰国曼谷联合召开第二届"深海采矿和海底电缆"国际研讨会。来自中国、日本、英国、比利时、新加坡等国的承包者代表、海底电缆运营商、部分法技委委员、海管局代表及特邀专家出席该会议。会议围绕如何促进未来深海采矿承包者与海底电缆运营商之间的对话、合作和信息交换,以及避免双方在作业中相互干扰等问题展开激烈讨论,并达成初步共识。[1]

上述活动有助于加深承包者和海底电缆所有者之间的信息交流和沟通,有助于双方解决目前已经存在的和将来可能出现的活动交叉问题。

(二) 海管局和ICPC分别针对彼此的活动发布指南

承包者将来在任何履行合理顾及义务的进程中,如与海洋环境中的其他用户的协商进程中,均可能需要特别明确海管局和其他组织在此类协商进程中的作用和责任。对于海管局而言,其作为深海活动的主管机构,可以针对承包者的活动制定规章、规则和程序以及发布指南和建议等。海管局可以参考ICPC的做法,为

---

[1] 中华人民共和国常驻国际海底海管局代表处:《国际海底海管局与国际电缆保护委员会联合召开国际研讨会》,http://china-isa.jm.chineseembassy.org/chn/xwdt/t1608670.htm,访问日期:2018年12月4日。

承包者提供有关在海底电缆附近进行开发活动的指南，从而指导和帮助申请者提交符合开发规章要求的工作计划。之所以建议海管局采用发布指南而不采用发布规章的方式，是因为指南比规章更容易通过，指南只需要法技委通过即可。同样，ICPC 也可以考虑发布更详细的指南，以解决电缆所有者在承包者勘探区域铺设和维护电缆的问题。截止到 2018 年 12 月 30 日，ICPC 已经颁发了 17 项指南，但其中并没有关于指导电缆所有者在承包者的勘探区或者开发区铺设海底电缆的指南，这可能是 ICPC 下一步需要完善的地方。

（三）发展深海技术

海管局批准的勘探合同区通常位于水深远远超过 2000 米的海域，但问题是现有的航海图上并不能显示这一水深的海底电缆。❶目前，ICPC、海管局正在与国际航道测量组织合作，被指定为承包者勘探区的海底绘制海底电缆的路线图。这意味着电缆所有者需要将勘探合同区内的电缆路线位置图，提交给承包者以及其他与深海采矿活动相关的人员。最重要的是，为了保证电缆位置的精确性，电缆的路线位置图应当源于电缆所有者或者维修主管部门，而不能来自其他第三方。因此，特别是针对已经发生交叉的区域，改进两个行业的工具以提高地图的精确度更是势在必行。

（四）保护双方数据和资料的机密性

"已铺设"的电缆路线位置信息是电缆所有者的专有数据，出于安全和竞争的原因，电缆所有者会对其进行保密。电缆所有者只会与政府共享信息以获得许可，或者与其他海域用户分享以获

---

❶ International Cable Protection Committee, Recommendation No. 17, Submarine Cable Operations in Deep Seabed Mining Concessions Designated by the International Seabed Authority, May 2017, p. 4.

得安全交叉的信息。从防止海上恐怖主义的角度出发，公海上的电缆位置信息是不披露的。但是从预防深海采矿活动可能对海底电缆所造成的巨大损害出发，ICPC 应当鼓励电缆所有者向承包者披露海底电缆的位置信息。但是为了保护电缆所有者的利益，承包者应当保证电缆所有者在保密基础上提供信息的机密性。与此同时，电缆所有者对承包者提供的机密数据和资料负有相同的保密义务。这种相互尊重对于双方的通知和磋商过程至关重要。因此，从保护双方利益的角度出发，双方可以签订保密协议，以分享与各自基础设施相关的更详细信息。❶

### 五、承包者与其他海洋用户之间的合理顾及义务之履行

根据上文对合理顾及义务履行要件的总结，承包者与海洋科学研究活动、捕鱼活动以及航行活动之间合理顾及义务的履行，同样包括实质要件和程序要件两方面。无论是哪种活动，一旦双方之间的活动可能发生冲突时，从实质要件上看，双方之间都需要履行通知和协商义务，通过协议为彼此的活动提供便利。如承包者进行"区域"资源开发活动时，承包者建立的设施，就不能设立在对使用国际航行必经的公认海道可能有干扰的地方，也不能设立在有密集捕捞活动的区域；承包者建立的设施的周围应设立安全地带并加适当的标记，以确保航行和设施的安全。与此同时，捕鱼活动、海洋科学研究活动，应尽量避免在承包者的合同区进行。若重叠确有必要，上述活动在开始前应当通知承包者，

---

❶ International Seabed Authority, Submarine Cables and Deep Seabed Mining Advancing Common Interests and Addressing UNCLOS "Due Regard" Obligations, March 2015, p. 29.

当事人在与承包者协商一个双方都可接受的时间后再从事上述活动。从程序上来讲，双方应当履行的义务包括事先的通知与协商，事中的保持通知和指定联络人员以及事后的告知。

## 第四节 开发规章草案的规定以及各利益攸关方的评论意见

### 一、2016年开发规章草案的规定以及各利益攸关方的评论意见

（一）单方面强调承包者的合理顾及义务

2016年开发规章草案在第1条中明确规定，本规章不影响按照《公约》第87条进行科学研究的自由，或是按照《公约》第143条和第256条在"区域"内进行海洋科学研究的权利，本规章的任何条款不应理解为限制各国行使《公约》第87条所述的公海自由。❶ 第8条第4项第5目规定开发活动应适当顾及其他的海底区域活动，包括航行、海底电缆埋设、捕鱼及科学研究。同时，在附件七第2节第3项第6目和第5节中再次强调承包者在"区域"内的活动应当合理顾及海洋环境中的其他活动。❷

（二）承包者要求规章规定互相的合理顾及义务

从上述规定可以看出，2016年开发规章草案片面地强调"区

---

❶ International Seabed Authority, Working Draft Regulations and Standard Contract Terms on Exploitation for Mineral Resources in the Area, July 2016, p. 13.
❷ Id, p. 19, p. 61, p. 62.

域"活动应当合理顾及海洋环境中的其他活动,而没有强调其他海洋活动也应合理顾及"区域"内的正常开发活动,这是一种不对等的义务。正如英国深海资源开发公司所言,海管局应当注意到在海洋环境中的其他正常业务也应当设法避免对得到授权的"区域"开发活动造成任何干扰。[1] 瑙鲁海洋资源公司也认为,虽然海洋科学很重要,但是海洋科学研究不能干扰"区域"内的采矿活动,海洋科学研究组织在进行海洋科学研究活动之前应当通知承包者。[2] 深海管理倡议主张海洋科研不能干涉正常的采矿活动。[3] 汤加近海开发有限公司持相同观点。[4]

## 二、2017 年开发规章草案的规定以及各利益攸关方的评论意见

（一）继续单方面强调承包者的合理顾及义务

2017 年开发规章草案在"区域"活动与海洋环境其他活动之间合理顾及义务的履行上,并没有对 2016 年开发规章作出实质性更改,反而着重强调了承包者单方面的合理顾及义务。如草案在第 7 条关于申请书的审议中规定,法技委应确定申请者在"区域"内的开发活动应当合理顾及海洋环境中的其他活动,包括但不限

---

[1] UK Deep – Sea Ecosystems Special Interest Group, Review of the Regulatory Framework for Mineral Exploitation in the Area "Zero – Draft", November 2016, p. 1.
[2] Nauru Ocean Resources Inc. (NORI), Comments by Nauru Ocean Resources Inc. (NORI) on the Zero Draft Exploitation Code, October 2016, p. 1.
[3] Deep Ocean Stewardship Initiative, RE: Working draft – Exploitation regulations (ISBA/Cons/2016/1), October 2016, p. 5.
[4] Tonga Offshore Mining Limited, The Submission Prepared by Tonga Offshore Mining Limited and Nautilus Minerals Inc. Regarding the Working Draft Regulations and Standard Contract Terms on Exploitation for Mineral Resources in the Area, November 2016, p. 1.

于航行、海底电缆埋设、捕鱼及科学研究。第 26 条专门规定承包者应根据《公约》第 147 条、经核准的环境管理和监测计划及关闭计划，以及由主管国际组织制定的任何适用国际规则和标准，在合理顾及海洋环境中其他活动的情况下，按开发合同进行开发。特别是，每个承包者均应尽职尽责，确保不损坏合同区内的海底电缆或管线。❶

（二）承包者继续要求规章规定互相的合理顾及义务

许多担保国和承包者对草案的规定表达了不满。中国政府指出《草案》对《公约》第 147 条的规定进行选择性适用，片面强调合理顾及的一个方面，是不适当的。❷ 新西兰政府则强调，规章应当明确合理顾及的含义，支持进一步阐述承包者活动与海底电缆所有者之间的通知和协商义务。❸ 日本政府认为，承包者很难采取适当的措施，除非海管局已经明确承包者所需要采取的合理顾及措施，这不应当由承包者自行裁量。因此，日本政府认为应在草案的附属文件中制定合理顾及的标准或指南。❹ 中国大洋协会指出，规章草案第 26 条要求承包者"确保不对合同区内的电缆和管道造成损害"。另外，承包者是否拥有要求其他组织和实体尽可能不在已有的合同区内铺设电缆和管道的权利？海管局是否应当具有在相互顾及等公约的原则下，与其他国际组织协调相关事项，

---

❶ International Seabed Authority, Draft Regulations on Exploitation of Mineral Resources in the Area, ISBA/23/LTC/CRP.3*, 8 August 2017, p.8, p.20.

❷ 《中华人民共和国政府关于"区域"内矿产资源开发规章草案的评论意见》，2017 年 12 月 20 日，第 7 页。

❸ New Zealand, New Zealand's Submission to the International Seabed Authority on the Draft Regulations on Exploitation of Mineral Resources in the Area, December 2017, p.11.

❹ The Government of Japan, Comments on the Draft Regulations on Exploitation of Mineral Resources in the Area, December 2017, p.5.

以争取和保障承包者的利益？这些在规章中都应当有所反映。❶

### 三、2018 年开发规章草案的规定以及各利益攸关方的评论意见

（一）规章规定了相互的合理顾及义务

海管局在采纳了利益攸关方的评论意见的基础上，对承包者与海洋环境中的其他活动之间的互相合理顾及义务作出了修改。2018 年开发规章在第 33 条专门规定了承包者应根据《公约》第 147 条、经核准的环境管理和检测计划及关闭计划，以及由主管国际组织制定的任何适用国际规则和标准，在合理顾及海洋环境中其他活动的情况下，按开发合同开发。同时，规章草案规定，在海洋环境中进行的其他活动应合理顾及"区域"内的承包者活动。❷

（二）制定履行合理顾及义务的标准或指南

互相的合理顾及义务得到明确后，各利益攸关方的意见主要集中在一点，即海管局需要为合理顾及义务的履行制定标准或指南。澳大利亚政府在其评论意见中指出，合理顾及义务的内容还需要进一步明确；特别是针对海底电缆，规章没有规定承包者履行合理顾及义务需要采取的具体措施；因此，澳大利亚政府建议规章草案需要纳入承包者履行合理顾及义务所需要的具体措施和程序。❸ 法国代表在评论意见中强调了承包者活动对海底电缆的

---

❶ 中国大洋协会矿产资源开发协会：《关于"区域"内矿产资源开发规章草案相关问题的反馈意见》，2012 年 12 月 19 日，第 6 页。

❷ International Seabed Authority Legal and Technical Commission, Draft Regulations on Exploitation of Mineral Resources in the Area, ISBA/24/LTC/WP. 1/Rev. 1, p. 29.

❸ Australia, General Comments from Australia on Draft Regulations on Exploitation of Mineral Resources in the Area, September 2018, pp. 1 – 2.

合理顾及义务,承包者在提交工作计划之前需要履行尽职调查义务以及协商义务,如果承包者未能尽到上述义务,法技委应当拒绝承包者的申请。❶ 日本政府认为,海管局需要制定合理顾及的标准并采取措施,确保海洋环境中的其他海洋用户履行对承包者开发活动的合理顾及义务。❷ 中国政府主张,《公约》第 147 条、经核准的环境管理和监测计划、关闭计划,已经足够涵盖承包者合理顾及其他海洋活动的义务,主管国际组织制定的任何适用的国际规则和标准指向过于宽泛,增加承包者负担,应当删除;同时,草案规定的承包者的尽职义务超出了合理顾及的范围。❸ 瑙鲁海洋资源公司主张,承包者的合理顾及义务是应当考虑已经铺设的或已知的海底电缆,如果合同区内确实存在海底电缆,电缆所有者应当将海底电缆的位置告知承包者。❹ 国际海底电缆委员会强调两种活动之间的事前协商义务,以及如何从程序上实现合理顾及义务;鼓励承包者和电缆所有者之间直接联系,但是希望开发规章规定具体的措施从而使承包者能够履行合理顾及义务。❺

---

❶ Joint submission of the French delegation and the International Cable Protection Committee, September 2018, p. 1.
❷ The Government of Japan, Comments on the Draft Regulations on Exploitation of Mineral Resources in the Area (ISBA/24/LTC/WP. 1/Rev. 1), September 2018, pp. 12 – 13.
❸ 《中华人民共和国政府关于"区域"内矿产资源开发规章草案的评论意见》,2018 年 9 月 28 日,第 6 – 7 页。
❹ Nauru Ocean Resources Inc., Comments by Nauru Ocean Resources Inc. (NORI) on the Draft Regulations on the Exploitation of Mineral Resources in the Area, September 2018, p. 15.
❺ International Cable Protection Committee Ltd., Comments of the International Cable Protection Committee on the International Seabed Authority's Draft Exploitation Regulations, September 2018, pp. 1 – 3.

## 四、2019 开发规章草案的规定以及各利益攸关方的评论意见

（一）规章强调了海管局和成员国的义务

与 2018 年开发规章草案相比，2019 年开发规章草案第 31 条第 2 款规定，海管局应与成员国一道采取措施确保在海洋环境中进行的其他活动合理顾及"区域"内的承包者活动。即强调了海管局和成员国对承包者深海采矿活动应尽到合理顾及义务，但是对于合理顾及义务的具体执行措施仍未规定。

（二）开发派和环保派持相反的观点

中国政府主张，草案第 31 条为承包者设立了超出《公约》规定的义务，应删除关于承包者的活动应符合主管国际组织制定的任何适用的国际规则和标准的规定。[1] 德国政府认为，合理顾及义务说明了利益相关者进行不同活动时进行磋商的必要性，这需要海管局为承包者提供程序上的协助，因此，德国政府建议重新审议草案 31 条或者重新起草。[2] 意大利政府主张草案应当优先考虑双方的共同利益，国际电信电缆应具有较高的优先级，并且不能有任何的开采区可以阻止将其铺设在"区域"内，而且开采区可能会成为垄断或影响未来海底通信的战略工具，从而对安全问题构成威胁。[3] 国际海底电缆委员会更是在其评论意见中详细列出了承包者应注意的合理顾及义务，主要包括在向法技委提交任何拟

---

[1] 《中华人民共和国政府关于"区域"内矿产资源开发规章草案的评论意见》，2019 年 10 月，第 2 页。

[2] The Federal Republic of Germany, Comments on the Draft Regulations on Exploitation of Mineral Resources in the Area (ISBA/25/C/WP.1), October 2019, p. 15.

[3] Italy, Comments on the Draft Regulations on Exploitation of Mineral Resources in the Area (ISBA/25/C/WP.1), October 2019, p. 8.

议的工作计划之前，承包者应进行尽职调查，以使用公开可用的数据和资源来识别正在使用或计划使用的区域附近的在役和计划中的海底电缆，承包者应使用现有最佳工具与此类海底电缆的运营商直接协调，以减少损坏任何海底电缆的风险。如果一项工作计划未能证明承包者已经进行了尽职调查，法技委应当拒绝向理事会推荐这项工作计划申请，等等。❶ 澳大利亚政府认为要加重承包者的责任，其在评论意见中主张，承包者应当遵守与海底电缆和管道运营商商定的措施，以减少损坏任何在用电缆和管道的风险（例如，在合理半径内的地役权或采矿禁区），同时，确保其采取的任何措施都不会干扰计划中的海底电缆或管道的路线。❷

## 本章小结

根据《公约》的规定，海管局有权授予承包者对"区域"内矿产资源的专属勘探和开发权。但《公约》同时还规定了所有国家在公海铺设和维护海底电缆的自由，这当然包括公海下方的"区域"。另外，《公约》规定电缆铺设活动和深海采矿活动之间要履行互相的"合理顾及"义务。在《公约》缺乏关于解决海底电缆所有者与勘探承包者之间活动冲突规定的情况下，最好的办法就是以通过加强双方之间对话和信息交流的方式履行合理顾及义务，遵守约定的程序以避免争端的发生。尽管《公约》没有对合

---

❶ International Cable Protection Committee Ltd., Comments of the International Cable Protection Committee on the International Seabed Authority's Draft Exploitation Regulations, October 2019, pp. 1 – 3.
❷ Australia, Submission from Australia on Draft Regulations on Exploitation of Mineral Resources in the Area, October 2019, p. 32.

理顾及进行定义，但通过对相关活动的总结，可以得出的结论是合理顾及义务的履行实质上要求争端双方的通知和协商义务，程序上的工作前、工作中和工作后的通知和协商义务。

最后，上述对合理顾及义务履行实质要件和程序要件的总结，不仅适用于承包者与海底电缆所有者之间，还适用于所有负有合理顾及义务的海洋活动主体之间，包括但不限于《公约》第87条所述的航行活动、铺设海底电缆和管道活动、捕鱼和海洋科学研究活动之间。总之，一旦上述活动有可能发生冲突时，各方活动主体可以借鉴承包者与海底电缆所有者之间合理顾及义务的履行模式，从实质上和程序上善意地履行合理顾及义务，最终实现海洋活动主体之间的和平共处。

# 第五章
## 承包者机密信息的保护

知识本身就是力量,在经济和社会关系领域,这种说法更为真实。在当今竞争激烈的经济环境中,即使是技术上的微小进步,生产方法的微小改进,都能够给公司带来超越其竞争对手的巨大优势。事实上,拥有独占的具有商业价值的技术和信息,即意味着拥有占领市场的独特优势。商业机密信息是企业的生命之血,[1] 是企业在发展过程中取得成功的基础。鉴于获得有利信息的潜在竞争优势,企业非常重视保护自己的技术知识、专有技术和客户数据。因为,一旦机密信息被竞争者获得或者被泄露,其价值就会遭到破坏,将对信息持有者造成难以弥补的损害。[2] 法律在保护信息所有者免受竞争对手的侵害中发挥着举足轻重的作用,"机密信息制

---

[1] Tanya Aplin, Confidential Information as Property? King's Law Journal, Vol. 24, 2013, p. 174.
[2] Jack Prothroe, Misuse of Confidential Information, Alberta Law Review, Vol. 16, 1978, p. 256.

度"是保护权利人信息不被滥用的一项重要法律制度。

## 第一节 机密信息的认定

### 一、机密信息的定义、特征与保护范围

对机密信息进行定义是相当困难的,因为过于具体的定义会限制信息的保护范围,过于宽泛的定义又可能引入过多的信息。目前国际上也没有关于机密信息的标准定义。因此,我们只能从相关的国际条约和有关国家的国内法中,总结机密信息的定义和特征。

(一) 国际条约中有关机密信息的规定

1.《与贸易有关的知识产权协定》中的规定

《与贸易有关的知识产权协定》(Agreement on Trade – Related Aspects of Intellectual Property Rights,以下简称 TRIPS 协定)在第七节中对信息的保护作出了规定,但是其采用的是"未公开信息"(undisclosed information)的表述,TRIPS 协定第 39 条第 1 款明确规定法律保护未公开信息,第 2 款规定了未公开信息的三个构成要件:第一,信息是保密的,即其作为一种整体观念或作为各部分观念严格地配置和组合,尚不为通常处理此类信息的业内人士所知晓,或者不易为其所获取;第二,因其属于秘密而具备商业价值;第三,受该信息合法控制人恰当的、使其处于保密状态的措施控制。[1]

2. 世界知识产权组织《关于反不正当竞争保护的示范规定》

世界知识产权组织(World Intellectual Property Organization,

---

[1] Agreement on Trade – Related Aspects of Intellectual Property Rights, article 39.

简称 WIPO）制定的《关于反不正当竞争保护的示范规定》（以下简称《示范规定》）在第 6 条关于机密信息的不正当竞争中采用了"秘密信息"（secret information）的表述，但是 WIPO 在注释中说明第 6 条以 TRIPS 协定第 39 条为依据，第 6 条中使用秘密信息而未采用 TRIPS 协定第 39 条未公开信息的说法，并不是暗示任何实质性的改变，而只是用来表示按 TRIPS 协定所要求的，信息的合法持有人必须采取一定措施或必须以某种方式表现出不使其信息为第三方所知。如果需要，秘密信息一词在整条中均可由未公开信息取代，而对意义或范围没有任何改变，即 WIPO 认为秘密信息一词等同于未公开信息。同时，其在注释中说明秘密信息可由制造秘密或商业秘密组成，可包括生产方法、化学配方、绘图、原型、销售方法、经销方法、合同形式、商业计划表、价格协议细节、消费者情况介绍、广告策略、供应商或顾客花名册、计算机软件和数据库。❶

3.《北美自由贸易协定》中的规定

《北美自由贸易协定》（*North American Free Trade Agreement*，以下简称 NAFTA 协定）在第六部分有关知识产权的规定中，对"商业秘密"（trade secrets）作了规定，即各方应为任何人提供法律手段，防止商业秘密在未经合法控制信息的人的同意的情况下以违反诚实商业惯例的方式向他人披露、获取或使用。同时，NAFTA 协定也规定了商业秘密的构成要件，包括：第一，信息是保密的，即其作为一种整体观念或作为各部分观念严格地配置和组合，尚不为通常处理此类信息的业内人士所知晓，或者不易为

---

❶ 世界知识产权组织（WIPO）：《关于反不正当竞争保护的示范规定（条款和注释）》，世界知识产权组织出版物 No. 832（C），ISBN 92—805—0710—9，WIPO 1997，第 46、54 页。

其所获取；第二，因其属于秘密而具备实际的或潜在的商业价值；第三，受该信息合法控制人恰当的、使其处于保密状态的措施的控制。尽管 NAFTA 协定使用的是商业秘密术语，但是其在商业秘密的具体构成要件上采取了与 TRIPS 协定中未公开信息几乎一致的阐述。❶ 即在上述两个协定中，商业秘密和未公开信息的构成要件是一致的。

4. 世界贸易组织相关协定中的有关规定

世界贸易组织（World Trade Organization，以下简称 WTO）颁布的《关于实施 1994 年关税与贸易总协定第 6 条的协定》（以下简称《反倾销协定》）第 6 条第 1 款第 2 项规定，在遵守保护机密信息要求的前提下，一利害关系方提出的书面证据应迅速向参与调查的其他利害关系方提供；同时，第 5 款对属于机密性质的信息进行了列举，规定任何属机密性质的信息是指由于信息的披露会给予竞争者巨大的竞争优势，或由于信息的披露会给信息提供者或给向信息获得者提供信息的人士带来严重不利影响，或由调查参加方在保密基础上提供的信息，主管机关应在对方说明正当原因后按机密信息处理，此类信息未经提供方特别允许不得披露。❷ WTO《补贴与反补贴措施协议》（以下简称《反补贴协议》）第 12 条对机密信息作出了与《反倾销协议》相同的规定。❸ WTO《保障措施协定》第 3 条第 2 款规定，任何属于机密性质或在保密基础上提供的资料，主管当局在进行合理证明时应将其作为机密资料对待；此一资料在未经提供方同意时，不得予以披露。❹

---

❶ North American Free Trade Agreement, article 1711.
❷ Agreement on Implementation of Article VI of the General Agreement on Tariffs and Trade 1994, article 6.
❸ Agreement on Subsidies and Countervailing Measures, article 12.
❹ Agreement on Safeguards, article 3.

(二) 某些国家国内立法的规定

1. 美国国内法的规定

根据美国联邦法规（CFR）第 201.6 条的规定，机密商业信息 (Confidential Business Information) 是指涉及商业秘密、加工、操作、工作方式、设备、生产、销售、装运、购买、转移、客户身份、库存，或任何有关收入、盈利、损失的来源或数量，任何个人、公司、合伙企业，或其他组织的收入、利润、损失或支出以及其他具有商业价值的信息，一旦被公布，会给企业造成重大损害；不公开的机密商业信息是特权信息、机密信息（classified information) 或者其他明确需要拒绝披露的特定信息。❶ 该条是有关机密商业信息最直接的表述。根据《美国信息自由法案》（《自由法案》）第（b）(4）条规定，该法不适用于下列信息：商业秘密和从个人获得的具有特权性或机密性的商业或金融信息，❷ 即该项规定将商业信息分为商业秘密和其他机密性信息。

2. 其他国家的规定

许多国家的国内立法对机密信息与商业秘密是没有明确区分的，在立法当中的运用比较混乱。如在《比利时保护经济竞争法案》中，第 55、67 和 68 条使用的是"商业秘密"（trade secret）的术语，而在第 36、44、45、46、48、57、71 和 76 条中使用的是"机密商业信息"（confidential business information）术语。❸ 爱沙

---

❶ Cornell University Law School. 19 CFR 201.6—CONFIDENTIAL BUSINESS INFORMATION. Available at：http://www.law.cornell.edu/cfr/text/19/201.6.

❷ The Freedom of Information Act, 5 U.S.C. § 552 As Amended B Public Law No. 110 – 175, 121 Stat. 2524, article (b) (4).

❸ Baker & McKenzie LLP. Study on Trade Secrets and Confidential Business Information in the Internal Market. Final Study, Appendix 2 – Competition Law – Country Report, April 2013, p. 6.

尼亚和芬兰也是采取混合使用的方法。❶ 许多国家的国内立法认为机密信息和商业秘密是可以互换的。但是这种做法并不科学。缺乏统一的定义和术语，只会导致司法实践中法律的混乱适用，不利于机密信息的保护。

(三) 机密信息的定义

上述国际条约虽然没有直接对机密信息进行定义，但是分别从不同的侧重点表达了机密信息的特质。TRIPS 协定规定了未披露信息的三个构成要件，即处于秘密状态、具有商业价值、权利人采取了保密措施。《示范规定》与 TRIPS 协定规定一致，但其补充了秘密信息的保护范围，即秘密信息包含商业秘密、制造秘密和其他秘密信息。NAFTA 协定重复了 TRIPS 协定的规定。WTO 相关协定指出了机密信息的一项重要特质是，一旦被披露会给权利人带来严重不利影响。美国联邦法规的规定是对机密信息最为直接的表述，相对于其他规定来说是比较完整的表述，但其并未强调信息权利人是否已经采取了适当的保密措施。《自由法案》的表述表明，商业秘密和其他具有机密性质的信息都是免于公开、从而应当受到法律保护的信息。

通过对上述机密信息表达的总结和分析，可以认为机密信息是指任何经过权利人采取保密措施的对企业有价值的信息或者知识，一旦以不受控制的方式向第三方披露，将会失去其商业价值。同时，机密信息的构成要件与 TRIPS 协定中"未公开信息"的构成要件是一致的。

---

❶ Baker & McKenzie LLP. Study on Trade Secrets and Confidential Business Information in the Internal Market. Final Study, Appendix 1 – Intellectual Property and Commercial Law – Country Report, April 2013, p. 28, p. 32.

(四) 机密信息的特征及保护范围

1. 机密信息的特征

(1) 秘密性。机密信息首先应当具有秘密性，即处于秘密状态，不为公众所知悉。不为公众所知悉是指该信息是不能从公开渠道直接获得的，如果该信息已经为本行业的人所普遍知悉或容易取得，则商业秘密也就从根本上不复存在。通常考虑某项信息是否为公众所知悉时，主要考虑以下几个因素：第一，该信息是否在国内外公开出版物中有记载；第二，该信息是否通过在国内的使用而公开；第三，该信息是否通过公开的报告会、交谈、展览等方式公开；第四，该信息是否为所涉信息范围内的一般尝试或者行业惯例等。❶ 秘密性在相关国际条约和许多国家的国内立法中均有规定。秘密性在 TRIPS 协定中体现为其作为一种整体观念或作为各部分观念严格的配置和组合，尚不为通常处理此类信息的业内人士所知晓，或者不易为其所获取（that it is not generally known among or readily accessible to persons within the circles that normally deal with the kind of information in question）。在《美国统一商业秘密法》中使用的是"不被他人已知"（not being generally known to）的表述。德国使用的是"应当保持秘密状态"（shall be expressively kept secret）的表述。日本使用的是"保持秘密状态"（that is kept secret）和"未被公知"（that is not publicly known）的措辞。❷

但必须强调的是，此处的不为公众所知悉所要求的秘密性是

---

❶ 沈强：《TRIPS 协议与商业秘密民事救济制度比较研究》，上海交通大学出版社，2011，第 30 页。

❷ Baker & McKenzie LLP. Study on Trade Secrets and Confidential Business Information in the Internal Market. Final Study, Appendix 1 – Intellectual Property and Commercial Law – Country Report, April 2013, p.134, p, 42, p.67.

相对的，并不要求绝对的秘密，即只要信息不为通常涉及该类信息的同行业中的人们所普遍了解或容易获得，该信息则应被视为机密信息。❶ 换言之，机密信息可以为一定限度的必须知道的人、或者说负有保密义务的人所知悉，比如商业经营活动的主管机关、企业的员工或者按照技术秘密合同等负有保密义务的合同相对方，上述人员了解相关信息并不影响机密信息的存在。因为有限的披露并不等同于"公共宣布"，而是"增进商业秘密所有人的经济利益"。在上述情况下，信息的"秘密性"并未遭到破坏。❷

（2）价值性。机密信息的价值性是指信息因处于秘密状态而具有经济价值，其能够给持有人带来现实的或者潜在的经济利益或竞争优势。价值性是构建机密信息法律制度的根本性经济动因，❸ 如果信息没有价值，也就没有保护的必要。价值性是各国对商业秘密进行保护的一个重要衡量标准。在判断信息的价值性时，需要考虑以下因素：第一，商业秘密中的价值是指现实价值还是潜在价值。对于价值的现实性或者潜在性，各国立法都有趋同的趋势，即现实的和潜在的价值均包含在内。如《捷克共和国商法典》第17条规定，信息具有实际或至少潜在的物质或非物质价值（actual or at least potential material or non-material value）。❹《美国统一商业秘密法》也规定信息具有潜在或实际的经济价值（economic value, actual or potential）。对于现在的商业活动来讲，严密的风险评估和价值评估体系应当能够把握事物的未来价值，

---

❶ 世界知识产权组织（WIPO）：《关于反不正当竞争保护的示范规定（条款和注释）》，第56页。
❷ 祝磊：《美国商业秘密法律制度研究》，湖南人民出版社，2008，第22页。
❸ 张耕等：《商业秘密法》，厦门大学出版社，2006，第14页。
❹ Baker & McKenzie LLP. Study on Trade Secrets and Confidential Business Information in the Internal Market, p. 23.

只要一项信息能够带来的竞争优势实现的可能性是很大的，是在可预见范围内的，它就是有价值的。第二，无论是正面的信息还是反面的信息均可以构成有价值的信息，从而成为机密信息。正面的信息是指能够对权利人的生产经营活动直接有利的信息。反面的信息也称否定性商业信息，即该信息不直接对权利人具有经济价值，却有利于减少竞争对手的探索时间和探索成本，从而削弱权利人的相对优势，如错误的技术方案、失败的营销方案等。第三，有价值的持续使用和短暂的信息都可以成为机密信息的保护对象。如招投标中的标底和标书内容，就是很典型的短暂的信息。

（3）保密性。所谓的保密性或者管理性是指机密信息的权利人对机密信息采取了合理的保密措施。即 TRIPS 协定中所要求的合法控制该信息的人采取了合理的保密措施。保密性也是各国对商业秘密进行衡量的一个重要标准。如《日本反不正当竞争法》规定商业秘密"要作为秘密加以管理"（secret control requirement）。《美国统一商业秘密法》规定"尽合理努力维持秘密性"（efforts that are reasonable under the circumstances to maintain its secrecy）。[1]在确定是否为信息保密采取了合理步骤时，应考虑到权利持有人开发该秘密信息所花费的精力和金钱、该信息对于其和其竞争对手的价值、权利持有人为该信息保密所采取措施的范围以及该信息为他人所合法获得的难易程度。此外，秘密信息还必须可被人以文件形式或通过存储在数据库的形式辨别。[2]

---

[1] Baker & McKenzie LLP. Study on Trade Secrets and Confidential Business Information in the Internal Market，p. 67，p. 134.
[2] 世界知识产权组织（WIPO）：《关于反不正当竞争保护的示范规定（条款和注释）》，第 56 页。

判断信息权利人采取了保密措施的标准具体包括：第一，权利人主观上的保密愿望。虽然没有订立契约的义务，但权利持有人必须曾经表示出将该信息视为秘密信息的意图。❶ 机密信息是一种智力成果，有关的人必须在法律上对占有该项智力成果，成为机密信息的权利人具有主观意图，这也是权利人将该智力成果作为机密信息进行保护的内心期待。第二，权利人采取了客观合理的保密措施。主观的保密意图必须转化成客观的保密措施才具有意义。这里的保密措施是权利人依据具体情形而采取的合理措施，并非过分的或极端的措施，即权利人没有必要采取"史诗般的措施"或"极端的和过分昂贵的保密措施"。❷ 权利人采取的一般合理保密措施包括但不限于：（1）将载有机密信息的特定文件加以分类并贴上标签；（2）限制接触特定的材料或进入特定的场所；（3）只向特定的需要履行工作职责的人披露机密信息；（4）安装电子监控系统；（5）与员工签署保密协议；（6）与外部人员（客户、咨询人员、辅助服务提供商）签订保密协议；（7）对公司的发明成果、市场销售材料以及行政文档定期审查；（8）限制接触计算机等电子设备人员；（9）对员工、访问人员或接触机密信息的其他人员进行安全检查；（10）在诉讼过程中涉及披露机密信息时使用保护令。❸

（五）机密信息的保护对象

一般来说，商业信息可以分为三类：第一类是特定行业或领域中基本上所有人都知道的信息；第二类是达不到第三类标准但

---

❶ 世界知识产权组织（WIPO）：《关于反不正当竞争保护的示范规定（条款和注释）》，第56页。

❷ 祝磊：《美国商业秘密法律制度研究》，湖南人民出版社，2008，第19页。

❸ Jerry Cohen, Alan S. Gutterman, Trade secrets protection and exploitation, The Bureau of National Affairs, Inc., Washington, D. C., 1998, pp. 89 – 90.

是对权利人具有重要经济价值的信息；第三类是指特定领域或行业中少部分人知道但是大部分不知道的信息。❶ 第一类信息是不需要法律保护的，因为没有保护的价值和必要。第二类信息处于法律保护的灰色地带。第三类信息各国通常采用商业秘密的方式予以保护，通常包括技术信息和经营信息。法律不仅需要保护第三类信息，也需要保护第二类信息。因此，机密信息的保护范围包括：

第一，技术信息（technical information），是指生产经营过程中具有实用价值的专有技术、技术方案等应用性的方法或知识和经验，包括物理的、化学的、生物的或其他形式的载体所表现的设计、工艺、数据、信息、配方、诀窍等，包含但不限于制造技术、生产工艺、设计图纸、产品配方、样品、数据、模型、计算机程序、设备配置、材料选购、技术水平、技术精力、新技术和替代技术的预测、专利动向等。❷

第二，经营信息（business information），主要是指技术信息之外，用于经营、管理和贸易等能够为权利人带来竞争优势的信息，主要是指管理诀窍、客户名单、有秘密性的经营情报和信息、企业的营销策略、产品营销计划、广告计划、原材料价格、供应链、流通渠道、企业的资信情况等。❸

第三，其他信息，除了技术信息和经营信息，还有其他信息也需要得到法律的保护。如加拿大学术界有人对商业秘密保护持相当自由的观点，认为商业秘密可以是一种工业秘密，如保密的机器、工艺、配方，或对发明创造的实施起辅助作用的作业或者

---

❶ Robert Unikel, Bridging the Trade Secret Gap: Protecting Confidential Information Not Rising to the Level of Trade Secrets, Loyola University Chicago Law Journal, Vol. 29, p. 844.
❷ 李仪、苟正金主编《商业秘密保护法》，北京大学出版社，2017，第69－70页。
❸ 同上书，第70页。

作业的对象、时间进度、经费开支、成功或者失败的消息;也可以是任何类型的信息,如科学信息、文学艺术性质的信息(如故事情节或电视剧的主题)、广告宣传上的精彩语句或创意。❶ 这实质上是对商业秘密作了扩大解释,扩大了商业秘密的保护范围,即达到了机密信息的保护范围。

第四,不应属于机密信息的信息。这通常指的是第一类信息,即一般的知识和技术。由于特定行业的几乎所有人都知道第一类信息,因此企业几乎没有动机尝试从竞争对手那里获取此类信息。允许公司限制此类信息的使用和/或传播,将不必要地限制员工的流动性并且会妨碍合法竞争。❷

## 二、机密信息与商业秘密

### (一) 商业秘密

对商业秘密进行法律保护是各国通行的做法,但国际上至今没有对商业秘密的统一定义,不同的国家有不同的规定。

根据《美国商业秘密统一法案》第1条第4款的规定,商业秘密是指包括配方、模型、编辑、计划、设计、方法、技术、程序在内的信息,它必须:第一,因并不为众所周知、无法由他人通过正当方法轻易获得,其被泄露或者使用能够使他人获取经济利益而具有现实的或潜在的商业价值;第二,已尽合理的努力维持其秘密性。美国法律协会制定的《美国不公平竞争法第三次重述》

---

❶ Terrence F. Maclaren (editor), worldwide Trade Secrets Law, CBC, A2-5. 转李仪、苟正金《商业秘密保护法》,北京大学出版社,2017,第70页。

❷ Robert Unikel, Bridging the Trade Secret Gap: Protecting Confidential Information Not Rising to the Level of Trade Secrets, Loyola University Chicago Law Journal, Vol. 29, p. 850.

对商业秘密的界定是能够运用于商业或者其他企业的经营之中的任何信息，该信息有足够的价值和秘密性，能够给予他人实际的或潜在的经济优势。❶《日本商业秘密法》规定商业秘密是指具有商业价值、未进入公共领域且被作为商业秘密管理的任何技术或营业信息。❷《韩国不正当竞争防止法》规定，商业秘密是指不公开的具有独立经济价值的经过相当努力以维护保密的生产方法、销售方法以及其他在经营活动中有用的技术或商业信息。包括三个构成要件，秘密性、经济性和信息性。❸ 根据法国判例法的规定，商业秘密是指不能直接获得的、具有实用价值的、能够给权利人带来竞争优势的信息，包括制造秘密、专业秘密，商业专有技术（如供应商名单、客户名单）、技术专有技术（工业、技术和非专利制造过程）和计算技术（如任何计算过程或操作过程）等。❹《中华人民共和国反不正当竞争法》（2019年修正）（以下简称《反不正当竞争法》）规定，商业秘密是指不为公众所知悉、具有商业价值并经权利人采取相应保密措施的技术信息和经营信息。❺

从上述定义可以看出，各国对于商业秘密的界定并不完全一致，有些国家并不限定商业秘密的信息范围，有些国家认为商业秘密的信息指的是技术信息和经营信息，如中国和日本。有些国

---

❶ Baker & McKenzie LLP. Study on Trade Secrets and Confidential Business Information in the Internal Market. Final Study. , p. 134.
❷ 沈强：《TRIPS协议与商业秘密民事救济制度比较研究》，上海交通大学出版社，2011，第14页。
❸ 李武勇：《韩国营业（商业）秘密的法律保护》，《财经界（下半月刊）》2006年第9期，第18页。
❹ Baker & McKenzie LLP. Study on Trade Secrets and Confidential Business Information in the Internal Market, Final Study, Appendix 1, April 2013, p. 36.
❺《反不正当竞争法》第9条。

家对商业秘密只要求满足三个构成要件即可，即秘密性、价值性和保密性，如日本。而有些国家则需要满足四个构成要件，即秘密性、价值性、保密性和实用性，如法国。中国1993年的《反不正当竞争法》也要求商业秘密具有实用性，但是在2017年修订后的《反不正当竞争法》中已经删除了这一要求。

（二）机密信息与商业秘密的比较分析

机密信息与商业秘密之间究竟是一种什么关系？如果机密信息就是商业秘密，那为何在相关国际条约中，条约的起草者不使用商业秘密而采用机密信息或者未公开信息的表述呢？商业秘密是一个不断发展的概念，由商业秘密演变为未公开信息或者机密信息应当是社会的进步，反映了当今世界经济、文化、科技、管理的迅猛发展。因为机密信息的开放性和概括性更强，可以把未来社会经济发展过程中出现的新形式的商业信息纳入其中进行保护，也体现出国际社会扩大保护商业信息范围的趋势。换言之，机密信息的涵盖范围大于商业秘密，它不仅保护商业秘密，还保护不构成商业秘密的其他机密信息。机密信息与商业秘密之间是一种包含与被包容的关系（见图5.1），机密信息比商业信息具有更多的灵活性。当然，如果各国慢慢扩大商业秘密的保护范围，最终商业秘密也有可能等于机密信息。

图5.1　机密信息与商业秘密的关系

1. 机密信息的范围大于商业秘密

机密信息不仅包括商业秘密（技术信息、经营信息），还包括管理信息、特权协议等各类与生产经营有关的信息，范围极为广泛。这类信息与生产经营的联系可能是直接的，也可能是间接的。换言之，机密信息具有更强的弹性，不仅能够包含现代社会知识经济条件下不断涌现的各种新形式的商业秘密，而且能够把不具有传统商业秘密特征的第二类信息纳入其中，更有利于保护商业秘密和权利人的合法权益。

2. 机密信息的构成要件不同于商业秘密

机密信息的构成要件有三个，即秘密性、价值性和保密性。商业秘密的构成要件各国有不同的判断标准，有的国家是三要件、有的国家是四要件。与四要件构成说相比，机密信息少了实用性的特征。这一差异的存在，不仅仅是数量上的变化，它反映出人们在商业秘密保护问题上思想观念的进步。在日新月异的信息时代，对于尚未公开的有价值的经济信息应当尽可能地予以保护，不应拘泥于其是否有实用性。一般来讲，具有经济价值的未公开信息都有确定性、应用性、实效性。如常见的产品配方、生产工艺、加工技术、营销策略等，都是具有实用性的信息。一旦被人掌握，就可投入使用，有的可以取得立竿见影的效果。但是，在现实生活中，确实存在一些纯理论性的信息，尽管它们不具有实用性，却能在某些方面给生产者、经营者以启迪或借鉴，以特殊的方式影响着生产经营活动。这些信息可以视为特殊形式的商业秘密，或称为机密信息，同样应受到法律保护。

3. 机密信息的保护期限不同于商业秘密

商业秘密并未设定法定的保护期限，只要相关的技术和经营信息能够持续保有秘密性而不为公众所知悉，其保护期限便可一直延续，长久存在，如可口可乐的技术。而机密信息中不属于商业秘密部分的信息是可以设定保护期限的。如根据《多金属结核规章》第 36 条第 4 款规定，在机密数据和资料提交海管局之日起 10 年后或于勘探合同期满后，以较晚发生者为准，以及此后每隔 5 年，秘书长和承包者应审查这些数据和资料，以确定是否应保持其机密性。❶ 当然，如果权利人确认公开数据和资料很可能造成重大和不公平的经济损害，则应继续保持这些数据和资料的机密性。

由此可见，机密信息与商业秘密不能简单地画等号，前者的范围远远大于后者，但是机密信息也并非虚无缥缈，漫无边际，由于其强调商业价值，机密信息仍然难以超出生产经营的范围。

### 三、保护机密信息的必要性及原则

（一）保护机密信息的必要性

1. 维护商业道德和市场秩序

维护商业道德和市场秩序是保护机密信息的最基本的长期目标。❷ 所谓商业道德是指道德规范在具体商业情景和商业活动中的应用。具有广泛认可度的道德规范不仅可以推动机密信息保护规则的形成，也对现有的保护规则提出了更高的要求。所谓的市场秩序则指市场生产经营主体合法交易行为与违法交易行为及其客

---

❶ Decision of the Council of the International Seabed Authority relating to amendments to the Regulations on Prospecting and Exploration for Polymetallic Nodules in the Area and related matters, ISBA/19/C/17, p. 23.

❷ Robert Unikel, Bridging the Trade Secret Gap: Protecting Confidential Information Not Rising to the Level of Trade Secrets, p. 845.

观后果的总和。机密信息作为一种资源,与生产经营活动密切相关,容易成为交易对象,也容易成为市场主体争夺的对象,如果得不到好的保护就可能造成商业道德沦丧和市场秩序混乱。因此,法律保护机密信息具有促进竞争与遏制不正当竞争的双重作用,不仅强调了商业道德的重要性,还规范了市场秩序,通过平衡各种利益,实现其社会功能和作用。❶

2. 鼓励技术研发和创新

机密信息本质上是企业耗费大量的时间、金钱和精力获得的商业信息,从而建立并维持其在市场中的竞争优势。由于获得机密信息的成本高,企业通常面临一个问题:如果企业无法通过创造新信息来获得市场的竞争优势和利润,也就无法收回它们对创新的初始投资;如果不能收回投资,企业会失去技术创新的动机。如果缺乏对有价值的机密信息的法律保护,企业不太可能将有限的资源用于创新技术,因为无法保证它们会从创新中受益。即虽然创造信息可能是极其昂贵的,但其他人却可以通过非法手段以极少的成本获取该信息,并从两个方面增强其竞争地位:第一是消除合法信息权利人的优势;第二是其本身为创造信息所需要支付的高昂成本。这种信息的侵占严重妨碍了信息权利人投资的回报,也因此减少了对其投资的激励。此外,那些继续投资于创新的企业,还需要被迫花费不少资金用于保护其创新免受侵害的自助保护措施。这对企业来说也是一种额外的财政负担。❷ 这种市场失灵的一个可能结果是新信息的供应将会萎缩。反过来,信息的

---

❶ 李仪、苟正金主编《商业秘密保护法》,北京大学出版社,2017,第5页。
❷ Robert Unikel, Bridging the Trade Secret Gap: Protecting Confidential Information Not Rising to the Level of Trade Secrets, Vol. 29, pp. 846 – 847.

减少也会降低财富的创造机会。

法律保护和鼓励企业为获得机密信息所付出的努力，通过机密信息保护使公众要付出一定的代价，才能够得到这些信息并排除未经授权的使用和开发行为，能够减轻甚至消除市场失灵现象。信息权利人也因此能够获得对其投资的回报，从而维持和建立一个良好的市场竞争秩序。

3. 保护机密信息权利人的合法权益

机密信息是信息所有者创造的劳动成果，是企业的一种越来越重要的无形资产，对企业来说其本质上是一种私有财产。法律对机密信息的保护实质上是允许信息持有人对机密信息进行事实上的占有、使用、收益和处分，以此体现对其劳动成果的承认和尊重，并鼓励人们在市场竞争中通过诚实经营、发明创造等获取竞争优势。许多企业基于它们所拥有的信息（有些高度机密）在全球范围内进行投资，通过保护机密信息来增强企业的盈利能力对于企业来说至关重要。因此，一旦信息权利人的机密信息受到不法侵害，法律应当提供适当的保护和救济途径。这主要包括：首先，事先的预防措施，即法律应当明文规定保护机密信息。其次，扩大义务人和责任人的范围，原则上任何社会主体侵犯了商业秘密都应当承担相应的责任。最后，当有人窃取或者泄露企业的机密信息时，法律应当给予权利人及时的救济，包括临时禁令、损害赔偿等。

（二）保护机密信息的原则

1. 全面赔偿原则

全面赔偿原则也称补偿性原则或填平原则，即侵权行为人对受害人遭受的财产损失负全部的赔偿责任，侵权损害的赔偿范围应当与损害程度相当。❶ 当商业秘密被非法获取、泄露或使用时，信息权利人对权利的支配就处于不圆满的状态。为了使权利恢复圆满状态，除采取排除妨碍、停止侵权等措施外，更多是对受害人进行损害赔偿来填补其受损利益。当然，当侵权行为人的行为涉及刑事犯罪时，还将受到刑法的制裁。当承包者的信息被海管局工作人员非法泄露时，海管局应当赔偿承包者所遭受的损失。

2. 衡平原则

由于在司法实践当中权利人的全部损害常常难以计算，因此裁判者在适用全面赔偿原则时，需要根据案件中的具体情况，对案件当事人有关的各种利益因素进行考虑和衡量，从而确定公平的赔偿数额。换言之，法官在确定赔偿数额时，既要考虑权利人的实际损害，也需要考虑侵权行为人的性质、主观过错、造成影响的范围等因素。

3. 促进竞争和禁止权利滥用原则

竞争是市场经济的内在要求，是市场最重要的运行机制之一。保护机密信息就是通过保护商业秘密权利人的合法利益来反对不正当竞争，达到维护和促进科技进步和正当竞争的目的。促进竞争是保护机密信息的重要立法宗旨。但是权利人的权利也不能滥用，应当受到合理的限制，譬如为了维护社会公共利益时可以披露机密信息，不得滥用机密信息进行垄断等。此项规定在深海采矿活动中尤为明显。根据海管局的规定，涉及海洋环境保护和保全的数据，不能视为机密信息而不予公开。

---

❶ 刘春田：《知识产权法》，中国人民大学出版社，2000，第117页。

## 第二节 承包者机密信息的认定

### 一、《公约》和三个勘探规章中有关机密信息的规定

《公约》和三个勘探规章均有关于机密信息的规定。《公约》第163条第8款规定，法技委委员不应在同"区域"内的勘探和开发有关的任何活动中有财务利益。各委员在对其所任职的委员会所负责任限制下，不应泄露工业秘密、按照附件三第14条转让给海管局的专有性资料，或因其在海管局任职而得悉的任何其他秘密情报，即使在职务终止以后，也是如此。第168条第2款就秘书长和秘书处工作人员的禁止披露义务也作出了与此相同的规定。第181条第2款规定，专有资料、工业秘密或类似的情报和人事卷宗不应被置于可供公众查阅的档案中。❶ 限定这些义务是在对法技委和海管局"所负责任限制下"。可以推断，两个条款作出此限定均是为了确保机密信息可供法技委委员使用，并可由秘书长及其工作人员用于妥善履行职责。❷

《公约》以此规定了海管局成员不得披露机密资料的义务，虽然没有明确提及机密信息的表述，但在某种程度上界定了哪些数据和信息应被视为机密，即工业秘密、专有资料和其他秘密信息都属于机密信息。但《公约》并未规定处理机密信息的程序，论

---

❶ 《公约》第163条、第168条、第181条。
❷ International Seabed Authority Legal and Technical Commission, Procedures for the handling of confidential data and information pursuant to rule 12 of the rules of procedure of the Legal and Technical Commission, ISBA/22/LTC/6, p. 2.

述此类程序的是三套勘探规章。具体而言,《多金属结核规章》第36条规定,按照本规章或按照根据本规章发给的合同所规定的要求提交或转交海管局或任何参与海管局的任何活动或方案的人的数据和资料,经承包者与秘书长协商指明属机密性质的,应视为机密,但不包括:(1)众所周知或可从其他来源公开获取的;(2)所有人以前曾向对其不负保密义务的其他人提供的;(3)海管局已掌握但对其无保密义务的;(4)海管局为制定关于保护和保全海洋环境及安全的规则、规章和程序而需要的数据和资料,除专有性设备设计数据外,不应视为具有机密性。❶ 第37条规定了确保机密性的程序。《多金属硫化物规章》第38条、第39条和《富钴铁锰结壳规章》第38条、第39条复述了上述规定。

## 二、开发规章下的信息管理制度的目标

开发规章草案的起草为海管局澄清机密信息的含义以及建立一种程序以符合《公约》规定的方式保护承包者机密信息提供了契机。但是,海管局在起草开发规章草案的过程中,有两个问题需要特别注意:第一,由于"区域"及其资源属于全人类的共同继承财产,因此国际社会要求提高有关"区域"内勘探和开发活动的透明度和公开性;第二,信息管理制度应当实现承包者希望加强信息保护和其他利益攸关方希望提高信息透明度之间的合理平衡。

(一)满足利益攸关方提高透明度的愿望

鉴于"区域"及其资源为全人类共同继承财产的特殊法律地位,海管局的有些成员和一些利益攸关方主张《公约》关于机密

---

❶ Decision of the Council of the International Seabed Authority relating to amendments to the Regulations on Prospecting and Exploration for Polymetallic Nodules in the Area and related matters, ISBA/19/C/17, p.23.

信息的规定不能作过于宽泛的解释，从而使相关规定只保护真正本质上属于机密的数据和资料免于被披露。在《多金属结核规章》的谈判期间，就有代表就指出，过度地保护机密信息与"区域"及其资源是人类共同继承财产原则的法律地位不相符。[1] 在海管局第二十届理事会主席的工作说明中，会议主席指出各代表团讨论了法技委以及整个海管局工作的透明度和公开性问题。[2] 许多代表团强烈赞成提高法技委工作的透明度和增加关于法技委工作发展情况的对话，并建议法技委继续探讨各种举措，包括举行公开会议和公布调查结果，特别是处理海管局成员国和其他利益攸关方普遍关心的问题，以确保各方广泛参与这些举措。虽然上述要求主要是要求增加海管局各机构工作的透明度，但是法技委提高工作的透明度的一个可能结果将是减少对信息机密性的认定。

在海管局有关"为区域采矿制定监管框架"的报告中，也强调了透明度和公开性问题，报告指出勘探规章中已有的保密信息规定与开发规章透明度要求之间可能存在紧张关系，特别是公众要求获取相关数据和信息以及参与环境决策。对采矿业通过信息披露提高透明度以及规定开发合同项下的信息除机密信息以外都是应当公开信息的呼吁越来越多。[3] 事实上，正如海底争端分庭在其2011年的咨询意见中所指出的那样，一般来说，对于"区域"内的活动，探矿活动的风险低于勘探活动，勘探活动的风险低于开

---

[1] Michael C Wood, International Seabed Authority: The First Four Years, Max Planck UNYB, Vol. 3, 1999, p. 233.

[2] International Seabed Authority Council, Summary report of the President of the Council of the International Seabed Authority on the work of the Council during the twentieth session, ISBA/20/C/32, p. 5.

[3] International Seabed Authority, Developing a Regulatory Framework for Mineral Exploitation in the Area, March 2015, p. 42.

发活动。[1] 基于上述情况，为了降低深海采矿的风险，公众必将要求降低信息的保密性，特别是有关深海采矿技术和操作方面的信息。

（二）满足承包者的合理期望

在提高信息的透明度和公开性的同时，海管局还必须保护承包者的机密信息。毫无疑问，承包者有合理的期望，他们根据《公约》附件三第14条提交给海管局的数据和信息应当受到保护，特别是在披露可能损害承包者商业利益或者给予承包者的竞争对手商业优势的情况下。况且，海管局的三个勘探规章也都规定了对承包者机密信息的保护。虽然勘探规章没有对数据和信息的机密性质作出精确的定义，但是规章明确规定机密信息由承包者和秘书长协商后确定。一旦数据和信息被秘书长确认为机密信息以后，将按照机密信息不予公开。经过勘探规章规定的期限后，秘书长和承包者将审查这些数据和资料，以确定是否应保持数据和资料的机密性。如果承包者确认公开数据和资料很可能造成重大或不公平的经济损害，则应继续保持这些数据和资料的机密性。同时，在承包者有合理机会用尽根据《公约》第十一部分第五节可以使用的所有司法救济之前，任何此种数据和资料均不得公开。换言之，除非承包者愿意公开自己的机密数据和资料，否则相关数据和资料将一直保持机密状态。

## 三、开发规章中机密信息的认定

（一）承包者机密信息的认定标准

《公约》和三个勘探规章均没有关于"机密信息"的详细定

---

[1] Seabed Disputes Chamber of the International Tribunal for the Law of the Sea, Responsibilities and obligations of States with respect to activities in the Area, p. 43.

义，但是结合上文的论述可知，《公约》和三个勘探规章旨在保护的"机密信息"是指：第一，具有商业价值的数据和信息，如果披露这些数据和信息，可能会损害承包者的合法商业利益或者为竞争对手提供竞争优势；第二，数据和信息的涵盖范围非常广泛，包含与个人有关的私人性质的信息。❶ 同时，机密信息的认定标准，也必须满足 TRIPS 协定中"未公开信息"的三个构成要件。

首先，承包者的机密信息要符合秘密性要件。秘密性是机密信息的根本属性，它在机密信息的构成要件中居于核心地位。即承包者的信息处于秘密状态，不为公众所熟知。如果承包者的信息是已经为深海采掘行业所普遍知悉的信息，或者其他承包者轻易可获得的信息，则不能构成机密信息。又如，其他承包者通过观察上市产品或者通过海管局公开发行的出版物可以很容易获取的信息，也不能构成机密信息。

其次，承包者的机密信息需要满足价值性构成要件。即承包者的信息是具有商业价值的信息，能够给予承包者在"区域"内采矿活动中的竞争优势。所谓竞争优势是指承包者对于同业竞争者而言具有的强势地位，由于信息的稀缺性，谁能抢占先机谁就能抢占市场。譬如，一项技术信息之所以能够为权利人带来竞争优势，就在于获得该技术需要付出相当的努力，投入相当的精力和资金，花费相当的时间。如果其他承包者也希望参与深海采矿活动，可能就需要从零做起，这就为承包者占领相关市场提供了时间。同样，先进的管理信息或者否定性的信息，都能给承包者带来竞争优势，或者作为承包者决策时的重要参考因素。

最后，承包者的机密信息要满足保密性要件。即承包者采取

---

❶ International Seabed Authority, Data and Information Management Considerations Arising Under the Proposed New Exploitation Regulations, April 2016, p. 3.

了恰当的保护措施使机密信息处于秘密状态。法律只保护勤勉的人而不保护懒惰的人。合理的保密措施因个案而异，具体包括存储技术信息的硬盘应当放在保险箱、包含机密信息的文件应妥善保管、信息权利人与相关人员签订保密协议等。诚然，保密措施的标准不能定得太高，承包者并不一定要时时刻刻如履薄冰般才能看出其保密的真诚意思表示。如果保密的代价大于其价值，对机密信息的保护也就成了作茧自缚。

（二）秘书长为机密信息的认定主体

根据三个勘探规章的规定，承包者向海管局提交的资料中若有属于机密性质的数据和资料，经承包者与秘书长协商指明属机密性质的，应视为机密信息。机密信息到期后，承包者和秘书长一起审查上述数据和资料的机密性，最终由秘书长根据机密信息的判断标准来决定哪些信息继续认定为机密资料。开发规章草案采取了与勘探规章相同的规定。即经承包者与秘书长协商后，秘书长通过对机密信息的内在逻辑要素分析，判断一项信息或数据是否归入机密信息的范围。从承包者的角度出发，机密信息的认定程序不应复杂，应当尽量简化。但是，也有承包者担心确定一项数据或信息是否构成机密资料，仅由秘书长决定似乎给予秘书长过多的自由裁量权，其认为机密信息的认定应当经法技委推荐后由理事会批准。[1] 而且，秘书长的职能主要是行政管理职能，《公约》并未赋予秘书长决定机密信息的职权。[2] 上述

---

[1] Deep Ocean Stewardship Initiative, Comments on the International Seabed Authority's Draft Regulations on Exploitation of Mineral Resources in the Area, December 2017, p. 5.
[2] Global Sea Mineral Resources NV (GSR), Comments to Draft Exploitation regulations (ISBA/23/LTC/CRP3/rev & ISBA/23/C/12), December 2017, p. 9.

担心不无道理。然而，采取由法技委推荐经理事会批准的认定办法，虽然从程序上看，后者更为客观，但是这也增加了承包者的时间成本，程序过于烦琐。与此同时，也加大了机密信息的暴露风险。

因此，对机密信息的认定由承包者和秘书长协商后指定是可行的。但是为了保护承包者的权利，同时对秘书长的自由裁量权作一定的限制，当承包者和秘书长在对机密信息的认定发生分歧时，承包者应当有合理的救济途径。即在承包者有合理机会用尽根据《公约》第十一部分第五节可以使用的所有司法救济之前，任何此种数据和资料均不得公开。

### （三）机密信息的保护期限

根据三个勘探规章的规定，机密数据和资料自提交海管局之日起10年后或于勘探合同期满之后，以较晚发生者为准，以及此后每隔五年，秘书长和承包者应审查这些数据和资料，以确定是否应保持其机密性。也就是在勘探合同阶段，只要承包者没有进入开发阶段，承包者的机密数据和资料就应当一直保持机密性。除非经审查后，原来的机密信息已经不再符合机密信息的构成标准，比如丧失了秘密性、价值性或者保密性。但是经审查后，如果承包者确认公开数据和资料可能造成重大和不公平的经济损害，则应继续保持这些数据和资料的机密性。❶

在勘探或者开发合同期限内，保护承包者的机密资料对承包者而言具有重要的意义。如此承包者方能享受自己的专有技术或者其他信息所带来的优势，实现企业的盈利活动。因此，在开发

---

❶ 《"区域"内多金属结核探矿和勘探规章》第36条第4款、《"区域"内多金属硫化物探矿和勘探规章》第38条第4款、《"区域"内富钴铁锰结壳探矿和勘探规章》第38条第4款。

阶段承包者提交的机密数据和资料的保护期限,为自提交海管局之日起 10 年后或于开发合同期满之后,以较晚发生者为准,以及此后每隔 5 年,秘书长和承包者应审查这些数据和资料,以确定是否应保持其机密性。即开发合同下承包者机密数据和资料的保密期限,也应当为 10 年或者整个开发合同期限内(目前开发草案的规定为 30 年),以较晚发生者为准。保密期限届满后,如果承包者能够提出令秘书长满意的证据,证明这些资料依然符合机密信息的评价标准,则这些资料仍按照机密资料处理。正如日本石油天然气和金属国有企业在其评论意见中所述,开发规章中机密信息的保密期限应当和勘探规章中的规定一致,而不是在 10 年后就不再视为机密信息。❶

(四)承包者的非机密信息

1. 非机密信息的划定

非机密信息是指可合理预期未经授权披露而不会对承包者的工作造成损害的数据或资料,❷ 主要包括众所周知的或可从其他来源公开获取的信息、权利人同意披露的信息、海管局已经掌握的信息以及与海洋环境保护有关的信息。

其他非机密信息比较好理解。但是何为"环境信息"呢?根据《公约》附件三第 14 条第 2 款的规定,海管局拟定有关保护海洋环境和安全的规则、规章和程序所必要的资料,除关于装备的设计资料外,不应视为专有。即和海洋环境保护有关的信息不能

---

❶ Japan Oil, Gas and Metals National Corporation (JOGMEC), Comments by JOGMEC to the Draft Regulations on Exploitation of Mineral Resources in the Area (ISBA/23/LTC/CRP.3), December 2017, p. 5.
❷ International Seabed Authority Secretariat, Secretary–General's bulletin, Information sensitivity, classification and handling, ISBA/ST/SGB/2011/03, p. 5.

作为机密信息来处理。《多金属结核规章》第 36 条第 2 款、《多金属硫化物规章》第 38 条第 2 款以及《富钴铁锰结壳规章》第 38 条第 2 款都作了相同的规定。2017 年《开发规章草案》第 87 条第 3 款第 4、5、6 项中也规定了与海洋环境保护有关的资料不视为机密资料。❶ 但究竟什么是"环境信息"并没有得到明确规定。这一问题在《在环境问题上获得信息公众参与决策和诉诸法律的公约》(*Convention on Access to Information, Public Participation in Decision-making and Access to Justice in Environmental Matters*,简称《奥胡斯公约》) 中得到了明确的规定,《奥胡斯公约》第 2 条第 3 款规定了"环境信息"的定义。

根据《奥胡斯公约》的规定,环境信息包括以下方面的书面形式、影像形式、音响形式、电子形式或任何其他物质形式的任何信息:(1) 各种环境要素的状况,诸如空气和大气层、水、土壤、土地、地形地貌和自然景观、生物多样性及其组成部分,包括基因改变的有机体以及这些要素的相互作用;(2) 正在影响或可能影响以上第一项范围内环境要素的各种因素(如物质、能源、噪声和辐射),包括行政措施、环境协定、政策、立法、计划和方案在内的各种活动活动或措施以及环境决策中所使用的成本效益分析和其他经济分析及假设;(3) 正在或可能受到环境要素状况影响或通过这些要素受第 2 项所指因素、活动或措施影响的人类健康和安全状况、人类生活条件、文化遗址和建筑结构。❷ 开发规章草案可以纳入这一环境信息的定义。

---

❶ International Seabed Authority Legal and Technical Commission, Draft Regulations on Exploitation of Mineral Resources in the Area*, ISBA/24/LTC/WP.1/Rev.1, p. 53.
❷ Convention on Access to Information, Public Participation in Decision-making and Access to Justice in Environmental Matters, article 2.

2. 使用非机密信息的限制

海管局对被指定为"非机密"的数据和资料的管理和公开也需认真处理,特别是披露承包者提供的公开资料也需要遵循一定的程序和原则,以尊重承包者与科学家的劳动成果。按照国际科学界的惯例,对承包者所提供的原始数据和资料要有一定的保护年限。在此年限后,才能供科学分析免费使用。如《指导承包者评估"区域"内海洋矿物勘探活动可能对环境造成的影响的建议》中规定的海管局为制订关于保护和保全海洋环境及安全的规则、规章和程序而需要的数据和资料,除专利设备的设计数据外,(包括水文地理、化学和生物数据在内的资料)均应在出海考察完成4年内供科学分析免费使用,[1] 这项规定在开发规章中也应有相关的体现。同时,资料提供者应当享有优先使用的权利,其他人使用承包者提供的资料应当施加一定限制,如要求使用人标明资料原始出处。这也是保护资料提交者知识产权的必然要求。[2] 此外,建议对于要求提交的环境参数等也需要列出清单,如发生更新,特别是新增加参数,需要与利益攸关方进行协商。

## 第三节　海管局对承包者机密信息的保密义务

海管局作为代表全人类对"区域"活动进行管理的主管机关,

---

[1] International Seabed Authority Legal and Technical Commission, Recommendations for the guidance of contractors for the assessment of the possible environmental impacts arising from exploration for marine minerals in the Area, ISBA/19/LTC/8, p. 13.

[2] China Ocean Mineral Resources R&D Association (COMRA), Response to questions relating to the draft regulations on exploitation of mineral resources in the Area, December 19, 2017, p. 8.

应当及时地公开与"区域"活动相关的信息，保障公众的知情权。这有利于提高海管局工作的透明度和开放性，也符合全人类共同继承财产原则的要求。然而，在规定信息应当公开的同时，应当规定信息公开的例外，即排除公开的信息内容，机密信息就是信息公开的例外之一。

## 一、海管局保密义务的来源

《公约》以及勘探规章和海管局各机构的议事规则等文件，均规定了海管局工作人员的保密义务。《公约》第163条第8款、理事会《关于法律和技术委员议事规则的决定》第12条，均规定了法技委的保密义务。[1]《公约》第168第2款规定，秘书长及其工作人员在与"区域"内勘探和开发有关的任何活动中，在他们对海管局所负责任限制下，不应泄露任何工业秘密、按照附件三第10条转让给海管局的专有性资料，或因在海管局任职而得悉的任何其他秘密情报，即使在其职务终止以后也是如此。《公约》附件三第14条规定，承包者按照海管局的规则、规章和程序以及工作计划的条款和条件，在海管局决定的间隔期间内，将海管局各主要机关对工作计划所包括的区域有效行使其权利和职务所必要的和有关的一切资料，转让给海管局。但是这些资料是专有资料，海管局不应向企业部或海管局以外任何方面泄露。关于保留区的资料可以向企业部泄露，企业部不应向海管局或海管局以外的人泄露。另外，三个勘探规章均规定了海管局机构的保

---

[1] International Seabed Authority Council, Decision of the Council of the Authority Concerning the Rules of Procedure of the Legal and Technical Commission, ISBA/6/C/9, pp. 4–5.

密义务。[1]

## 二、海管局对机密信息的保护

### (一) 秘书长是机密信息的保管者

秘书长是海管局的行政首长,在大会和理事会以及任何附属机关的一切会议上,以这项身份执行职务,并执行此种机关交付给秘书长的其他行政职务。根据三个勘探规章的规定,秘书长负责保持所有机密数据和资料的机密性。除事先征得承包者的书面同意外,不应当向海管局外部任何人公布这些数据和资料。为实现这一目标,秘书长应按照《公约》的规定制订程序,规范秘书处成员、法技委成员以及参与海管局任何活动或方案的任何其他人对机密资料的处理。[2] 开发规章草案中也作了相同的规定。[3] 根据这项义务,秘书长于 2011 年以《秘书长公报》(ISBA/ST/SGB/2011/03) 的形式发布了信息敏感性、信息分类、信息处理方面的程序。[4] 这种公报是海管局的正式文件,发布的目的是就某些问题颁布政策。这些问题涉及秘书长根据《工作人员条例和细则》、海管局各机关业务规则、任何其他有关条例、协定、议定书所负担的职责或所采取的正式行动。

---

[1] 《"区域"内多金属结核探矿和勘探规章》第 37 条、《"区域"内多金属硫化物探矿和勘探规章》第 39 条、《"区域"内富钴铁锰结壳探矿和勘探规章》第 39 条。

[2] 《"区域"内多金属结核探矿和勘探规章》第 37 条第 1 款、《"区域"内多金属硫化物探矿和勘探规章》第 39 条第 1 款、《"区域"内富钴铁锰结壳探矿和勘探规章》第 39 条第 1 款。

[3] International Seabed Authority Legal and Technical Commission, Draft Regulations on Exploitation of Mineral Resources in the Area*, ISBA/24/LTC/WP.1/Rev.1, p.54.

[4] International Seabed Authority Secretariat, Secretary - General's bulletin, Information sensitivity, classification and handling, ISBA/ST/SGB/2011/03, pp.1 - 19.

## (二) 机密信息的保管措施

《秘书长公报》确定了有关程序，通过以对承包者交付给海管局以及海管局编制的机密数据和资料进行妥善的分类和安全的处理，以期落实《公约》第168条以及各项规章的规定。《秘书长公报》规定了海管局工作人员的基本职责，同时还阐述了文件的管理原则、分类级别（敏感信息可分为"机密"和"绝对机密"）、辨别及标记程序（文件应当有敏感标记）以及机密资料的处理程序等。具体内容包括：

### 1. 信息管理原则

如上所述，海管局要实现信息公开和保护承包者数据和资料机密性之间的合理平衡。因此，海管局的信息管理是以公开为原则，不公开为例外，即原则上承包者提交给海管局的数据和资料都是公开的，机密信息除外。

### 2. 信息的分类

海管局将敏感信息可分为"机密"和"绝对机密"。"机密"一词适用于在未经授权的情况下可能对海管局工作造成损害的信息或材料。"绝对机密"一词适用于任何数据或资料，如该项数据或资料未经授权而披露可能会对缔约国、承包者造成特别严重的损害或妨碍其利益。除非秘书长另有决定，否则按照规章被视为机密的数据和资料应始终被视为"绝对机密"。

### 3. 机密信息的保管

机密资料应当维持下列最低保管标准：（1）所有的机密信息必须用密封的信封或容器运输并明确标明；（2）所有发出和收到的机密资料必须在专门的登记处登记，并列出有权处理这些机密数据和资料的工作人员；（3）只有在其发件人或收、发件人处的负责人的授权下，机密数据和材料才能被复制，同时，这些副本必须在特别登记处登记；（4）所有机密资料必须存档，并以锁和钥匙的方式储存在办公室的一个安全地点，只有经秘书长授权的工作人员可以访问；（5）以电子形式收到的机密信息在收到时必须打印，并按照上文第四段的规定归档和储存；（6）只有通过使用受保护的通信手段才能进行机密信息的电子传输。❶

4. 工作人员泄密的处理

秘书长公报还阐述了对被指违规的秘书处工作人员进行纪律制裁的程序。公报附件二载有补充程序，据以处理转交给海管局或根据勘探规章或根据按勘探规章所签合同参与海管局活动或方案的其他人（包括法技委委员）的机密数据和资料。该附件包含总体安全、系统访问控制、真实性、数据存取安全等方面的程序。它还载有通信安全、数据安全、数据资料操作处理等方面的程序的保障，并且包括要求被授权接触此类机密数据资料者签署的保密声明书。❷

《秘书长公报》附件二所载关于处理机密数据和资料的程序，似乎足以妥善保护法技委委员在履行职责过程中所使用数据和资料的机密性。但必须指出，并非所有规定均对法技委委员具有约束力，如在发生公报第四节所述秘书处工作人员违规情况时应履行的基本义务和应采取的纪律措施，显然是不适用的，因为法技委委员不是秘书处工作人员。然而，为法技委制定更多、并可能不一致的规则，不需要也不可取。❸ 《秘书长公报》的其他规定，特别是整个附件二，可适用于法技委委员。❹ 为避免对《秘书长公

---

❶ International Seabed Authority Secretariat, Secretary – General's bulletin, Information sensitivity, classification and handling, ISBA/ST/SGB/2011/03, pp. 4 – 7.

❷ Id., pp. 16 – 19.

❸ International Seabed Authority Council, Report of the Chair of the Legal and Technical Commission on the work of the Commission at its session in 2016, ISBA/22/C/17, p. 12.

❹ International Seabed Authority Legal and Technical Commission, Procedures for the handling of confidential data and information pursuant to rule 12 of the rules of procedure of the Legal and Technical Commission, ISBA/22/LTC/6, p. 3.

报》对秘书处以外机构成员的法律效力的任何疑问，理事会应当作出一项正式决定，确认在作必要的更改后，《秘书长公报》附件二所载法技委委员处理机密数据和资料的补充程序的适用性。

（三）书面的保密声明

任何有权访问机密数据和信息的工作人员，都必须按以下格式签署书面声明。该声明的副本应保留在个人的人事档案中。保密声明的内容包括：

×××，签名人，特此声明我理解，由于我的工作性质，在海管局履职期间，我将处理并以申请书、合同、地图、报告、手册、图纸、图表、通信、传真、电子邮件和计算机程序等形式访问机密数据和信息。

我承认，我有法律义务根据《公约》以及海管局的规则、条例和程序不披露机密数据和信息。本人同意遵守为确保该等资料及数据的机密性而制定的规则、规章及程序。

我不得披露根据《公约》附件三第 14 条转移给海管局的任何工业秘密、专有数据以及其他因为我与海管局的雇佣关系而获知的机密信息。即使职务终止以后也是如此。❶

## 三、非法泄露机密信息的救济制度

（一）建立机密信息解密主动通知制度

勘探规章和开发规章草案规定机密信息到期后不再视为机密信息，除非承包者能够证明其仍然符合机密信息的特征。《秘书长公报》中也规定被列为机密信息的，10 年后解密。没有解密的，

---

❶ International Seabed Authority Secretariat, Secretary – General's bulletin, Information sensitivity, classification and handling, ISBA/ST/SGB/2011/03, pp. 18 – 19.

以后每隔 5 年审查一次，勘探规章当中另有规定的除外。❶ 但是在机密信息解密前，上述法律文件均未规定海管局对承包者的通知程序。建立机密信息解密的主动通知制度，使海管局对公开机密信息负有主动通知的义务，可以使承包者在机密信息公开前获知有关解密的内容，从而使承包者得以判断是否要对海管局的解密提出异议。这于承包者而言就有了事前的保障。承包者能够得到的最大救济来自对信息解密的禁止令。这都是以事先得到信息解密的通知为前提的。如果秘书长在解密机密信息之前并未通知承包者，承包者则只能采取事后的救济手段，这种情况造成的损害明显大于事前救济。

(二) 海管局的赔偿制度

一项没有救济的权利，是根本无法实现的。无论实体权利如何完美，都只不过是空洞的承诺。根据《公约》附件三第 22 条的规定，海管局行使权力和职务时由于其不法行为，包括根据第 168 条款第 2 款所指违职行为造成的损害，其责任应由海管局负担，但应顾及有辅助作用的承包者的行为或不行为。在任何情况下，赔偿应与实际损害相等。三个勘探规章和开发规章草案中也作出了相同的规定，即由海管局对其职员的泄密行为造成承包者的损害承担实际赔偿责任。机密信息一经公开则很难恢复原状，不能恢复原状的，按照损害程度给付相应的赔偿金。由于机密信息泄露造成的损失通常是难以衡量的，因此在考虑承包者的实际损失时，应当适当考虑该机密信息的市场价值进行适当的赔偿。但若双方对赔偿的争议产生争端，承包者应当有法律上的救济途径，即承包者可以将有关争议提交据《公约》第十一部分第五节所规定的的司法救济程序。

---

❶ See International Seabed Authority Secretariat, Secretary – General's bulletin, Information sensitivity, classification and handling, ISBA/ST/SGB/2011/03, p. 6.

## 第四节 开发规章草案的规定以及
## 各利益攸关方的评论意见

### 一、2016 年开发规章草案的规定以及各利益攸关方的评论意见

（一）初步划定了机密信息与非机密信息的范围

2016 年开发规章草案在第六部分中对机密信息进行了规定，列明了机密信息的范围以及不属于机密信息的资料和数据。机密信息是指：第一，资料，包含商业秘密、专有数据或者有商业价值的信息，一旦公开，将会对承包者的合法商业权益造成[显著]损害或者给他的竞争者带来[显著]的竞争优势，这种信息对于个体来说具有私有性质；第二，依据勘探规章，已由承包者与海管局协商确定的机密信息，并且依据开发合同它将继续保有机密信息的性质；第三，《公约》设定的或依据《公约》应当被视为机密信息的信息，包括私人事务、个体雇员的健康记录、其他雇员认为有合理理由期望成为隐私的信息以及其他涉及私人隐私的信息；第四，如果一类信息在向海管局进行披露时，有充足的理由认为该信息的公开将会引起重大的风险和不公平的经济损害，那这类信息应被规定为机密信息；第五，依据可适用的开发合同条款，其他可被认定为机密信息的信息。[1]

---

[1] International Seabed Authority, Working Draft Regulations and Standard Contract Terms on Exploitation for Mineral Resources in the Area, July 2016, p. 37.

机密信息不包括如下信息：第一，众所周知或可从其他来源公开获取的；第二，所有人以前曾向对其不负保密义务的其他人提供的；第三，海管局已掌握且对其无保密义务的；第四，海管局在一起事件中合理地要求公开的、以保护海底环境或人的健康与安全的信息；第五，海管局为制订关于保护和保全海洋环境及安全的规则、规章和程序而需要的数据和资料，除专有性设备设计数据外，不应视为具有机密性；第六，环境信息；第七，与区域内活动有关的判决或裁决（除非这份裁决或判决中包含有需要编辑的机密信息）；第八，承包者之前已经书面同意披露的机密信息；第九，开发合同不再包含的区域的信息；第十，在开发合同届满5年之后，机密信息不应继续保密，除非承包者递交了一份报告，说明这些信息仍然符合规章规定的机密信息的定义，并且这份报告得到了海管局的认可。另外，依据规章，所有由承包者向海管局的缴费，包括依据规章第五部分的缴费，都不是机密信息。2016年开发规章未就机密信息的保密程序作出规定。[1]

（二）承包者要求加强对机密信息的保护

针对上述规定，不同的利益攸关方表达了不同的看法。承包者自然是希望尽可能将更多的信息纳入机密信息的保护范围。如英国海底资源开发有限公司在其评论意见中主张，如果海管局认为承包者提交的机密信息不构成机密信息，承包者有权利撤回提交的信息，而且机密信息的保护期限应当是10年，而不是5年；同时，为了保护规章的稳定性，对机密信息规定的修改不能过于频繁。[2] 新加坡

---

[1] International Seabed Authority, Working Draft Regulations and Standard Contract Terms on Exploitation for Mineral Resources in the Area, July 2016, pp. 37–38.
[2] UK Deep–Sea Ecosystems Special Interest Group, Review of the Regulatory Framework for Mineral Exploitation in the Area "Zero–Draft", November 2016, p. 3.

海洋矿业有限公司在其评论中指出，其对草案中关于机密信息的规定总体上是不满意的：第一，是保护范围有限；第二，5 年的保密期限过短，应当至少 10 年；第三，承包者没有义务公布其缴费信息，应由海管局公布。[1] 瑙鲁海洋资源公司也认为，5 年的机密信息保护期限太短。[2] 全球海洋矿物资源公司指出，有关从采矿区域获取的矿产的合同、销售情况及交换协议的细节、账簿和记录、开发工作计划应当作为机密信息处理，删除显著和严重等形容词，因为难以定义；同时，机密信息的保护期限应为 10 年，5 年太短。[3]

（三）环保派要求限制机密信息的保护范围

有人认为应当限制机密信息的保护范围。深海管理倡议主张，开发合同当然不是机密资料，只有可能造成承包者"巨大"或者"严重"损害的信息才能纳入机密信息的保护范围，删除关于根据勘探规章认定为机密信息的规定。[4] 太平洋海洋分析和研究协会认为，机密信息的决定过程应当具有更多的透明性，仅由秘书长与承包者来决定一项信息是否属于机密信息不够公开透明。[5] 深海保

---

[1] Ocean Mineral Singapore (OMS), Response to the International Seabed Authority's Report on Developing a Regulatory Framework for Mineral Exploitation in the Area, November 2016, p. 10.

[2] Nauru Ocean Resources Inc. (NORI), Comments by Nauru Ocean Resources Inc. (NORI) on the Zero Draft Exploitation Code, October 2016, p. 11.

[3] Global Sea Mineral Resources NV (GSR), Working draft – Exploitation Regulations (ISBA/Cons/2016/1), November 2016, pp. 11 – 13.

[4] Deep Ocean Stewardship Initiative, RE: Working draft – Exploitation regulations (ISBA/Cons/2016/1), October 2016, p. 13.

[5] Pacific Marine Analysis and Research Association (PacMARA), comments from the Pacific Marine Analysis and Research Association (PacMARA) on the first working draft of the Regulations and Standard Contract Terms on Exploitation for Mineral Resources in the Area, November 2016, pp. 3 – 4.

护联盟和深海采矿运动都要求信息应当更加公开。❶

**二、2017 年开发规章草案的规定以及各利益攸关方的评论意见**

（一）延长了机密信息的保护期限

2017 年开发规章草案对 2016 年开发规章草案关于机密信息的规定作了一些修改，主要包括：第一，机密信息的保护范围增加了一项根据担保国法律可被认定为机密信息的信息；第二，将机密信息的保护期限延长到 10 年。但是有关确保机密性的程序未在开发规章草案中规定。

（二）承包者主张为机密信息制定客观的评价标准

英国政府认为，应该为机密信息的认定制定一个客观的标准。如果秘书长在认定机密信息的过程中起决定作用的话，应当按照理事会通过的标准执行。同时，草案中根据担保国法律被认为是机密信息的规定是不合适的，因为各国法律关于机密信息的规定可能不一致，这将会导致各个承包者之间法律适用的不一致。因此，英国政府主张担保国执行海管局所通过的规章更为合适。❷ 汤加政府主张海管局应建立一套准则和程序，以便客观地评估申请人要求保密的请求，这样的标准可以包括要求申请人提供关于信息性质的一般说明，以便理事会可以根据既定的标准和程序来

---

❶ Deep Sea Conservation Coalition (DSCC), DSCC Submission on the Working Draft Regulations and Standard Contract Terms on Exploitation for Mineral Resources in the Area, November 2016, p. 3.

❷ The United Kingdom, Submission of The United Kingdom Government in response to The ISA August 2017 Draft Regulations on Exploitation of mineral resources in the Area, December 2017, p. 9.

作出决定。❶ 日本政府表示,机密信息的范围应当和勘探规章保持一致,如果秘书长认为两者的范围不一致,则应当解释不一致的原因。❷ 澳大利亚政府认为,海管局应当就机密信息的认定制定标准和体系,而且海底电缆所有者提交给海管局的有些数据和资料也可能属于机密信息。❸ 新加坡海洋矿业公司主张,机密信息不应局限于商业敏感数据,还应包括任何可以派生或生成商业敏感数据的数据、信息和样本。同时,其还鼓励海管局进一步制定关于保密和处理机密信息和商业敏感信息的战略计划和议定书,内容包括特定人员可以访问的数据类型。此外,敦促海管局在保管机密信息和数据方面,应当提高透明度和实行问责制。这也是海管局新数据管理系统的一部分。❹ 日本深海资源开发有限公司主张,虽然机密信息的保护期限从 5 年延长到了 10 年,但其认为机密信息的保护期限应当与开发合同的期限一样长,即 30 年。❺ 日本国家石油天然气和金属公司持相同观点。❻

---

❶ The Government of the Kingdom of Tonga, Written Submission of the Government of the Kingdom of Tonga on the ISA's Draft Exploitation Regulation, December 2017, p. 5.

❷ The Government of Japan, Comments on the Draft Regulations on Exploitation of Mineral Resources in the Area, December 2017, p. 11.

❸ Australia, Government of Australia's submission on the draft Regulations on Exploitation of Mineral Resources in the Area, December 2017, p. 3.

❹ Ocean Mineral Singapore, Response to the International Seabed Authority on the draft regulations contained in "ISBA/23/LTC/CRP. 3 *: Draft Regulations on Exploitation of Mineral Resources in the Area" made publicly available on 8 August 2017, December 2017, p. 4.

❺ Deep Ocean Resources Development Co., LTD, DORD's Comments on the draft Regulation on Exploitation of Mineral Resources in the Area, December 2017, p. 8.

❻ Japan Oil, Gas and Metals National Corporation (JOGMEC), Comments by JOGMEC to the Draft Regulations on Exploitation of Mineral Resources in the Area (ISBA/23/LTC/CRP. 3), December 2017, p. 5.

(三) 其他利益攸关方主张更多的公开性

新西兰政府认为，为了使"区域"活动更加透明，并使有关人员能够以更加有意义的方式对拟议的活动作出评论，海管局应当尽可能多地公布信息，特别是鉴于《公约》规定"区域"内的活动应是为整个人类的利益而进行。因此，其提议规章草案应规定一个默认的立场，即除非承包者要求海管局对信息和数据予以保密处理，否则所有提交给海管局的信息都是公开的。同时，开发规章需要设置秘书长在认定机密信息时所需要考虑的事项。[1] 比利时政府也持上述观点，其希望海管局尽可能地公开更多的信息，除非承包者认为信息属于机密性质。[2] 深海保护联盟也认为，原则上承包者提交的信息都是公开的，除非承包者主张其构成机密信息。[3]

### 三、2018年开发规章草案的规定以及各利益攸关方的评论意见

(一) 信息以公开为原则，不公开为例外

海管局在吸收了各利益攸关方评论意见的基础上，对机密信息的规定再次进行了修改和补充。具体表现为：第一，推定有关工作计划、开发合同及其附表和附件，或根据开发合同开展的活动的任何数据和资料是公开的，而非机密资料。即海管局采取了以公开

---

[1] New Zealand, New Zealand's Submission to the International Seabed Authority on the Draft Regulations on Exploitation of Mineral Resources in the Area, December 2017, p. 7.

[2] The Kingdom of Belgium, Comments on the Draft Regulations on Exploitation of Mineral Resources in the Area, December 2017, p. 9.

[3] Deep Sea Mining Alliance (DSMA), Stakeholder comments on the Draft Regulations on Exploitation of Mineral Resources in the Area, December 2017, pp. 7 – 8.

为原则、不公开为例外的做法；第二，补充了确保数据和资料机密性的程序。各利益攸关方对此基本表示赞同，只是强调开发规章草案在制定机密信息的客观判断标准问题上需要进一步完善。

（二）各国政府主张删除根据担保国法律构成机密信息的规定

澳大利亚政府表示，理事会将数据和资料列为机密信息的过程和时间需要明确，因工作原因获得机密数据和资料的海管局员工不仅有保密义务，而且不得使用机密信息。[1] 巴西政府主张，巴西最新矿业立法有关机密信息的规定采取的也是以公开为原则、不公开为例外的做法；即原则上信息都是公开的，除非构成机密信息。但是其认为信息的机密性应当由法技委决定，而不是由秘书长决定。[2] 密克罗尼西亚指出，机密信息的认定是很重要的，不能借着机密信息的名义鼓励开发从而损害海洋环境。同时，其认为根据担保国法律构成机密信息的规定存在很大的问题，可能会发生被担保国滥用的情况。因此，这一款应当删除或者修改为"担保国有关机密信息的规定必须符合海管局的规定，否则该国不能作为担保国"。[3] 日本政府表示，由于开发合同的期限已经长达30年，10年保护期限太短。[4] 牙买加政府认为，需要对机密信息的认定制定标准，同时删除根据担保国的法律构成机密信息

---

[1] Australia, General Comments from Australia on Draft Regulations on Exploitation of Mineral Resources in the Area, September 2018, p. 21.

[2] Brazil, Comments By Brazil on The ISBA Exploitation Code Draft, October 2018, p. 10.

[3] The Government of the Federated States of Micronesia, Comments on The Draft Regulations on Exploitation of Mineral Resources in the Area, October 2018, p. 7.

[4] The Government of Japan, Comments on the Draft Regulations on Exploitation of Mineral Resources in the Area (ISBA/24/LTC/WP.1/Rev.1), September 2018, p. 17.

的规定。❶ 意大利政府主张，根据担保国法律构成机密信息的规定应当删除。❷ 中国政府指出，机密信息的保护期限为 10 年太短，而开发合同的期限为 30 年。为了协调两者，中国政府认为除非承包者另有表示，否则机密资料在合同存续期间原则上都应当保密。❸

（三）开发派和环保派持相反观点

承包者主张海管局继续加强对机密信息的保护。国际海洋金属联合组织表示，与人事事项有关的数据和资料、雇员的健康档案或员工对其机密性有合理期待的其他文件，以及涉及个人隐私的其他事项，不应当在 10 年后到期。❹ 瑙鲁海洋资源公司主张，规章草案关于机密信息认定的标准过高，"实质危险"和"不公平的经济损害"应当改成"损害风险"，而且损害不限于经济损害。因为承包者在获得这些数据方面花费了大量的时间和资金。因此，应当对承包者的隐私进行保护。❺

环保派主张限制对机密信息的保护。非洲集团更注重信息的公开性、免费性和易于获得性，其希望海管局对机密信息的定义加以明确。❻ 欧盟地平线 2020 计划认为，机密信息的定义需要详

---

❶ The Government of Jamaica, Submission of Jamaica Comments on the Draft Regulations, September 2018, p. 26.

❷ The Government of Italy, Draft Regulations on Exploitation of Mineral Resources in the Area, September 2018, p. 4.

❸ 《中华人民共和国政府关于"区域"内矿产资源开发规章草案的评论意见》，2018 年 9 月 28 日，第 11–12 页。

❹ The Inter ocean metal Joint Organization, Comments to the Draft Regulation on Exploitation of Mineral Resources in the Area ISBA/24/LTC/WP. 1/Rev. 1, September 2018, p. 4.

❺ Nauru Ocean Resources Inc., Comments by Nauru Ocean Resources Inc. (NORI) on the Draft Regulations on the Exploitation of Mineral Resources in the Area, September 2018, p. 19.

❻ The African Group, African Group's submission to the International Seabed Authority Comments on the revised draft regulations on exploitation of mineral resources in the Area, September 2018, p. 4.

细考虑，同时要考虑开发规章和勘探规章关于机密信息的衔接问题，如果要基于学术理由推迟信息发布的期限一般是 3~4 年，而且机密信息的保护期限 10 年过长，一般是 3~5 年。❶ 深海活动倡议也认为，机密信息的包含范围过于宽泛，而且机密信息的保护期限 10 年过长。❷

**四、2019 年开发规章草案的规定以及各利益攸关方的评论意见**

（一）2019 年开发规章草案的规定

2019 年开发规章草案删除了根据担保国法律被视为机密资料的其他数据和资料，其他内容未作修改。

（二）开发派和环保派仍然持相反的观点

德国政府主张，关于信息的机密性，应当建立统一和明确的定义以区分什么信息是机密的，什么信息是可以公开的。❸ 俄罗斯政府主张应当在草案中增加一项理事会成员遵守保密程序的规定，因为目前草案只有关于法技委和秘书处成员关于保密的规定，而理事会成员也是有可能接触到机密信息的。❹ 中国政府认为，机密资料在交给秘书长 10 年后将不再视为机密资料。根据现有规章草案规定，开发合同期限可为 30 年，而机密资料的保密期限仅为 10

---

❶ The EU ATLAS Horizon 2020 Project, RE: ATLAS Submission regarding the Draft Regulations for Exploitation, September 2018, pp. 10 – 12.

❷ Deep – Ocean Stewardship Initiative, "Draft Regulations on Exploitation of Mineral Resources in the Area", September 2018, p. 9.

❸ The Federal Republic of Germany, Comments on the Draft Regulations on Exploitation of Mineral Resources in the Area, October 2019, p. 23.

❹ The Russian Federation, Comments and Remarks of the Russian Federation on the Draft Regulations on Exploitation of Mineral Resources in the Area, October 2019, p. 18.

年，两者缺乏协调。除非承包者另有表示，机密资料在合同存续期间原则上都应保密。❶ 英国政府则表示，在有人违反了保密义务的情况下，海管局应当将该事项通知承包者和担保国，以保护承包者的利益。❷ 深海管理中心则认为任何涉及环境保护的数据和资料都不应属于机密资料，学术原因也不是推迟公开数据的理由。❸ 深海保护联盟认为海管局应当制定一个程序使利益相关者有机会反对将某些信息指定为机密信息，同时其也认为学术原因不是豁免环境信息公开的理由。❹ 可持续发展研究所也主张海管局需要列明环境信息具体包含哪些信息，学术理由不属于不公开环境信息的理由，同时，其认为仅由秘书长来决定信息的机密性不合适，建议设立一个数据委员会来决定数据的机密性。❺

## 本章小结

人类共同继承财产原则的一个重要的构成要素就是共同管理。这就必然要求提高作为代表全人类对"区域"活动进行管理的海

---

❶ 《中华人民共和国政府关于"区域"内矿产资源开发规章草案的评论意见》，2019 年 10 月，第 17 页。
❷ The United Kingdom, Submission of the United Kingdom Government in response to the March 2019 draft Regulations on Exploitation of Mineral Resources in the Area, October 2019, p. 10.
❸ Deep‑Ocean Stewardship Initiative, Comments on the Draft Regulations on Exploitation of Mineral Resources in the Area, October 2019, p. 13.
❹ Deep sea Conservation Coalition, DSCC Submission on March 22 Version of Draft ISA Exploitation Regulations, October 2019, p. 24.
❺ Institute for Advanced Sustainability Studies e. V. (IASS), IASS Comments on the Draft Regulations on Exploitation of Mineral Resources in the Area, October 2019, pp. 16–17.

管局工作的透明度。与此同时，机密信息的保护对于承包者来说具有重要的意义。机密信息是企业的竞争利器，是确保企业持续成功的经营要素，机密信息的泄露可能对承包者产生重大的经济影响。因此，海管局的信息管理制度，既要能够实现信息的公开和透明，又要确实保护承包者的机密信息不被泄露。

机密信息的保护是企业发展各个阶段的优先事项之一，特别是非常注重创新的行业，深海采矿业更是如此。机密信息的认定是保护机密信息的第一步，TRIPS 协定关于"未披露信息"的规定为机密信息的判断标准提供了借鉴，即机密信息的认定也需要满足秘密性、价值性和保密性三个构成要件。非机密信息虽然可以供其他第三方免费使用，但是也必须遵守一定的规则和程序，以体现对承包者劳动的尊重。同时，海管局作为承包者机密信息的主管机关，应当采取严格的保密措施保护承包者的机密信息。如果因为海管局的原因导致承包者的机密信息泄露，海管局必须承担损害赔偿责任。

# 第六章
# 中国与国际海底区域资源开发制度

## 第一节 中国与国际海底区域资源开发制度的形成

### 一、中国与第三次海洋法会议

中华人民共和国恢复在联合国的合法席位后,参加了第三次海洋法的一系列会议。1972—1973年,中国参加了联合国和平利用国家管辖范围以外海床洋底委员会的四次会议。1973—1982年,中国自始至终参加了为期9年的第三次联合国海洋法会议,并于1982年12月签署了《公约》。中国在第三次海洋法会议中对国际海底区域的立场和主张主要体现在以下几个方面:

(一)中国为"区域"及其资源是人类共同继承财产的坚决支持者

"区域"及其资源属于人类共同继承财产在联合

国会议上被提出来以后，中国政府积极支持这一原则，极力反对超级大国企图凭借它们的经济、技术力量，推行霸权主义，将国际海底资源据为己有的行为。1972年7月27日，夏瑛代表在海底委员会第一小组委员会议上关于海洋国际制度问题的发言中阐述了中国的立场，指出："在《原则宣言》中包括一些过去国际法没有规定过的概念，如人类共同继承财产的概念。我们认为国际海底区域及其资源既然在各国管辖范围以外，原则上应为世界各国人民共有，不能允许海洋霸权主义国家任意霸占各国管辖范围以外的区域和掠夺这个区域的资源。《原则宣言》中明确规定任何国家和个人均不得以任何方式将该区域的任何部分据为己有，对它行使主权，或宣称拥有与行将建立的国际制度相抵触的权利，这是十分必要的。"[1] 陈志方代表指出，在相关国际制度建立以前就在国家管辖范围以外的海床洋底区域任意进行开发资源的活动，是与人类共同继承财产的概念背道而驰的。[2] 沈韦良代表也指出，"广大发展中国家一贯坚决维护国际海底资源是人类共同继承财产的原则，一贯坚决反对任何国家和私人企业掠夺国际海底资源的企图。中国政府坚决支持广大发展中国家的这一原则立场"[3]。中国代表在第三次海洋法会议上的其他场合也多次表达了对人类共同继承财产原则的支持。

---

[1] 北京大学法律系国际法教研室编《夏瑛代表在海底委员会第一小组委员会会议上关于国际机构问题的发言（1973年3月27日）》，《海洋法资料汇编》，人民出版社，1974，第54-56页。

[2] 北京大学法律系国际法教研室编《陈志方代表在海底委员会全体会议上关于各国应继续为海洋法会议进行准备的发言（1972年8月17日）》，《海洋法资料汇编》，人民出版社，1974，第45页。

[3] 沈韦良：《沈韦良代表在一委非正式协商会议上的发言（1977年5月31日）》，《我国代表团出席联合国有关会议文件集（1977.1-6）》，人民出版社，1978，第49页。

(二) 中国支持建立管理"区域"活动的专门机构

关于"区域"的管理机构，中国极力支持 77 国集团提出的由海管局进行统一管理和开发的主张，反对超级大国限制海管局的权力。1973 年 3 月 27 日，夏璞代表在发言中指出，国际海底区域及其资源是在国家管辖范围之外，原则上属各国人民所共有，为此建立的相应的国际机构，也应当由世界各国共同管理。国际机构的性质应当是为世界各国人民，特别是占世界人口绝大多数的发展中国家谋福利。国际机构对"区域"的科学研究、探测以及资源的开发应该具有管理权力。❶ 1975 年 4 月 15 日，王崇理代表中国在第一委员会工作组会议上关于勘探和开发问题的发言中，主张："七十七国集团为了表现进行协商的诚意，提出了 L.7 号文件，文件提出了一系列重要原则规定，包括海管局的职权和地位，我们认为是合理的。"❷ 1976 年 8 月 20 日，我国代表发言认为："七十七国集团的文案维护了国际海底区域及其资源是人类共同的财产和海管局代表人类在区域中行使一切权力的原则，并规定区域内的活动应全部由海管局进行，活动的方式由海管局决定，海管局对区域内的活动实施充分有效的控制，我们对此表示欢迎和支持。"❸ 随后，在 1977 年 6 月 23 日吴晓达代表在一委非正式协商会议上、1978 年 5 月 1 日欧阳楚屏代表在第三小组会议上再次声明了中国

---

❶ 《夏璞同志在海底委员会第一小组委员会会议上关于国际机构问题的发言（1973 年 3 月 27 日）》，《我国代表团出席联合国有关会议文件集（1973）》，人民出版社，1973，第 69 页。
❷ 《王崇理同志在第一委员会工作组会议上关于勘探和开发问题的发言（1975 年 4 月 15 日）》，《我国代表团出席联合国有关会议文件集（1976.7 – 12）》，人民出版社，1977，第 173 页。
❸ 《我国代表在第一委员会工作组会议关于开发制度问题的发言（1976 年 8 月 20 日）》，《我国代表团出席联合国有关会议文件集（1975.1 – 6）》，人民出版社，1976，第 51 – 52 页。

政府的主张，并对海管局理事会的组成提出了自己的意见。❶

（三）区域内的开发制度

1. 主张"单一开发制度"，反对"平行开发制度"

关于"区域"的开发制度，中国政府主张由海管局进行统一开发和管理，即"单一开发制度"，坚决反对超级大国提出来的"平行开发制度"。1976年8月20日，我国代表发言主张："七十七国集团修正案的基本原则就是'区域'内的一切活动应该全部由海管局或者在海管局充分、有效的控制下进行，区域内活动的方式由海管局决定，我们认为这样的规定是完全必要的、合理的，有利于维护'区域'作为全人类共同财产这一最基本要求……超级大国主张所谓'平行开发制度'，就是要摆脱海管局的管理和控制，搞独立王国，其目的就是把国际海底及其资源从人类共同财产变为一、两个超级大国的私产。"❷ 1977年6月10日，沈韦良代表在一委工作组会议上再次强调，中国所主张的原则立场是只有海管局才能代表全人类，因此在《公约》中应该规定，国际海底资源的开发全部由海管局进行，而不能实行超级大国主张的平行开发制度。因此，我们认为必须如七十七国集团主张的那样，明确规定"区域"内的活动全部由海管局进行。❸ 中国代表还认为，两个超级大国硬要把它们鼓吹的"平行开发制"强加于会议，就

---

❶ 《吴晓达代表在一委非正式协商会议上的发言（1977年6月23日）》，《中国代表团出席联合国有关会议文件集（1977.1-6）》，人民出版社，1978，第59页。《欧阳楚屏代表在第三协商组会议上的发言（1978年5月1日）》，《中国代表团出席联合国有关会议文件集（1978.1-6）》，人民出版社，1978，第133-134页。

❷ 《我国代表在第一委员会工作组会议上关于开发制度问题的发言（1976年8月20日）》，《我国代表团出席联合国有关会议文件集（1976.7-12）》，人民出版社，1977，第173-174页。

❸ 《沈韦良代表在一委工作组会议上的发言（1977年6月10日）》，《我国代表团出席联合国有关会议文件集（1977.1-6）》，人民出版社，1978，第53-54页。

是企图在合法的外衣下大肆掠夺国际海底资源，使"人类共同财产"变为它们的"私产"。❶

2. 从"单一开发制"到"平行开发制"的妥协

随着矛盾的升级，为了能让发达国家尽可能地同意《公约》的内容，中国对"区域"资源平行开发制度的态度有所转变，作出了一定的让步。欧阳楚屏代表在会议上指出，发展中国家一直坚持国际海底及其资源是人类共同继承财产的原则，国际海底的勘探开发活动只能由代表全人类的海管局进行。但是考虑到一些工业化国家的主张，同意接受"平行开发制"。❷ 即如果海管局认为有必要，可由它决定，并在它的充分有效的控制下，由缔约国和它们的企业同海管局以协作的方式进行开发，但这种办法只能是过渡性的，经过一定时期后应该自动终止，或由海管局开会决定在什么时候终止。❸ 安致远代表主张，开发问题的实质就是所谓"单一制度"和"平行制度"的问题，在当前过渡阶段，在海管局直接进行开发的同时，允许缔约国和其他实体在一定条件下进行开发，这对发展中国家来说是一个很大的让步。但让步的条件是要保证海管局对"区域"活动的有效控制，保证海管局通过企业部在开始开发时具有同其他进入"区域"的实体的同样的实际条件。❹ 正如柯在铄代表所言："同意采取一种平行开发的办

---

❶ 《沈韦良代表在全体会议上的发言（1977年6月28日）》，《我国代表团出席联合国有关会议文件集（1977.1-6）》，人民出版社，1978，第64页。

❷ 《欧阳楚屏副代表在第一委员会全体会议上的发言（1980年4月1日）》，《我国代表团出席联合国有关会议文件集（1980.1-6）》，世界知识出版社，1981，第91页。

❸ 《沈韦良代表在一委工作组会议上的发言（1977年6月10日）》，《我国代表团出席联合国有关会议文件集（1977.1-6）》，人民出版社，1978，第53-54页。

❹ 《安致远团长在第一协商组会议上的发言（1978年4月17日）》，《我国代表团出席联合国有关会议文件集（1978.1.-6）》，人民出版社，1978，第119页。

法作为过渡时期的勘探开发制度,这是发展中国家的重大让步。"❶

(四) 资金和技术转让

关于技术转让和资金问题,由于海管局自己没有资金和技术,中国政府主张:"国家及企业参加开发,一方面获得利益,另一方面还需承担一定义务,包括向海管局提供资金和转让技术,我们认为,向海管局提供资金和技术应是一个先决条件,只有同意承担这个义务的国家及企业才能进入开发,否则,保证海管局进行开发势必成为一句空话。"❷ 柯在铄代表发言指出,一个是企业部的优先地位,一个是其他进入区域的实体必须承担帮助企业部具有财政和技术能力的义务,这两点我们认为是基本的和关键的,不能进行实质性的修改。关于技术转让,文案必须明确规定向企业部转让技术,转让技术是订立合同的一个先决条件,并且应该是在对企业部优惠的和公平合理的条件下进行,谈判有关技术转让的协议时,必须有一个确切的保证,避免无休止地拖延下去。❸

## 二、1983 年至 1994 年筹委会工作期间

与《公约》一并于 1982 年 4 月 30 日通过的决议一,规定了海管局和国际海洋法庭筹备委员会(以下简称海底筹委会)的建立。❹

---

❶ 《柯在铄代表在全体会议上就第一委员会工作报告的发言(1979 年 4 月 26 日)》,《我国代表团出席联合国有关会议文件集(1979.1 - 6)》,世界知识出版社,1980,第 88 页。

❷ 《安致远团长在第一协商组会议上的发言(1978 年 4 月 17 日)》,《我国代表团出席联合国有关会议文件集(1978.1. - 6)》,人民出版社,1978,第 120 页。

❸ 《柯在铄代表在第一协商组会议上的发言(1978 年 4 月 25 日)》,《中国代表团出席联合国有关会议文件集(1978.1 - 6)》,人民出版社,1978,第 121 - 122 页。

❹ United Nations, Treaties and International Agreements Registered or Filed and Recorded with the Secretariat of the United Nations, Final Act of the Third United Nations Conference on the Law of the Sea, Vol. 1835, 1998, p. 175.

中国政府代表团出席了海底筹委会的各届各次会议。

（一）反对美国等西方国家对"区域"的单方立法行动和"迷你条约"

由于对《公约》第十一部分关于"区域"开发制度不满意，在第三次联合国海洋法会议的最后阶段，若干工业化国家对深海海底矿址提出了单方面主张，并颁布了国内立法，对此种主张予以相互对等承认。美国于 1980 年通过了《美国深海海底硬固体矿物法》，其他主要西方国家也相继出台了类似的相关国内法。根据它们颁布的国内法，相关的主体可以在得到所在国的允许后进行深海的勘探和开发活动。1982 年 9 月，美国和英国、法国、联邦德国签订了"四国小条约"，主要目的是解决彼此之间可能发生的深海多金属结核区域重叠问题。[1] 1984 年，美国与其他 7 个西方国家（英国、日本、意大利、法国、联邦德国、比利时和荷兰）签订了"八国协议"。这些协议统称为"迷你条约"，旨在在进一步颁发深海勘探和开发许可证方面进行合作，以建立与《公约》体制相抗衡的"区域"资源开发制度。

上述行为和协议，遭到了广大发展中国家的强烈反对。在 1986 年召开的第四届会议上，七十七国集团在与有关各方协调立场后，提出了一份维护《公约》完整性的宣言草案。集团主席要求会议通过草案并强调指出应拒绝承认在海底筹委会之外提出的勘探国际海底及其资源的任何要求。中国政府代表团对该宣言草案投了赞成票，并强调一切勘探和开发国际海底区域及其资源的活动必须遵守《公约》和有关决议的规定，任何国家在《公约》之外和背着海底筹委会擅自颁发勘探许可证的行为，中国都是反

---

[1] R. R. Churchill and A. V. Lowe, The Law of the Sea (Third Edition), p. 232.

对的。❶

(二) 成为国际海底区域的先驱投资者之一

与《公约》一并于 1982 年 4 月 30 日通过的决议二，规定了与多金属结核有关的先驱活动预备投资规则。决议二背后的意图是创建一项自《公约》通过之时至生效之时适用的临时制度，以承认并保护早期投资者在发展海底采矿技术、设备和专门知识方面以及在研究和确定潜在采矿区域方面已经作出的大量投资。而且，尽早完成先驱投资者登记工作，可以吸引主要工业国家签署《公约》，以间接地加速《公约》生效进程并将早期投资者的活动纳入《公约》框架之下。❷

按照海底筹委会确定的程序，先驱投资者应进行申请登记，在海底筹委会 1986 年第四届会议上，法国、印度、日本、苏联均向委员会正式提出申请，并于 1987 年获得通过。在筹委会第八届会议纽约会议上，中国代表团向筹委会提交了要求将中国大洋矿产资源研究开发协会（以下简称中国大洋协会）登记为先驱投资者并分配国际海底矿区的申请。中国早已具备了先驱投资者的资格，并于 1990 年完成了申请矿区的选择、有关数据和图表的准备工作。在纽约会议一开始，中国代表团便将申请国际海底矿区的意愿和有关情况向负责海洋事务的联合国副秘书长南丹和海底筹委会主席做了口头通报。经联合国秘书长安排，中国常驻联合国代表李道豫大使向联合国副秘书长南丹提交了中国政府要求将

---

❶ 中华人民共和国外交部外交史编辑室：《中国外交概览》，世界知识出版社，1987，第 420 – 421 页。

❷ International Seabed Authority Council, Report of the Chair of the Legal and Technical Commission on the work of the Commission at its session in 2016, ISBA/22/C/17, p. 15.

"中国大洋矿产资源研究开发协会"登记为先驱投资者、并分配国际海底矿区的申请书。❶

1991年，海底筹委会一致通过了中国的申请，将15万平方公里的矿区分配给中国。自此，中国成为继印度、法国、日本和苏联之后的第5个在联合国登记的先驱投资者。按照决议二的规定，已登记的先驱投资者在享有专属勘探权等权利的同时，也应承担一些义务。鉴于国际形势包括国际金属市场形势的变化，第一批4个先驱投资者经过努力，已免除了在一定期间内每年缴纳100万美元固定年费的义务。在承担其他义务方面，各有不同。筹委会对法国、日本和苏联三国与印度作了区别对待，印度相对承担了较少的义务。中国认为，中国与印度的情况类似，应按印度的模式解决中国履行义务问题。经过反复协商，中国履行义务问题得到合理解决。❷

（三）积极参与《公约》第十一部分的协商工作

由联合国秘书长主持的关于《联合国海洋法公约》第十一部分的非正式磋商开始于1991年。1991年，联合国秘书长邀请了包括美国等西方国家在内的20多个国家，就《公约》第十一部分进行非正式磋商，以决定如何调整《公约》的有关规定。发展中国家强烈主张维持《公约》第十一部分原有的规定，只作些小的必要调整，而发达国家则主张对这一部分要作较大的修改。

中国一直派代表团参加了各次非正式磋商。但考虑到中国于1991年2月登记为国际海底采矿的先驱投资者之后，在利益上已

---

❶ 中华人民共和国外交部外交史编辑室：《中国外交概览》，世界知识出版社，1991，第454－455页。

❷ 中华人民共和国外交部外交史编辑室：《中国外交概览》，世界知识出版社，1992，第471页。

经发生变化，调整《公约》中某些不合时宜的规定对我国并无不利。中国在非正式磋商中的基本做法是：不反对各方对《公约》海底部分的修改意见，同意在维护人类共同继承财产的原则下制定有利于促进深海开发的规章。[1] 如在缔约国承担费用的问题上，中国代表发言指出，鉴于深海商业开发还要相当长一段时间才能进行，在过渡时期对海管局的设置采取循序渐进的办法是可取的，设置海管局机构的指导方针应是节约开支提高效率，目前无须设立过多的附属机构，而应减少到最低限度，秘书处的设立应按照精简、高效、灵活的原则，其工作人应以执行目前职务的需要为限。[2] 中国以建设性态度参与磋商，一方面支持对《公约》已显过时的规定进行调整；另一方面支持发展中国家的合理主张，发挥了独特的作用。[3]

1993年11月16日，《公约》得到第60个国家的批准。按有关规定，《公约》将于1994年11月16日生效。同年7月，第48届联合国大会通过了《关于执行1982年12月10日〈联合国海洋法公约〉第十一部分的协定》。1994年11月16日，在牙买加首都金斯敦召开了庆祝《公约》生效和海管局成立的大会。《公约》的生效和海管局的成立是1994年国际社会引人注目的重大事件之一，是国际法发展史上的一个重要里程碑。它标志着一套公认的"区域"制度的基本确立。[4] 中国代表团团长秦华孙在海管局第一届第

---

[1] 虞源澄：《联合国秘书长关于海底问题磋商评述》，载中国国际法学会主编《中国国际法年刊（1992）》，中国对外翻译出版公司，1993，第364页。
[2] 赵理海：《海洋法问题研究》，北京大学出版社，1996，第168页。
[3] 中华人民共和国外交部外交史编辑室：《中国外交概览》，世界知识出版社，1994，第594页。
[4] 金建才：《国际海底问题与〈联合国海洋法公约〉》，载中国国际法学会主编《中国国际法年刊（2004）》，法律出版社，2005，第196页。

一次会议上发言阐明了中国对《公约》生效、对《执行协定》和海管局成立的原则立场，认为《公约》是迄今为最全面、最有影响力的管理海洋的国际公约，尽管《公约》有不足之处，但它基本上反映了大多数国家在开发、利用和保护海洋方面的共同愿望和利益。[1]

## 三、中国与海管局（1995年至今）

### （一）积极参与海管局的组建工作

《公约》生效以后，海管局的组建工作成为海洋法工作的重点。在海管局的5个机构中，理事会具有最重要的地位，因为它是海管局的执行机关，它有权依《公约》和大会制定的一般政策，制定海管局对于其权限范围以内的任何问题或事项所应遵循的具体政策。由于理事会的重要性，理事会的组成是非常微妙的，它由36个成员组成，包括4个消费国（A组）、4个投资国（B组）、4个生产国（C组）、6个代表特殊利益的发展中国家（D组）以及按照区域分配的18个席位（E组）。竞选A类的理事会成员的国家同意提名日本、俄罗斯、英国、美国为该组的候选人。美国为使英国、日本能够任期四年，提出由美国和俄罗斯任期两年，但依据《公约》美、俄在A组中拥有常任席位，这种安排将导致A类在四年内没有轮流，中国和法国坚决反对美国的建议。经过一系列协商，中国于1996年成为B组（中国、印度、德国、荷兰）的成员，并在2000年获得连任。值得注意的是，尽管中国有资格获得D组（发展中国家）和E组（区域代表）的候选资格，

---

[1] 中华人民共和国外交部外交史编辑室：《中国外交概览》，世界知识出版社，1995，第664－665页。

但中国却在 B 组当选，这反映了中国国际地位的变化。这在 20 世纪 70 年代和第三次联合国海洋法会议期间是难以想象的。❶ 此外，还有两名中国专家分别当选为法技委和财务委员会的委员。2004 年，中国成功当选为理事会 A 组成员，即最大消费者集团成员。此后，中国成功连任 A 组理事会成员至今。实际上，作为消费者集团的 A 组成员在海管局的影响最大。由此，我国在海管局由主要投资国转为主要消费国以后，可以更灵活地参与制定海底开发政策。

（二）积极参与"区域"矿物资源勘探规章的制定工作

由于海底筹委会对于深海海底采矿规则、规章的制定基本没有什么成果，自《公约》于 1994 年生效后，海底筹委会的工作就由海管局接替。1997 年到 2000 年，海管局的主要工作是制定《多金属结核规章》。中国派出代表团积极参加了理事会对《多金属结核规章》的审议，并强调指出《多金属结核规章》应鼓励有条件的国家或实体，特别是发展中国家进入"区域"活动。❷ 在 2000 年海管局第六届会议上，中国代表就《多金属结核规章》的审议提出自己的意见。首先，在机密信息问题上，中国代表强调规章应当保护承包者，规定非法泄露机密信息的法律责任和处罚制度。其次，在环境问题上，将"预防措施"（precautionary measures）修改为"预防性方法"（precautionary approach）。因为对中国而言，采取预防措施或采用预防原则会要求承包者在有证据表明采矿活动可能造成环境破坏之前，需要在环境设备上投入大量资金。再次，中国代表还主张应当将"最佳可用技术"（best available technology）修改

---

❶ Zou Keyuan, China's Efforts in Deep Sea‐Bed Mining: Law and Practice, The International Journal of Marine and Coast Law, Vol. 18, 2003, p. 501.

❷ 中华人民共和国外交部外交史编辑室：《中国外交概览》，世界知识出版社，1999，第 667 - 668 页。

为"对承包者来说的最佳可用技术"（best technology available to the miners），这样承包者就可以避免因购买世界上最好的技术而造成的沉重财务负担。最后，在中国、俄罗斯和其他国家的努力下，简化了向海管局报告的程序。例如，原来承包者需要单独向海管局提交海洋环境变化和海洋监测的报告被整合为一项报告。❶ 最终《多金属结核规章》于 2000 年获得通过。

2002 年 8 月，海管局第八届会议召开，大会讨论了多金属硫化物和富钴铁锰结壳新探矿的制定等问题。中国对理事会启动有关"区域"内新资源的探矿规章的讨论表示支持，认为海管局对于保护"区域"内海洋环境拥有广泛职责，支持加强海管局在海洋研究的协调作用。针对《"区域"内多金属硫化物和富钴结壳探矿和勘探规章草案》，中国代表团表示，制定探矿草案应当遵守两大原则，即"区域"及其资源是人类共同继承财产原则和市场经济规律原则。❷ 同时，中国代表指出，两种资源的性质不同，应该分别制定规章草案。而且国际社会对多金属硫化物资源的了解程度低，特别是对矿床规模和分布特征等地质因素以及资源的经济分析等方面的研究存在很大不足，规章制定应谨慎行事，不能急于求成。❸ 中国的主张得到了巴西等代表团的支持，最终也得到了理事会的支持。❹ 经过反复的讨论，2010 年《多金属硫化物规章》正式通过。同时，理事会继续审议富钴结壳规章草案。2012 年，

---

❶ Zou Keyuan, China's Efforts in Deep Sea–Bed Mining: Law and Practice, p. 503.
❷ 中华人民共和国外交部外交史编辑室：《中国外交概览》，世界知识出版社，2006，第 329 页。
❸ 中华人民共和国外交部外交史编辑室：《中国外交概览》，世界知识出版社，2008，第 269 页。
❹ 中华人民共和国外交部外交史编辑室：《中国外交概览》，世界知识出版社，2007，第 322 页。

《富钴结壳规章》正式通过。

### （三）落实海洋环境保护

环境问题一直是海管局的优先事项之一，也是中国政府相当注重的问题。早在1998年6月，海管局在中国的海南省三亚市举办了其成立以来的第一次"区域"内多金属结核勘探环境影响评估准则研讨会，中国大洋协会受海管局的委托承办了此次会议，为会议的成功举行提供了保障。❶ 这次会议大致检阅了各有关国家和组织已有的深海环境调查工作，讨论和制定了《"区域"内勘探活动可能引起的环境影响的评估准则草案》。❷ 法技委在1999年8月海管局第五届会议上开始审议《多金属结核勘探可能对环境造成影响的评估指南》（以下简称《环境评估指南》）。根据《环境评估指南》，所有的承包者包括中国政府在内，需要建立环境基线以评估其工作方案对海洋环境可能产生的影响，以及监测和报告此类影响的计划。中国实施的"基线及其自然变化"计划被列为海管局的四大国际合作项目之一，而且被视为中国对"区域"勘探的重大贡献。❸ 同时，在"区域"资源勘探规章制定的过程中，中国也一直强调海洋环境的保护。中国代表认为，海管局对于保护"区域"内海洋环境拥有广泛的职权，支持加强海管局在海洋研究中的协调作用。❹ 2018年5月，中国大洋协会与海管局在中国青岛联合举办了"西北太平洋海山区区域环境管理计划国际研讨会"，会

---

❶ 中华人民共和国外交部外交史编辑室：《中国外交概览》，世界知识出版社，1999，第668页。

❷ 孙志辉：《国际海底管理局深海环境影响评价研讨会》，载中国海洋法年鉴编纂委员会，《中国海洋法年鉴》，海洋出版社，2000，第512页。

❸ Zou Keyuan, China's Efforts in Deep Sea–Bed Mining: Law and Practice, p. 505.

❹ 中华人民共和国外交部外交史编辑室：《中国外交概览》，世界知识出版社，2005，第395页。

议成果为在相关海域设立区域环境管理计划提供了宝贵的经验。

(四) 已获得五块深海矿区

1. 大洋协会的建立

为了和"区域"活动接轨,中国需要建立一个机构来协调深海科学活动和国际事务。中国大洋协会于1990年4月9日经国务院批准应运而生,其宗旨是通过国际海底资源研究开发活动,开辟我国新的资源来源,促进我国深海高新技术产业的形成与发展,维护我国开发国际海底资源的权益,并为人类开发利用国际海底资源做出贡献。[1] 中国获得国际海底先驱投资者的地位之后,加强了对太平洋深海海底海床的科学考察。

2. 已获得五块深海矿区

中国大洋协会为中国的深海矿区制定了一个长期的勘探计划(1991—2005)。勘探计划的目标是为放弃50%的分配面积以及将来的深海开发技术做好准备。1991年至1995年,中国大洋协会组织了5次远洋航行活动,放弃了30%的开辟区,建立了海洋矿物资源数据库,并于1994年至1995年通过赞助外国科学家培训计划履行了先驱投资者的义务。1996年至2000年,中国大洋协会继续组织深海勘探活动。在海管局1997年8月的第三届第二期会议上,中国作为先驱投资者为期15年的工作计划获得海管局核准。1999年3月5日,中国大洋协会最终完成了开辟区50%的放弃义务。2001年5月22日,海管局秘书长南丹和中国大洋协会秘书长金建才在北京正式签订了勘探合同。该合同使中国大洋协会能够继续开展在东北太平洋的多金属结核的勘探活动,并赋予中国大洋协

---

[1] 中国大洋矿产资源研究开发协会:《协会简介》,http://www.comra.org/2013-09/23/content_6322477.htm,访问日期:2018年11月18日。

会专属勘探该区域的权利。勘探合同于 2016 年到期，但由于客观原因，承包者未能进入开发阶段。2016 年第 22 届海管局会议核准了中国大洋协会等 6 个承包者的勘探合同延期申请。在 2010 年海管局的第 16 届会议上，中国大洋协会向海管局提出"区域"内多金属硫化物勘探矿区申请。2011 年海管局第 17 届会议通过了中国位于西南印度洋的一万平方公里多金属硫化物勘探矿区申请。[1] 2014 年，中国在东北太平洋获得面积为 3000 平方公里的富钴结壳合同区。2015 年 7 月 20 日，中国五矿集团获得东太平洋 7 万多平方公里的国际海底多金属结核资源勘探矿区的专属勘探权和优先开发权。2018 年 12 月 21 日，北京先驱高技术开发公司（以下简称先驱公司）向海管局秘书长提交了请求核准西太平洋多金属结核勘探工作计划的申请书，并且已经向海管局缴纳了 50 万美元的申请费。[2] 2019 年 7 月 15 日，海管局于第 25 届会议上核准了该申请，中国成为世界上第一个在"区域"同时拥有"三种资源、五块矿区"的国家（中国的深海勘探合同区见表 6.1）。并列第二的是俄罗斯联邦政府和韩国政府，拥有三种资源、三块矿区。[3]

表 6.1 中国深海矿区一览表

| 时间 | 主体 | 资源种类 | 位置 | 面积/平方公里 | 期限 |
|---|---|---|---|---|---|
| 2001 | 中国大洋协会 | 多金属结核 | 东北太平洋 | 7.5 万 | 15+5 |
| 2011 | 中国大洋协会 | 多金属硫化物 | 西南印度洋 | 1 万 | 15 |

---

[1] 中华人民共和国外交部外交史编辑室：《中国外交概览》，世界知识出版社，2012，第 282 页。

[2] 国际海底管理局法律和技术委员会：《北京先驱高技术开发公司请求核准多属结核勘探工作计划的申请书》，ISBA/25/LTC/3，第 1-3 页。

[3] 国际海底管理局理事会：《"区域"内勘探合同现状》，ISBA/24/C/5，第 3-5 页。

续表

| 时间 | 主体 | 资源种类 | 位置 | 面积/平方公里 | 期限 |
|---|---|---|---|---|---|
| 2014 | 中国大洋协会 | 富钴铁锰结壳 | 西北太平洋 | 0.3万 | 15 |
| 2015 | 中国五矿集团 | 多金属结核 | 东北太平洋 | 7.3万 | 15 |
| 2019 | 中国先驱公司 | 多金属结核 | 西太平洋 | 7.4万 | 15 |

## 四、中国在"区域"问题上的反思

### （一）第三次海洋法会议，意识形态对立过于浓厚

近代以来，印在中国人民深深的记忆里的是在西方列强和日本手中遭受的磨难和耻辱，这使我们本能地反对这些国家在海洋问题上的任何主张，因为我们极度怀疑他们的动机。❶ 中国政府从一开始就将海洋法会议定位为第三世界对抗海洋霸权的一次斗争。中国代表发言指出："当前国际上有关海洋权问题的斗争，实质上就是侵略与反侵略、掠夺与反掠夺、霸权与反霸权的斗争，是亚、非、拉国家维护民族权益、捍卫国家主权、反对超级大国海洋霸权主义的斗争。"❷ 我们抓住一切机会来批判美苏的主张，然而，忙于和超级大国作斗争并不总是符合中国的国家利益。❸ 坚持国际海底资源的单一开发制度对中国来说也是一种限制和束缚。❹

---

❶ Charles Douglas Bethill, People's China and the Law of the Sea, The International Lawyer, Vol. 8, 1974, p. 750.
❷ 《安致远代表在海底委员会全体会议上发言阐明我国政府关于海洋权问题的原则立场》，载《我国代表团出席联合国有关会议文件集1972年续集》，人民出版社，1972，第189-190页。
❸ Hungdah Chiu, China and the Law of the Sea Conference, Occasional Papers/Reprints Series in Contemporary Asian Studies, Issue 4, 1981, p. 25.
❹ 陈慧青：《中国与〈海洋法公约〉：历史回顾与经验教训》，《武大国际法评论》2017年第3期，第125-127页。

"国际海底区域及其资源是人类的共同继承财产"是海洋法的一项重要创新,也是中国等广大发展中国家同海洋大国产生强烈冲突的地方,美苏等大国坚持的是国际海底的自由开发制度。自从我国被批准为深海采矿的先驱投资者以来,到目前为止我国在太平洋和印度洋共获得了5块专属深海矿区。根据《公约》平行开发制度的规定,申请人须向海管局提出两块价值相等的区域,由海管局选定一块作为保留区,由海管局开发,另一块由申请人开发。这里申请人已经丧失了一部分利益。而且,开发矿区需要缴纳高昂的费用。若根据中国政府坚持的单一开发制的主张,"区域"内矿产资源只能由海管局进行开发,中国连开发的资格也没有,更不用说海底资源收益。反之,若中国也主张公海海底的采矿自由,对公海和"区域"实行最小的限制,虽然发达国家会更快地开发海底资源,中国短期内会有损失,但是随着技术的进步和对资源需求的增多,中国很快就可以加入海底开发的活动行列。[1]

### (二)对"区域"制度的主张以反霸权为主向以自我利益为主转变

正如上文所述,中国在第三次海洋法会议的早期会议上的主张主要是以反霸权为主,因此,中国政府忽视了在会议上捍卫和维护自己海洋利益和权利的重要性。中国代表没有参加前两次海洋法的会议的经验,加上当时缺乏海洋法方向的国际法律人才,事先未能对相关问题进行充分的理论研究。因此,在参加第三次海洋法会议时,由于议题的复杂性,中国政府在与海洋强国的博弈中没有作好充分的调研和准备。一方面,在20世纪70年代早期,中国没有打算

---

[1] Victor H. Li, Sovereignty at Sea: China and the Law of the Sea Conference, Stanford Journal of International Law, Vol. 15, 1979, p. 233.

探索深海矿物资源,另一方面,即使中国在此期间有意这样做,中国也没有能力进行任何深海矿床勘探活动,因为当时中国的经济正处于崩溃的边缘。❶ 1976 年后,中国意识到了这方面的缺陷,加强了国际法方面的人才培训。❷ 在 1978 年中国实行改革开放政策以后,深海勘探变得可能。经济改革为中国提供了更强的经济实力和先进技术,使中国能够开始深入地进入海底探索活动。据报道,1982 年,中国致函第三次联合国海洋法会议主席,称中国已经在多金属结核勘查中花费了 8000 万元人民币(当时约为 4000 万美元)。

中国成为国际海底资源的先驱投资者以后,与之前的政治考量相反,中国的立场和主张变得越来越理性,向实用主义和自我利益导向转变。无论是在《公约》第十一部分的协商过程中还是在海底三个勘探规章的制定过程中,中国始终以建设性态度参与磋商,在维护中国自身利益的基础上支持发展中国家的合理主张,而不是简单地以意识形态提出自己的主张。

(三) 制定"区域"发展战略,促进深海活动进行

1999 年 10 月,中国政府在杭州举行了一次具有里程碑意义的全国会议,讨论中国未来的深海海底活动战略。会议达成了以下共识,即第一,从全球发展战略和大国战略的角度制定了区域国家战略;第二,鉴于国际海底将成为政治、经济、科技领域最重要的国际竞争场所之一,坚持积极参与"区域"活动的政策,寻求新的可开发资源,建立深海产业,推动深海技术和地球科学的发展,提升中国在"区域"事务和国际舞台的地位;第三,采取持续进行深海调查,大力发展深海技术,适时建立深海产业的方

---

❶ Zou Keyuan, China's Efforts in Deep Sea – Bed Mining: Law and Practice, p. 490.
❷ Hungdah Chiu, China and the Law of the Sea Conference, pp. 24 – 25.

针；第四，制定了 21 世纪上半叶 "区域" 活动的三个发展阶段，即资源勘查和矿址申请、研究和发展深海技术、建立深海产业。❶ 此后，中国在深海矿物的勘探和开发方面在区域和全球范围内日益占据主导地位。战略的制定为中国的深海事业指明了方向，突出了深海工作的重要性。因此，中国在以后的海洋工作中，也应当制定 "区域" 发展战略，促进深海工作的进行。

# 第二节　中国未来参与 "区域" 内活动的对策及建议

## 一、中国国际地位的变化和当前的国际海底形势

### (一) 中国国际地位的变化

中国的兴起是 21 世纪最大的变化之一。与 20 世纪 70 年代相比，中国的经济有了显著的增长。1978 年，中国的 GDP 远远低于美国，至 2006 年排名世界第六，低于美国、日本、德国、英国、法国。而至 2010 年中国超过日本成为世界第二大经济体，仅次于美国。根据世界银行 2022 年发布的 2021 年全球各国 GDP 总量排名，美国高居榜首，GDP 总量为 22.996 100 万亿美元；中国居第二，GDP 总量为 17.734 063 万亿美元；日本居第三，GDP 总量为 4.937 422 万亿美元。❷ 从 GDP 总量上看，中国和美国还有差距，

---

❶ Richard Page, An Overview of Chinese Policy, Activity and Strategic Interests Relating to Deep Sea Mining in the Pacific Region, January 2018, p. 3.
❷ Gross domestic product 2021, World Development Indicators database, World Bank, 2022, p. 1.

但是已经远远超过日本。有人预测中国可能在 2020 年到 2030 年的某个时间成为全球最大的经济体。❶ 尽管中国综合国力和国际影响力有较大的提升，但是中国始终坚持发展中国家的身份定位。正如外交部外交政策咨询委员会委员马振岗所述："中国的属性可以用一句话来概括：发展中的社会主义大国。"❷ 因为虽然我国 GDP 的总量大，但中国人口基数也大，人均 GDP 较低。

客观地讲，中国现在扮演多重角色：既是世界上最大的发展中国家，也是世界第二大经济体、安理会常任理事国之一，同时还是亚太地区的大国。随着经济的增长，中国现在已经成为全球治理的重要参与者。中国决定做或者不做什么对其他参与者有深刻的影响，许多全球性问题没有中国的参与也将难以解决。❸ 因此，中国应当合理利用自己的多重身份，在参与世界秩序的建设过程中，争取更多的主动权和话语权，发挥主导作用。

（二）当前的国际海底形势，对中国既是机遇，也是挑战

当前中国面临的机遇是，近年来国际金属市场的发展使国际海底矿产资源的开发前景更为乐观，各国纷纷加大对国际海底活动的投入，特别是私有企业对国际海底表现出了极大的兴趣，国际海底资源大规模商业开发初见端倪。无论是承包者、有关国家还是海管局，都已开始积极研究和采取措施应对转段。❹ 目前新一

---

❶ Louis Kuijs, China Through 2020—A Macroeconomic Scenario 1, World Bank China Office Research Working Paper, No. 9, 2009.

❷ 外交部官员：《中国坚持自身"发展中国家"的属性》，http://www.chinanews.com/gn/2010/08-17/2473339.shtml?finance=2，访问日期：2019 年 2 月 23 日。

❸ Jing Gu, John Humphrey and Dirk Messner, Global Governance and Developing Countries: The Implications of the Rise of china, Word Development, Vol. 36, 2008, p. 288.

❹ 中国大洋办公室：《黄惠康司长在中国大洋协会六届四次常务理事会上关于国际海底形势的发言》，《国际海域信息》2014 年第 2 期，第 28 – 29 页。

轮的蓝色圈地运动方兴未艾，各国纷纷将目光投向深海海底，未来深海海底将是国家经济实力和综合国力竞争的新舞台或者战场。从2000年开始，10年间海管局总共只收到和核准了8份矿区申请。而仅从2011年至2013年的两年时间内，海管局就收到了11份矿区申请。截至2022年5月，已经有31份矿区申请获得批准。从以上数据可以看出，各国抢占国际海底资源的态势明显加剧。

中国当前面临的挑战是，中国经济的持续崛起使其成为全球经济的重要主导力量，与此同时，经济的发展也带来了对能源和原材料的大量需求。具体表现为：第一，中国人口众多，对矿产资源的需求量大。根据国际货币基金组织的报告，中国是全世界的主要金属进口国，从2002年占全球份额的不到10%增长到2014年46%。[1] 第二，还有诸多深海勘探和开发技术难关需要攻克。第三，国际海底矿区争夺越来越激烈，保留区成为未来争夺的焦点。面对机遇和挑战，我们必须要有前瞻性，下先手棋，打好组合拳，占据未来国际竞争的制高点。中国从一个陆权大国向陆海兼备强国转变是实现中国梦的必由之路，未来的竞争主战场将是深海海底、远洋极地。

## 二、中国对"区域"内矿物资源开发规章草案的参与

自开发规章草案的制定工作开展以来，中国政府高度重视并积极参与了开发规章草案的制定工作，在海管局的各个场合表达了自己的立场和主张，这些立场和主张既反映了中国对开发规章的态度，也反映了目前开发规章草案存在的问题，主要内容包括：

---

[1] Richard Page, An Overview of Chinese Policy, Activity and Strategic Interests Relating to Deep Sea Mining in the Pacific Region, January 2018, p. 9.

## （一）中国政府关于开发规章草案的总体立场和主张总结

### 1. 开发规章应当充分落实人类共同继承财产原则

中国和广大发展中国一道，经过长时间的努力，将人类共同继承财产原则写入了《公约》之中，这是发展中国家与发达国家长期斗争的重要成果，也是第三世界国家不断发展壮大的必然结果。时至今日，开发规章草案的制定意味着人类共同继承财产原则有可能从理论走向实践。中国政府依然坚持着这一原则，并积极地为实现这一原则而努力。正如董晓军大使在海管局第20届大会上所言，"中国代表团愿继续践行'人类共同继承财产'原则，积极参与国际海底事务，积极探索与和平利用国际海底资源，妥善保护国际海底环境，为促进全人类的共同利益做出更大贡献"❶。中国政府也多次在开发规章草案的评论意见中指出，开发规章是规范"区域"内活动的法律文件，对落实人类共同继承财产原则至关重要，中国推动构建海洋命运共同体，高度重视开发规章制定工作，愿与各方一道，共同促进开发规章草案更加优化合理。❷

### 2. 开发规章应当实现资源开发与环境保护的平衡

我国对"区域"开发规章制定坚持的基本主张是，在坚持可持续发展和人类共同继承财产原则下，为未来"区域"内的采矿活动提供充分的法律保障，❸ 因此，开发规章应当实现资源利用和环境保护平衡、开发的商业可行性与开发的可持续性平衡。中国

---

❶ 中华人民共和国常驻国际海底管理局代表处："国际海底管理局第20届会议"，http://china-isa.jm.china-embassy.org/chn/gljhy/jh/t1385077.htm，访问日期：2020年3月11日。

❷ 《中华人民共和国政府关于"区域"内矿产资源开发规章草案的评论意见》，2019年10月1日，第2页。

❸ 何宗玉、林景高等：《国际海底区域采矿规章制定的进展与主张》，《太平洋学报》2016年第5期，第15页。

政府在提交的三份关于开发规章草案的评论意见中均指出，开发规章应当以鼓励和促进"区域"内矿产资源的开发为向导，同时按照《公约》及其附件以及 1994 年《执行协定》的规定，切实保护海洋环境不受"区域"内开发活动可能产生的有害影响。❶

3. 开发规章应当注重保障承包者的权利

承包者承担了落实"人类共同继承财产"原则的重任，其权利理应得到保护。实践中，能够从事国际海底勘探开发的国家是少数，绝大多数的发展中国家在技术和经济实力上，没有能力开发海底资源。因此，具有勘探开发能力的承包者要为人类共同利益开展工作，具体的做法之一就是要把所获利益进行全球分享。因此，未来的商业开采所得利益一定要照顾承包者的利益。❷ 对于拥有 5 块深海矿区的中国来说，更是如此。针对 2017 年开发规章草案的规定，中国政府表示，开发规章的正文不仅要全面规定承包者应承担的各项义务，也要全面规定承包者所享有的各项权利，包括勘探合同承包者的优先开发权，目前草案对承包者应当享有的权利缺乏规定，明显有失平衡。与此同时，中国政府还指出，开发规章草案正文用整个第五部分规定了承包者的义务，而对其权利几乎没有规定。承包者的权利仅在开发规章草案的附件十"开发合同的标准条款"中有所提及，这不足以保障承包者的合法权益，也无法体现规章内容和开发合同内容之间的协调。因此，建议在草案正文中也用专门的部分规定承包者的权利。❸

---

❶ 《中华人民共和国政府关于〈"区域"内矿产资源开发规章草案〉的评论意见》，2017 年 12 月 20 日，第 2 页。

❷ 中国大洋办公室：《黄惠康司长在中国大洋协会六届四次常务理事会上关于国际海底形势的发言》，《国际海域信息》2014 年第 2 期，第 29 页。

❸ 《中华人民共和国政府关于"区域"内矿产资源开发规章草案的评论意见》，2017 年 12 月 20 日，第 2-3 页、第 4 页、第 5 页、第 8 页。

4. 开发规章应当涵盖"区域"内资源开发活动的重要问题

开发规章作为落实"'区域'及其资源属于人类共同继承财产"原则的重要法律文件,应当涵盖"区域"内资源开发活动的重要问题。首先,开发规章应当规定具体和可操作的惠益分享机制。惠益分享是人类共同继承财产原则的重要内容和体现,也是《公约》为海管局规定的一项重要职责。制定开发规章不能将惠益分享排除在外。惠益分享作为"区域"资源开发整体制度设计中的重要一环,应与深海开发其他问题一并处理。其次,开发规章应详细规定企业部问题。企业部是直接进行"区域"内活动以及从事运输、加工和销售从"区域"回收的矿物的海管局机关,是《公约》规定的平行开发制的重要机构,也是发展中国家参与"区域"资源开发的重要渠道。开发规章草案虽然对企业部申请开发工作计划以及与其他承包者的联合安排等作出了规定,但内容过于简略,操作性不强,开发规章草案应当进一步丰富和细化有关企业部,如澄清"健全的商业原则"的含义和标准、尽快制定成立联合企业的标准和程序等。[1] 最后,开发规章应对"区域环境管理计划"作出规定。海管局已在克拉里昂－克利珀顿区创设了首个也是目前唯一一个区域环境管理计划,并正推动在大西洋中脊、西北太平洋等区域制定新的区域环境管理计划。中国政府认为,区域环境管理计划作为保护深海环境的重要措施,理应在开发规章中予以规定。

(二) 中国关于开发规章草案具体条款主张的总结

1. 明确担保国的责任

中国作为 5 块深海矿区的担保国,开发规章明确担保国的责任

---

[1] 《中华人民共和国政府关于〈"区域"内矿产资源开发规章草案〉的评论意见》,2019 年 10 月 15 日,第 2－3 页。

显得尤为重要。根据《公约》的规定，担保国有义务采取一切必要措施，确保受担保的承包者遵守海管局的规定。同时，《公约》附件三第4条第4款明确规定，担保国应按照第139条，负责在其法律制度范围内，确保所担保的承包者应依据合同条款及其在本公约下的义务进行"区域"内活动。开发规章草案当中也有关于担保国责任的规定，但是2017年开发草案的规定为担保国增加了义务，因此，中国政府强调《公约》已对担保国责任问题作出明确规定，开发规章不应为担保国创设新的义务。此外，制定开发规章还应充分考虑2011年国际海洋法法庭海底争端分庭关于担保国责任的咨询意见，确立的关于担保国责任的基本要素，如担保国的"确保遵守"义务是一种"适当尽职"义务，是行为义务，而非结果义务，担保国如已依法采取一切必要和适当措施，则对于其所担保的承包者因不履行义务而造成的损害，不承担赔偿责任。中国的主张是恰当的，在咨询意见中，分庭注意到一种情形，即在承包者的行为造成了环境损害且不能全额履行其赔偿责任，而担保国又已经采取了一切必要和适当的措施无需承担赔偿责任的情况下，会出现赔偿责任的缺口的情形。因此，分庭建议海管局考虑设立一个信托基金，以弥补这种责任缺口。[1] 海管局采纳了分庭的意见，在开发规章草案中设立了环境补偿基金。因此，开发规章草案不应再扩大担保国的责任。

2. 开发规章应当规定公平合理的缴费制度

首先，特许权使用费的缴付。针对特许权使用费的征收，中国政府主张，即开发规章草案仅提出"从价征收的特许权使用费"模式，实际上，从量征收的特许权使用费等利润分享模式已在陆

---

[1] Seabed Dispute Chamber of the International Tribunal for the Law of the Sea, Responsibilities and obligations of States with respect to activities in the Area, pp. 64 – 65.

地采矿中被广泛应用且呈扩大趋势,因此,中国政府建议海管局对特许权使用费、盈利分享以及两者组合等不同的缴费方式进行研究,从而保证承包者享有选择不同缴费模式的权利。同时,开发规章草案需进一步明确对承包者进行财政鼓励的具体措施,如在商业开发第一阶段减免承包者缴费或减免首批承包者的费用等,❶ 或者可考虑采用分阶段缴费和随金属价格变化的浮动缴费率。❷ 其次,针对固定年费的收缴。中国政府认为,草案规定固定年费应按照开发合同中确定的以平方公里计的合同区总面积乘以以美元计的每平方公里的年度费率计算的规定不合理。这是因为,承包者根据要求在合同区内设立的参照区等非采矿区不应计征固定年费。而且,不同海底资源合同区面积和开采方式差别较大,确定固定年费的费率应区分资源类别。因此,中国政府建议慎重考虑固定年费问题。最后,减免其他不必要的费用。如承包者为获得和履行开发合同,已就全部合同区缴纳了固定年费或特许权使用费,其在开发合同区内的勘探活动属于开发准备或附带活动,不应再另行支付费用。

3. 关于承包者具体权利保护的意见

中国政府关于承包者具体权利保护的意见主要有:首先,开发规章草案应当保障承包者的优先开发权,中国政府指出,关于勘探合同承包者对相关矿产资源的优先开发权,《公约》附件三第 10 条对勘探承包者就同一区域和资源取得开发工作计划的优先权有明确规定,但草案在此方面的规定不够充分,不利于保障承包

---

❶ 《中华人民共和国政府关于"区域"内矿产资源开发规章草案的评论意见》,2018 年 9 月 28 日,第 9—11 页。
❷ 《中华人民共和国政府关于"区域"内矿产资源开发规章草案的评论意见》,2019 年 10 月 15 日,第 4—5 页。

者的合法权益。其次,开发规章草案不能片面强调承包者对海洋环境中其他活动的合理顾及义务。海洋环境中的其他活动对承包者的深海开发活动具有同等的合理顾及义务。❶ 再次,根据草案的规定,机密资料在交给秘书长 10 年后将不再视为机密资料,然而开发合同期限可为 30 年,而机密资料的保密期限仅为 10 年,两者缺乏协调。中国政府认为,除非承包者另有表示,否则机密资料在合同存续期间原则上都应保密。最后,因为在合同区内发现人类遗骸、文物或遗址后,为避免扰动该人类遗骸、文物或遗址,不得在合理范围内继续勘探或开发,但如理事会决定不能继续勘探或开发,承包者将面临一定损失。在此情况下,是否考虑对承包者给予一定补偿,比如在其他地方提供同等面积或价值的开发区域等。

**4. 开发活动的检查机制需要进一步规范**

考虑到深海采矿可能对深海环境造成严重损害,海管局对深海采矿活动进行监管是必要的,监管也是确保"区域"内矿产资源开发活动合法进行的保障。但是从开发规章草案的内容上看,草案充分保障了检查员的权力,但是对承包者的权益的保护稍显不足。这表现为:第一,检查员的检查范围非常广泛,包括承包者为进行开发活动规定的开发活动所使用的海上或岸上船只及设施,并允许检查员进入其无论位于何处的办公场所,检查员可以检查监督承包者遵守情况所需的任何相关文件或物品、所有其他记录的数据和样品以及任何船只或设施,包括其日志、人员、装备、记录和设备;第二,草案没有规定检查员的任职标准和程序,也未规定清楚检查是常规事项还是出现特殊情况时才需要检查承

---

❶ 《中华人民共和国政府关于〈"区域"内矿产资源开发规章草案〉的评论意见》,2017 年 12 月 20 日,第 6 - 8 页。

包者的情况。因此，中国政府指出，海管局各机构及检查员在检查方面的权力和职能应严格符合《公约》规定。检查员的职能应限于对"区域"内活动的检查，不应包括执法权。同时，理事会应在法技委协助下制定和建立相关规则和程序，包括指派检查员的程序、进行检查通知的程序、检查报告的送交和评议制度、登临和检查的程序以及指导检查员进行检查的手册或指南等。

### 三、中国未来参与"区域"内矿物资源开发规章草案的建议

（一）掌握国际规则制定的主动权，积极贡献中国方案

在第三次海洋法会议中，中国由于海权意识初步觉醒，对海洋法会议准备不充分，因此，海洋法会议作为一个整体，中国在《公约》制定过程中的参与程度不高，发挥的作用有限。[1] 自《公约》制定以来，国际海底开发规则一直处于细化和变革的进程之中，每一次的规则变革必然涉及各方利益的重新分配，在海管局组织的研讨会以及关于开发规章草案评论意见的调查中，开发规章的特许权使用费制度、合理顾及义务的履行以及机密信息的认定等议题得到了广泛的讨论。时至今日，中国是国际海底的先驱投资者之一，也是海管局理事会 A 组成员国，同时还是世界上拥有深海矿区最多的国家，也是世界上第一个在"区域"同时拥有"三种资源、五块矿区"的国家。因此，中国积极参与"区域"活动的全球治理工作，既是我国参与国际竞争的需要，又事关我国的国家权益。在过去中国对开发规章草案的参与中，我国提出了

---

[1] 杨泽伟：《论 21 世纪海上丝绸之路建设与国际海洋法法律秩序的变革》，《东方法学》2016 年第 5 期，第 64 页。

许多建设性的意见,其中不少意见被海管局采纳,如开发规章应保障承包者的权利、体现不同资源的特性等。目前,开发规章草案的许多问题尚待进一步解决,如特许权使用费的征收制度、企业部的设立、惠益分享机制的构建等,开发规章的出台尚需时日,因此,中国应当继续深度参与开发规章的制定,积极贡献更多的有价值的意见和建议,改变多年来中国参与国际条约制定过程中所采取的"事后博弈"的方式,做到"事前博弈",积极推出自己的方案,❶ 实现从规则的接受者到追随者到制定者的身份转变,从而逐步成为开发规章制定进程中的引领国。❷

(二)将海洋命运共同体理念融入开发规章之中

人类共同继承财产原则的确立,打破了海洋大国企图将国际海底据为己有的霸权行径,挫败了其霸占海底资源的企图,维护了全人类的利益。时至今日,中国政府再次主张,世界各国被海洋连接成了命运共同体,各国人民安危与共,倡导各国构建海洋命运共同体。海洋命运共同体倡议与"国际海底区域及其资源属于人类共同继承财产"原则在理念上完全契合。"人类命运共同体理念"是近年来中国政府指导中国国际战略和对外政策的核心理念之一,而海洋命运共同体理念是人类命运共同体理念在海洋领域的深化和升华,人类命运共同体思想及其所蕴含的"共商共建共享"的全球治理观,与人类共同继承财产的共治理念高度契合。人类共同继承财产原则所包含的代际公平和可持续发展要求,与海洋命运共同体中"命运"二字体现的代际公平和可持续发展

---

❶ 杨泽伟:《新时代中国深度参与全球海洋治理体系的变革:理念与路径》,《法律科学》2019年第6期,第185页。
❷ 王勇:《国际海底区域开发规章草案的发展演变与中国的因应》,《当代法学》2019年第4期,第89页。

要求,❶ 有异曲同工之妙,都以造福全人类为目标。海洋命运共同体理念作为人类命运共同体理念在海洋领域的延伸,倡导各国秉持利益共享与责任共担的开发理念,因此,在"区域"矿产资源的开发规则的构建中,开发制度既要照顾主要海洋大国的利益,也要顾及内陆国以及其他中小国家的利益,从而提升人类的共同利益,❷ 真正实现人类共同继承财产的价值。中国政府也一直强调,国际社会应当本着共商共建共享原则,遵循合作精神,努力践行人类共同继承财产原则,致力于促进深海矿产资源开发和深海环境保护,为增进全人类的共同利益和共同福祉做出贡献。

(三) 中国未来可以考虑完善和补充的主张

总体来讲,中国政府应当继续坚持已经提出的关于开发规章草案的具体意见和主张,同时在总结其他利益攸关方以及中国大洋协会、中国五矿集团、自然资源部海洋发展战略研究所以及上海交通大学极地与深海发展战略研究中心等的意见基础上,不断完善和补充自己的主张,主要包括:

1. 特许权使用费的征收方案

关于特许权使用费的征收方式,中南大学的刘少军教授向海管局提交了一份关于多金属结核开发特许权使用费征收的计算模型(以下简称 CSU 模型),CSU 模型的计算结果与海管局外聘的麻省理工学院研究的模型(以下简称 MIT 模型)计算的结果相近。CSU 模型认为如果采用从价征收特许权使用费的方法,则费率不

---

❶ 廖凡:《全球治理背景下人类命运共同体的阐释与构建》,《中国法学》2018 年第 5 期,第 49 页。
❷ 程时辉:《当代国际海洋法律秩序的变革与中国方案——基于"海洋命运共同体"理念的思考》,《湖北大学学报(哲学社会科学版)》2020 年第 2 期,第 140 – 143 页。

能超过 2%，如采用特许权使用费和利润分享相结合的办法，则费率应控制在 1% +4%，此时承包者的回报率为 17%，一旦超过这个幅度，承包者的回报率会低于陆上采矿业的回报。[1] MIT 模型所采取的 3% 至 8% 两级费率分析模式和 3% +20% 的混合模式，所得的承包者的回报率也是 17%。目前，MIT 只是作出了一个初步的经济模型，许多内容需要进一步完善，主要包括：第一，需要确定特许权使用费的征收模式。在海管局第二十四届会议上，理事会成立了一个不限成员名额工作组，讨论财政模式，在讨论支付机制时，大部分与会者赞成采用基于从价征收特许权使用费的制度，但有与会者表示不妨保留特许权使用费与收益分享机制相结合这个方案。第二，在整个合同期内采用固定费率（如 4%）更好，还是采用两级费率，即在预设的投资回收期过后，实行不同的费率（如前 5 年为 2%，之后为 6%）更好，这是需要进一步讨论的问题，大部分与会者更倾向于采用两级费率。同时，工作组关于支付机制和费率的建议只涉及多金属结核。有必要在适当的时候，对多金属硫化物和富钴铁锰结壳的支付机制和费率进行审议。针对上述问题，中国需要进行更深入的研究，从而能够真正地维护我国的权益。

2. 惠益分享机制的构建方案

惠益分享机制的构建直接关系到人类共同继承财产的分配，该问题是开发规章草案的核心议题之一。针对惠益分享机制的构建，中国政府提出了一个初步的建议，即惠益分享机制可考虑公平原则、发展中国家优惠待遇原则和公开透明度原则，惠益分享的方式可包括货币化和非货币化分享，并没有提出一个具体的分配标准。

---

[1] Prof. Shaojun Liu, Financial model and economic evaluation of polymetallic nodules development in the Area, Central South University, China, pp. 13 – 14.

有学者认为，惠益分享的制定标准可以使用基于人口和人均收入的简单指标（如用于确定联合国预算捐款的指标），或者可以结合一些众所周知和普遍接受的发展指标和统计数据，如联合国开发计划署的维护人类发展指数和世界银行制定的世界发展指标等。对于中国而言，"区域"资源开发制度能否在资源分配方面，以国家主权平等原则为基础，考虑到人口大国对于矿产资源的旺盛需求，是我国解决自身专属经济区面积有限问题的出路之一。❶

3. 完善承包者具体权利保障的方案

首先，为承包者和其他海洋活动之间合理顾及义务的执行制定标准或指南。但是关于不同海洋活动之间合理顾及义务的具体执行措施，《公约》、1994 年《执行协定》以及勘探规章均未规定。为了履行海底电缆活动和海洋其他活动之间的合理顾及义务，ICPC 发布了一系列指南以期为电缆所有者和其他海洋用户提供指导。虽然这些指南没有法律上的约束力，但是在实践中为海底电缆所有者和其他海洋用户之间避免纠纷的产生发挥了重要的作用。通过对 ICPC 指南进行总结，可以得出的结论是，合理顾及义务的履行，实体上要求争端双方履行通知和协商义务，❷ 程序上要求双方在工作前、工作即将展开前、工作中和工作后履行通知和协商义务。❸ ICPC 指南的经验，为承包者与海底其他用户之间合理顾及义务的履行从实体上和程序上提供借鉴。中国政府可以建议海

---

❶ 杨泽伟主编：《〈联合国海洋法公约〉若干制度评价与实施问题研究》，武汉大学出版社，2018，第 158 页。

❷ International Cable Protection Committee. ICPC Recommendation #2, Recommended Routing and Reporting Criteria for Cables in Proximity to Others, Issue 3 November 2015, pp. 1 – 17.

❸ International Cable Protection Committee. ICPC Recommendation #15, Procedure to be Followed Whilst Marine Aggregate Extraction, Dredging or Mining is Undertaken in the Vicinity of Active Submarine Cable Systems, Issue 1, 11 November 2014, pp. 1 – 9.

管局参考 ICPC 发布的指南，为各海洋活动之间合理顾及义务的履行制定具体的执行标准。

其次，承包者优先开发权的保障。2019 年的开发规章草案虽然明确了要对承包者的优先开发权进行保护，但是并没有明确保护的标准和程序，因此，中国政府可以继续要求海管局在往后的开发规章草案中明确对承包者优先开发权的保护。具体的修改意见可以包括：第一，明确承包者优先开发权的行使条件和期限，即秘书长审查后，对于同一区同一资源类别出现多份申请的，按照规定取得核准只进行勘探工作的承包者，只要能满足开发规章规定的获得开发权的条件，即可以获得优先开发该区域同种矿物资源的权利，承包者优先开发权的行使期限为整个勘探合同期间，包括延长期在内；第二，明确秘书长的通知义务，即同一区同一资源类别出现多份申请书时，秘书长应当将此种情况通知原勘探合同的承包者，以便于承包者主张自己的优先开发权，同时，秘书长应当将确定承包者是否具有优先的结果告知承包者，若承包者有异议，则秘书长应当提交法技委作出建议，并由理事会作出最终决定；第三，明确承包者的权力期限。因勘探合同的承包者未按照勘探合同的规定履行工作计划，理事会在决定撤销承包者的优先开发权之前，承包者可以在 30 天内提出自己的意见；第四，明确承包者享有新发现资源类别的优先开发权。

再次，承包者机密信息的保护。开发规章草案有关机密信息的规定存在的最大问题为缺乏对机密信息的客观判断标准，因此，各方要求海管局制定关于机密信息的全面客观的评价标准。通过查找国际条约可知，《与贸易有关的知识产权协定》中关于未披露信息的规定为机密信息的判断标准提供了借鉴，即机密信息的认定需要满足秘密性、价值性和保密性三个构成要件。而且，开发规章应当建立机密信息解密主动通知制度,在机密信息解密前,秘书长应当主动通知承包者,这样可以使承包者获知有关解密的内容,从而使承包者得以判断是否要对秘书长的解密提出异议,这于承包者而言就有了事前的保障。同时,按照国际科学界的惯例,开发规章对承包者所提供的原始数据和资料要有一定的保护年限。在此年限后,才能供科学分析免费使用。环境指南中规定在完成出海考察四年后供科学分析免费使用,在开采规章中也应有相关的规定,其他人使用承包者提供的资料应当施加一定限制,如要求使用人标明资料原始出处和来源,这也是保护资料提交者的知识产权的必然要求。❶

最后,环境履约保证金。开发规章草案规定承包者在深海采矿之前须向海管局缴存环境履约保证金。设立环境履约保证金的目的是鼓励承包者遵守环境法规、实行最佳环境实践和充分履行保护环境的责任。环境履约保证金有其本身的优势,它能够鼓励承包者采取措施降低采矿活动对深海环境的影响。同时,在承包者因破产等情形而不具备偿还能力的情况下,承包者仍然有一笔储备资金用于补救环境损害。环境履约保证金对于承包者来说是一笔较大的前期投资成本,特别是对于新兴的深海采矿行业更是如此。因此,我们可以考虑赞同澳大利亚政府的主张,即环境履约保证金可以不以统一和非歧视的方式实施,可以根据承包者的资质、公司的安全能力以及采矿区的位置是否存在海底电缆等情况实施区别对待。❷ 同时,对于环境履约保证

---

❶ 中国大洋矿产资源研究开发协会:《关于"区域"内矿产资源开发规章草案相关问题的反馈意见》,2017年12月19日,第8页。
❷ Australia, General Comments from Australia on Draft Regulations on Exploitation of Mineral Resources in the Area, September 2018, pp. 6 – 7.

金的缴付方式，可以采用分期支付的方法，这有助于减轻承包者的前期负担。

(四) 加大深海资金投入，扩展新矿区，培养深海人才

1. 保有已有矿区，寻求增加新勘探区的机会

与"开发活动"所需要缴纳的高额费用及提交详细开发计划相比，勘探活动的商业成本较低，技术比较成熟，商业风险总体可控。尽管勘探并不能产生直接的经济效益，但在深海矿产资源开发的前景尚不明确的情况下，我国可以较低的投入，争取更多的未来开发权益。正如中国代表所言"尽管各方都在为开发做准备，但受全球经济形势影响，国际金属市场持续低迷，短期内实现深海资源商业开发的可能性较小，国际海底事业在相当一段时期内仍将以勘探活动为主"[1]。而且，各国正争相在国际海底"跑马圈地"，以期为今后的"多采多赚"夯实基础。因此，中国当前应当持续开展国际海底矿产资源调查与评估工作，积极推动新矿区申请。加强对国际海域勘探区、通航区及典型区域的环境调查与评价。着力提升深海技术装备能力，实施"蛟龙探海"工程，深入开展深海生物资源调查和评价，建设国家深海生物资源库及服务平台。推进深海矿业、深海装备制造、深海生物资源利用产业化。[2] 随着对国际海底矿区的争夺越来越激烈，保留区将成为未来各国争夺的焦点，中国必须做好应对措施。

---

[1] Statement by H. E. Ambassador NIU Qingbao, Head of Delegation of the People's Republic of China, At the 22nd Session of the International Seabed Authority, https://www.isa.org.jm/sites/default/files/files/documents/china-en.pdf, 访问日期: 2017年6月12日。

[2] 国家发展改革委、国家海洋局：《全国海洋经济发展"十三五"规划》, http://www.gov.cn/xinwen/2017-05/12/content_5193213.htm, 访问日期: 2023年1月14日。

## 2. 对国际海底区域的商业化开发，短期内不应冒险尝试

从市场需求来看，当前的全球金属金融市场情况并不支持"区域"内矿产资源在数年内可进入商业开发的结论，"区域"资源的开发前景并不明确。[1] 从开发规章的制定来看，在国际海底采矿规章尚未定稿、海底环境尚待研究、成本收益尚待计算的情况下，我国不应贸然进行国际海底资源的商业化开发，因为规则的不确定性不仅会影响采矿工程的可行性，而且也无法预估采矿活动所需要的巨额财政投资。[2] 贸然进行开发活动，不仅可能导致我国承包者的经济损失，还可能对国际海底造成环境损害。同时，从技术成熟程度来看，目前的深海采矿系统及技术与成熟的商业生产标准还相距甚远，对深海采矿的环境影响也还知之甚少，暂时无法为开发规章的缴费机制和环境管理制度提供必要的技术依据，在短期内完成开发规章制定，尚缺乏充分的技术支撑。[3]

因此，短期内我国应注重采矿技术的发展，加强同发达国家的采矿企业之间的合作与交流，力图使我国的企业对未来深海矿产资源开发的成本与收益有较为精确的计算，对可能存在的商业风险有充分的预估，对自身存在的短板与不足有清醒的认识。在经济成本和制度成本都较为适宜之前，我国对深海矿产资源的开发应保持谨慎的态度。

---

[1] China Ocean Mineral Resources R&D Association (COMRA), Response to questions relating to the draft regulations on exploitation of mineral resources in the Area, December 19, 2017, p. 11.

[2] Nicholas N. Kimani, 'Enacting National Seabed Mining Laws in Africa: Importance of a Practitioner's Perspective', Law, Environment and Development journal, No. 11, 2015, p. 3.

[3] China Ocean Mineral Resources R&D Association (COMRA), Response to questions relating to the draft regulations on exploitation of mineral resources in the Area, December 19, 2017, p. 11.

3. 发展深海技术，培养深海人才

深海勘查开发技术将主导"区域"资源的分配与开发权。[1] 20世纪50年代末，西方各国就开始投资深海资源的勘探工作，它们不仅占据了最具商业远景的资源区块，而且形成了多种矿产资源的商业开发技术储备，并在多项技术领域拥有知识产权。如果短期内深海活动从勘探阶段转入开发阶段，我国势必要引进相关技术装备，关键技术受制于人，将会导致采矿成本的增加。[2] 因此，我国必须加大科研技术研发力度，提高自主创新能力，加大深海资源的采集、输送、分选以及废渣、废液处理等技术研发力度，增加技术储备。这不仅可以为我国的深海矿区的未来开发活动提供技术支持，还可以走出去，像加拿大鹦鹉螺公司一样，承包其他国家深海海底的矿产资源开发项目。

在发展技术的同时，我们要着重培养国际海底领域的技术人才、外交人才、法律人才和管理人才。在第三次海洋法会议上，海洋法方向的国际法律人才的缺乏，是中国没有能很好地在规则制定过程中保护自身权益的一个重要原因。时至今日，中国作为矿产资源消费和进口大国以及在国际海底矿区最多的国家，理应培养大量的国际海底领域人才，积极参与深海矿产资源的全球治理，提升我国在国际事务中的国际地位。

（五）加强与其他国家的合作，参与其他国家的深海采矿项目

在深海开发前景尚不明确的情况下，我国可以对国际海底区

---

[1] 彭建明、鞠成伟：《深海资源开发的全球治理：形势、体制与未来》，《国外理论动态》2016年第11期，第116页。

[2] 张涛、蒋成竹：《深海矿产资源潜力与全球治理探析》，《中国矿业》2017年第11期，第17页。

域和其他国家管辖范围内的深海海底进行比较,选择成本更低的开发区域进行开发。除国际海底区域外,部分太平洋岛国和非洲国家的管辖海域中也存在深海矿产资源,虽然这些资源的开发受其本国国内法的规制,但是中国可以采取联合开发的方式,参与到其他国家管辖范围内的深海矿产资源开发活动当中去,学习经验,共享信息,共同保护深海生态系统。❶

中国的大型国有企业参与了索瓦拉1期项目。铜陵有色金属集团(简称铜陵有色集团)与鹦鹉螺公司签订了一份《主矿石销售和加工协议》(以下简称《协议》)。根据《协议》,铜陵有色集团将向鹦鹉螺公司支付矿化材料中固定比例的铜矿、金矿和银矿,矿石的集中处理器由铜陵有色集团建立,上述成本由鹦鹉螺公司每月支付固定的工厂资本费。同时,鹦鹉螺公司应向铜陵有色集团提供涵盖建立集中处理器50%成本的银行担保。此外,《协议》赋予铜陵有色集团专有加工和销售黄铁矿精矿的权利。中国公司参与深海采矿船船型的建造,对于未来我国自主建造深海采矿船、实现勘探矿区的商业化开发,具有重要意义。

(六)助推企业投身深海矿产勘探开发事业

近几年来,国际海底矿区的申请主体发生了较大的变化,前期的申请者主要是政府和科研机构,而近几年的申请者大部分是矿业公司,特别是私有企业对国际海底表现出了极大的兴趣。国际海底资源大规模商业开发初见端倪,无论是承包者、有关国家还是海管局都已开始积极研究并采取措施,应对可能出现的转段问题。❷ 申请

---

❶ Nicholas N. Kimani, 'Enacting National Seabed Mining Laws in Africa: Importance of a Practitioner's Perspective', Law, Environment and Development journal, No. 11, 2015, pp. 13 – 14.

❷ 中国大洋协会办公室:《黄惠康司长在中国大洋协会六届四次常务理事会上关于国际海底形势的发言》,《国际海域信息》2014年第2期,第28 – 29页。

者之间对优质矿区的争夺非常激烈。目前，中国五矿集团是我国第一个也是唯一的一个国际海底矿区勘探的企业承包者，它开创了我国首次以大型企业为申请主体获得国际海底专属勘探矿区的先河。这标志着中国五矿集团成为国际海底勘探合同区承包者的新开端，也表明企业开始肩负起履行国际义务的使命。企业首次作为申请主体，对中国而言是一个重要的里程碑。北京先驱高技术开发公司的勘探申请正在审核当中，若获海管局批准，其将成为我国第二个国际海底矿区勘探的企业承包者。然而，企业作为深海采矿的申请主体，在其他国家并不罕见。截至2022年5月，在海管局已经核准的31份勘探合同中，国家身份只占8份，协会或组织身份占9份，企业的数量占了14份（区域内勘探合同现状见本书附录）。现在所有勘探活动的最终目的都是日后的开发，深海矿产资源的勘探和开发事业必将走向以企业为市场主体的模式。因此，中国的深海资源勘探开发法律法规要围绕企业为市场主体的特点来建设和完善。❶

（七）完善以《深海法》为基础的海洋法律体系

1. 担保国义务的来源

根据《公约》第153条第4款的规定，担保国有义务根据《公约》第139条的规定采取一切必要措施，确保受担保的承包者遵守海管局的规定。同时，《公约》附件三第4条第4款明确规定，担保国应按照第139条，负责在其法律制度范围内，确保所担保的承包者应依据合同条款及其在本公约下的义务进行"区域"内活动。因此，此种责任要求担保国制定法律和规章并采取行政

---

❶ 刘宁武：《助推企业投身深海矿产勘探开发事业》，《中国海洋报》2016年3月11日，第1版。

措施，而且这些法律和规章及行政措施在其法律制度范围内可以合理地认为足以使在其管辖下的人遵守。❶ 同时，国际海洋法法庭海底争端分庭在其2011年2月1日关于担保个人和实体从事"区域"内活动的国家所负责任和义务咨询意见中，申明《公约》要求担保国在其法律制度范围内制定法律和规章并采取行政措施，以履行两种不同的功能，即确保承包者遵守其义务和免除担保国的赔偿责任。❷ 虽然这些法律和规章及行政措施的范围和程度取决于担保国的法律制度，但不妨碍包括设立执法机制，以便对受担保的承包者的活动进行积极监督并协调担保国与海管局的活动。这种法律、规章和行政措施在承包者与海管局的合同有效期间应始终生效。而且这种法律和规章及行政措施的存在，虽然不是与海管局缔结合同的条件，却是担保国履行尽职义务以及要求豁免赔偿责任的必要条件。尤其是在海洋环境保护方面，担保国的法律和规章及行政措施的严格程度不得低于海管局通过的法律和规章及行政措施，其效力也不得低于国际规则、规章及程序。❸

2. 中国有关"区域"活动的立法

"区域"内活动难度大、风险高，尤其是深海环境的影响难以预料。如上所述，一旦承包者违规作业并对深海环境造成损害，

---

❶ International Seabed Authority Council, Laws, regulations and administrative measures adopted by sponsoring States and other members of the International Seabed Authority with respect to the activities in the Area, ISBA/19/C/12, p. 1.
❷ Seabed Disputes Chamber of the International Tribunal for the Law of the Sea, Responsibilities and obligations of States with respect to activities in the Area, Advisory Opinion, pp. 1 – 72.
❸ International Seabed Authority Council, Laws, regulations and administrative measures adopted bysponsoring States and other members of the International Seabed Authority with respect to the activities in the Area, ISBA/19/C/12, p. 2.

有无国内立法将是担保国是否承担赔偿责任的关键因素。❶ 因此，中国作为 5 个勘探合同的担保国，有责任采取一切必要和适当的措施，确保被担保的承包者在从事"区域"内活动时遵守《公约》和海管局的规定。制定深海资源勘探开发的国内法是我国作为担保国应履行的法律义务，也是免除我国政府承担赔偿责任的必要法定条件。中国为了正确地履行担保国的义务，已经向海管局提交了我国的相关国内立法。

我国向海管局提交的有关"区域"采矿的法律有：第一，《矿产资源法》。1986 年 3 月 19 日第六届全国人民代表大会常务委员会第十五次会议通过。根据 1996 年 8 月 29 日第八届全国人民代表大会常务委员会第二十一次会议通过的全国人民代表大会常务委员会《关于修订〈中华人民共和国矿产资源法〉的决定》修订。第二，《中华人民共和国矿产资源法实施细则》。1994 年 3 月 26 日中华人民共和国国务院第 152 号令颁布，从颁布之日起生效。第三，《中华人民共和国海洋环境保护法》（以下简称《海洋环境保护法》）。1982 年 8 月 23 日第五届全国人民代表大会常务委员会第二十四次会议通过，1983 年 3 月 1 日生效。1999 年 12 月 25 日第九届全国人民代表大会常务委员会第十三次会议修订，2013 年 12 月 28 日第十二届全国人民代表大会常务委员会第六次会议再次修订。第四，《防治海洋工程建设项目污染损害海洋环境管理条例》。2006 年 8 月 30 日国务院第 148 次常务会议通过，2006 年 11 月 1 日生效。第五，《深海法》，2016 年 2 月 26 日通过，2016 年 5 月 1 日生效。第六，2017 年 5 月，国家海洋局印发了《深海海底区域资

---

❶ Yu Jia, Exploitation of Resources in the Arena and the Sponsoring State Responsibility: New Developments in China's Legislative Work concerning the Deep Sea, China Oceans Law Review, Vol. 1, 2016, p. 16.

源勘探开发许可证管理办法》（以下简称《办法》）。上述立法中，只有《深海法》和《办法》是直接适用于深海资源勘探开发的法律，其他法律的适用范围在中国的国家管辖海域内。此外，国家海洋局还印发了《深海海底区域资源勘探开发资料管理暂行办法》和《深海海底区域资源勘探开发样品管理暂行办法》，尚未提交海管局。

3. 《深海法》和《办法》的完善

与 6 号开发规章草案相比，《深海法》和《办法》相关制度还需完善。我们应当及时作好《深海法》的细化和补充工作，从而为我国将来开展深海采矿活动作好国内法上的准备。结合草案文本及海管局公布的评论，我国《深海法》可能涉及的补充包括但不限于：

第一，明确深海采矿的主管机关问题。《深海法》第 5 条规定"国务院海洋主管部门负责对深海海底区域资源勘探、开发和资源调查活动的监督管理"[1]，其没有指明国务院海洋主管部门所指为何？此项规定在《办法》中得到弥补，《办法》第 2 条规定"国家海洋局负责对深海海底区域资源勘探、开发活动的审批和监督管理"[2]。作为中国大洋协会的主管部门，国家海洋局在业务上对"区域"活动较为熟悉，由其担任管理机构成本最低，效益最高。[3]但具体由国家海洋局下的哪个机构具体负责深海采矿的管理和监督活动是接下来要解决的问题。考虑到深海活动的专业性，成立一个专门的机构来负责受理、审批和颁发深海勘探和采矿许可证

---

[1] 《深海法》第 5 条。
[2] 《深海海底区域资源勘探开发许可证管理办法》第 2 条。
[3] 项雪平：《中国深海采矿立法探析——以国际海底区域采矿规则的晚近发展为基础》，《法治研究》2014 年第 11 期，第 77 页。

是必要的。深海采矿的国内审批部门不明确,则易导致权责不明,对企业的申请进程造成阻碍。中国大洋协会是"组织协调协会成员从事国际海底区域资源研究开发活动的社会团体"[1],其任务之一是"组织开展与国际海底区域活动有关的政策、法律、技术、经济等方面的研究"[2],其社会团体的法律定位,使其没有权力对深海活动进行审批和管理,而且其本身作为"区域"活动承包者的身份,使其也不合适成为审批机关。因此,成立专门的海底矿产资源管理司,隶属于国家海洋局,专门管理深海活动的勘探和开发活动,如接受申请、进行审查、颁发许可证等活动是可行的。具体的机构设置可以参考库克群岛设立海底矿产资源海管局做法,库克在2009年《海底矿产资源法》中详细规定了海管局的性质、职能、组成、纲领、权利。[3]

第二,需要增加多项新制度。首先增加指导原则一章,环境规章草案规定了深海采矿的多项原则,包括"最佳可用科学证据""生态系统的方法""预防性办法"等指导原则,这些原则应当在我国国内法中予以明确。其次,增加依照"开发规章",按时向海管局缴纳税费条款。开发规章草案用大量的篇幅规定了承包者向海管局缴纳税款的义务,属于重点新增条款。一旦开发活动真正实现,向海管局缴纳税款是必然的事情,因此这项内容也应在我国的《深海法》中体现。最后,增加将开发合同作为保证条款以及开发合同的权利与义务转移条款。依据开发规章草案,承保者为了筹集开发资金可以将开发合同作为担保或者将开发合同的权

---

[1] 《中国大洋矿产资源研究开发协会章程》第1条。
[2] 《中国大洋矿产资源研究开发协会章程》第4条。
[3] 张梓太、沈灏:《深海海底资源勘探开发法研究》,复旦大学出版社,2015,第287-291页。

利与义务转移给第三方,我国是否允许这种制度以及需要满足的条件也是需要进一步思考的问题。

第三,补充原有的制度。如在《办法》第 6 条规定的申请者需要提交的材料中增加"环境管理及监督计划""训练计划""关闭计划""可行性报告""财政计划"以及遵守海管局相关规章的承诺等内容。在《深海法》第 13 条中增加制定关闭计划、制定减缓措施和替代方案、组建环境管理系统、环境信息一般情况下应在承包者官网进行公示等规定,这些内容是环境部分新补充的制度,应纳入我国的《深海法》。因为《深海法》第 13 条的规定是非常笼统的,潜在的申请者只阅读这些一般性条款并不知道如何参与这些行动。又如在《深海法》第五章监督条款中纳入"海管局"的监督条款。开发规章草案规定了海管局的监督制度,承包者需要接受海管局的审查。因此,"监督条款"应纳入海管局这一主体;并且规定承包者应当对我国国家海洋局和海管局的监督检查予以协助、配合。同时,增加一项兜底条款,即承包者应当遵守海管局制定的深海采矿规章、指导纲领、作出的决定和发布的命令,表示我国尊重海管局在海底采矿活动中的地位和作用。

我国自然资源部目前正在起草和审查在深海海底矿物勘探过程中开展上述环境管理行动的准则。该准则将指导潜在的承包者如何采取环境管理措施,如数据收集以建立海洋环境基线以及在勘探期间及之后监测的项目。在未来几年,随着海洋环境科学的发展,这些指导方针将不断变化和更新,特别是在海管局颁布开发深海海底矿物的规章之后。[1]

---

[1] Hao Shen, International Deep Seabed Mining and China's Legislative Commitment to Marine Environmental Protection, Journal of East Asia and International Law, Vol. 10, Issue 2, 2017, pp. 507–508.

## （八）处理好与发展中国家和发达国家的关系

中国在国际海底开发制度建立的问题上地位非常特殊。一方面，如上所述，中国仍然是一个发展中国家，经济实力较弱，科学技术水平相对较低，在国际海底问题上与广大发展中国家存在许多共同的利益，在国际海底的许多问题上仍然需要广大发展中国家的支持，如在申请海底矿区方面。而且在中国的外交布局中，发展中国家一直发挥着重要的基础性作用，在某些时候甚至是撬动中国与外部世界的结构性"支点"。[1] 借助发展中国家的力量，中国在过去曾经打破了外部大国的封锁，得以重返国际社会，并赢得了应有的国际尊严。在当前中国实现中华民族伟大复兴的关键时期，绝大多数发展中国家仍然是中国外交可以倚重的力量，是中国深入参与全球经济合作和全球治理的重要合作伙伴。[2] 因此，在国际海底的活动中，中国作为世界上最大的发展中国家，当然需要和发展中国家站在一起，必须照顾广大发展中国家的利益。另一方面，我国作为在国际海底拥有五块矿区的国家，在海洋权益维护方面越来越体现出与发达国家的一致性。[3] 尽管在经济实力和技术水平方面不如其他西方国家，但在总体上，中国与西方发达国家在国际海底采矿问题上的利益是一致的，即争取最大限度地享有国际海底资源开发的权利，避免过多地承担义务。这就有了作为后发国家成长过程中必修的一门课，即在今后的国家利益界定中，需要战略性眼光，将发展中国家和发达国家的利益

---

[1] 刘鸿武：《当代中非关系与亚非文明复兴浪潮——关于当代中非关系特殊性质及意义的若干问题》，《世界经济与政治》2008年第9期，第29-37页。

[2] 罗建波：《正确义利观与中国对发展中国家外交》，《西亚非洲》2018年第5期，第5页。

[3] 杨泽伟主编《〈联合国海洋法公约〉若干制度评价与实施问题研究》，武汉大学出版社，2018，第157页。

融合起来。❶ 中国应当吸取在"区域"活动中的经验教训，放弃完全以意识形态划线的外交方针，中国的外交政策应当因国家利益和事情本身的是非曲直而定。❷

因此，在国际海底的问题上，鉴于我国的特殊身份，我国应在维护我国权益的过程中，适当地照顾发展中国家的合理利益要求。如在降低承包者的财政负担、保护承包者的机密信息、保护承包者的专属勘探权和开发权等方面必须体现我国的利益。但是在企业部的运作问题上，由于企业部的运作事关人类共同继承财产原则的实现，直接涉及广大发展中国家能够享受国际海底资源给全人类带来的利益。因此，我国应该站在广大发展中国家的立场上，积极支持企业部的独立运作，直接从事国际海底矿产资源的开发活动。

（九）提高解决纠纷的能力

根据勘探规章和开发规章草案的规定，因规章的解释或适用的争端应按照《公约》第十一部分第五节的规定解决。随着未来海底商业开发活动的到来，有关海底开发活动的争议必将随之而来。❸ 根据《公约》187 条和第 188 的规定，因海底开发活动产生的争议可以提交不同的法庭解决如下所示。

首先，国际海洋法庭海底争端分庭（以下简称海底争端分庭）对下列争端具有专属的管辖权：第一，缔约国或海管局的行为或不行为据指控违反本部分或其有关附件或按其制定的规则、规章

---

❶ 刘峰：《在深海规则制订中贡献中国智慧》，《文汇报》2017 年 6 月 16 日，第 4 版。
❷ 赵干城：《改革开放与中国对发展中国家关系的调整》，《国际展望》2008 年第 6 期，第 36 页。
❸ International Seabed Authority, Dispute Resolution Considerations Arising Under the Proposed New Exploitation Regulations, April 2016, p. 2.

或程序；第二，海管局的行为据指控逾越其管辖权或滥用权利；第三，合同当事一方在"区域"内活动方面针对另一方或直接影响其合法利益的行为或不行为；第四，海管局与未来的承包者之间关于订立合同的拒绝，或谈判合同时发生的法律问题的争端；第五，海管局违反保密义务引起的损害赔偿争端。其次，海底争端分庭和其他特别分庭均享有管辖的案件包括：缔约国之间关于《公约》第十一部分及其有关附件的解释或适用的争端。最后，即可以提交海底分庭又可以提交商业仲裁的案件为缔约国、海管局或企业部、承包者之间有关合同或工作计划的解释或适用的争端。

根据上述规定可以看出，海底分庭的管辖权是最为广泛的，而且对相关案件的管辖是强制性的。这与中国一直坚持的平等协商解决争端的主张和立场不一致。然而，随着中国综合国力和影响力的提升以及国际法人才的增加，加上国际司法机构体系也日臻完善，中国应当准备好用法律手段解决问题。因此，中国必须积极培养海洋法方向的专业人才，努力提高自己的应诉能力，做好主动或被动应对进入强制性程序的心理和物质准备。

## 本章小结

国际海底资源被认为是 21 世纪陆地资源最重要的替代资源，作为人类尚未开发的宝地和高技术领域之一，国际海底已经成为各国的重要战略目标。中国一直积极参与深海资源开发的全球治理体系。这表现在：第一，积极参与"区域"的立法活动，发挥了重要作用。中国全程参与了第三次海洋法会议，积极支持人类共同继承财产原则的建立。同时，在三个勘探规章的制定过程中也发挥了积极的作用。第二，积极参与海管局的构建工作。第三，勘探矿区申请取得领先成果，成为世界上第一个在深海矿区拥有三种矿种、五个矿区的国家。

虽然我国的深海资源开发取得了较好的成绩，但是面对激烈的国际海底竞争形势，我国的深海开发举措还需从以下几方面努力：第一，积极参与开发规章的制定工作，提出符合中国自身利益的观点和主张。同时，支持广大发展中国家的合理利益诉求，掌握在国际海底资源开发活动中的主动权。第二，继续加大深海投入，在开发规章出台尚需时日的情况下，继续搜寻新的勘探区，培养深海人才、创新深海技术，为开发工作作好准备。第三，完善中国的《深海法》体系，为中国企业参与深海开发活动提供充分的制度保障。

# 结　论

　　地球上海洋总面积为 3.61 亿平方公里，"区域"的面积是 2.517 亿平方公里，占整个地球面积的 49%，将近地球面积的一半不属于任何国家管辖范围内。"区域"矿产资源丰富，"区域"内已发现且已形成勘探规章的有多金属结核、富钴结壳和多金属硫化物三种矿物资源。规章的出台从制度上为承包者的勘探工作作好了准备，法律框架下的优质矿区被瓜分，资源竞争日趋激烈。截至 2022 年 5 月，已有 31 个矿区划归相关承包者。随着海管局签发的首批勘探合同于 2016 年到期，国际海底活动从勘探转向开发的趋势日益明显，无论是承包者、有关国家还是海管局，都已开始积极研究和采取措施应对转段，有关各国和矿产资源开发公司都在努力进行开发准备，争取取得优势。对承包者来说，进行深海海底采矿的主要问题之一是对"区域"资源的开采还没有详细规章，使其很难考虑进行商业开采。❶ 因此，作为全人类共同继承财产保管者的海管局，应发挥重要作用，确保根据《公约》和 1994 年《执行协定》建立适当的管理机制，为承包者未来进行"区域"矿产资源的勘探和开采提供充分的使用权保障。❷ 在开发规章的制定过程中，以下几点需要得到国际社会的注意。

第一，开发规章的制定是一项复杂和艰巨的工程，不会一蹴而就。当前，国际海底活动正处在勘探和开发准备并行的关键时期。如中方代表所言，开发规章的制定涉及采矿、财务、环保、法律等多个领域，是一项复杂和艰巨的工程，决不能一蹴而就、急于求成。❸ 其制定须遵循充分讨论、协商一致原则，在具备坚实的事实和科学依据的基础上循序推进。同时，开发规章作为落实"区域"及其资源属于人类共同继承财产原则的重要法律文件，应符合包括《公约》在内的国际法，应与海管局已制定的勘探规章良好衔接，充分顾及国际社会整体利益和世界上绝大多数国家特别是发展中国家的利益，应体现全人类利益、担保国及其承包者利益之间的合理平衡，以及深海开发利用与深海环境保护之间的合理平衡。而且，由于国际社会有关各方在海洋问题上的利益和

---

❶ International Seabed Authority Assembly, Report of the Secretary – General of the International Seabed Authority under article 166, paragraph 4, of the United Nations Convention on the Law of the Sea, ISBA/18/A/2, p. 22.

❷ International Seabed Authority Assembly, Report of the Secretary – General of the International Seabed Authority under article 166, paragraph 4, of the United Nations Convention on the Law of the Sea, ISBA/18/A/2, p. 21.

❸ Statement by H. E. Ambassador NIU Qingbao, Head of Delegation of the People's Republic of China, At the 22nd Session of the International Seabed Authority, https://www.isa.org.jm/sites/default/files/files/documents/china-en.pdf, 访问日期：2019 年 2 月 23 日。

关切不尽相同，国家间的政治博弈异常复杂。❶ 理事会上，各国对开发规章的问题纷纷发表评论，试图对规章制定施加影响。如何平衡好承包者、担保国和海管局三者之间的利益分配，是一项巨大的挑战。❷ 因此，开发规章的出台还有待时日。

第二，开发规章应当以鼓励和促进"区域"内资源开发为导向，而不是通过"严苛"的环境影响评价等制度，来限制海底矿产资源的开发，开发规章应避免增加承包者超出承受能力范围的环境责任和负担。"区域"及其资源属于人类的共同继承财产，而作为人类的共同继承财产就意味着，给全世界公众提供公平的开发机会，对海底矿产资源进行商业开采，通过商业化获得财富来造福全人类。❸ 开发规章的环境保护，应是基于"区域"采矿的环境保护。关于采矿环境保护，包括环境影响评价标准等，陆上采矿行业有着非常成熟的实践，应予以充分利用和借鉴。开发规章要重点考虑的环境问题，应基于促进资源开发这一主题事项，不能用一般环境保护要求限制开发。对"区域"内活动采取必要措施以保护海洋环境，包括但不限于环境影响评价。同时，海管局还应该考虑现有开发技术水平、商业利益，让产业界、科学界、承包者充分参与规章草案的讨论与制定，形成各方都能妥为接受的制度安排。❹

第三，承包者承担了落实"人类共同继承财产"原则的重任，

---

❶ 杨泽伟：《论 21 世纪海上丝绸之路建设与国际海洋法律秩序变革》，《东方法学》2016 年第 5 期，第 53 页。

❷ 杨泽伟：《国际法》，高等教育出版社，2017，第 177 页。

❸ 中国五矿集团公司：《中国五矿集团公司对"区域"内矿产资源开发规章利益攸关方调查问卷相关问题的反馈意见》，2017 年 12 月 19 日，第 1-2 页。

❹ 国家海洋局海洋发展战略研究所：《关于"区域"内矿产资源开发规章草案相关问题的评论意见》，2017 年 12 月 8 日，第 8 页。

其权利理应得到保护。实践中，能够从事国际海底勘探开发的国家是少数，绝大多数的发展中国家在技术和经济实力上，没有能力开发海底资源。因此，具有勘探开发能力的承包者要为人类共同利益开展工作，具体的做法之一就是要把所获利益进行全球分享，特别要照顾发展中国家的利益。所以说，未来的商业开采所得利益除了要照顾承包者的利益之外，还要照顾没有能力开采的发展中国家。[1]然而，深海开发活动本质上是一种商业行为，海管局需要运用市场法则，以标准化体系作为支撑，在法律的监督和保障下让承包者有利可图，否则，没有承包者愿意从事深海开发工作。承包者一定是在利益的驱动下才会加大对海底矿产资源勘探和开发的投入，海底矿产资源开发面临高难度的技术挑战、市场不确定性以及环境污染问题等风险。因此，开发规章必须保障承包者的权益（包括但不限于承包者的专属和优先开发权），减轻承包者的财政负担，保护承包者的机密信息等，从而提升承包者投资深海活动的积极性，助推海底矿产资源开发工作的推进。

第四，开发规章应全面涵盖"区域"内资源开发活动的重要问题。开发规章作为落实"'区域'及其资源属于人类共同继承财产"原则的重要法律文件，应完整、准确、严格地遵守《公约》以及1994年《执行协定》的规定和精神。惠益分享是人类共同继承财产原则的重要内容和体现，也是《公约》为海管局规定的一项重要职责。《公约》第140条规定，"区域"内活动应为全人类的利益而进行。海管局应通过任何适当机构，在无歧视的基础上公平分配从"区域"内活动取得的财政及其他经济利益。制定开

---

[1] 中国大洋办公室：《黄惠康司长在中国大洋协会六届四次常务理事会上关于国际海底形势的发言》，《国际海域信息》2014年第2期，第29页。

发规章不能将惠益分享排除在外。同时，企业部是直接进行"区域"内活动以及从事运输、加工和销售从"区域"回收的矿物的海管局机关，是《公约》规定的平行开发制的重要机构，也是发展中国家参与"区域"资源开发的重要渠道。企业部的独立运作对有效落实"人类共同继承财产"原则具有重要意义，开发规章有必要进一步丰富和细化关于企业部的制度安排。

第五，中国倡导的构建人类命运共同体，与国际海底区域及其资源属于人类共同继承财产原则密不可分。"人类命运共同体"是近年来中国政府指导中国国际战略和对外政策的核心理念之一。人类命运共同体思想及其所蕴含的"共商共建共享"的全球治理观，与人类共同继承财产的共治理念高度契合。人类共同继承财产所包含的代际公平和可持续发展要求，与人类命运共同体中"命运"二字体现的代际公平和可持续发展要求，[1] 有异曲同工之妙，二者都以造福全人类为目标。因此，国际社会应当本着共商共建共享原则，遵循合作精神，努力践行人类共同继承财产原则，致力于促进深海矿产资源开发和深海环境保护，为增进全人类的共同利益和共同福祉做出贡献。[2] 中国作为人类命运共同体概念的倡导者和全球最大的发展中国家，既是联合国的常任理事国，又是海管局理事会的 A 组成员，还是拥有国际海底矿区最多的国家，应当积极参与"区域"的全球治理工作。中国应当在维护中国海

---

[1] 廖凡：《全球治理背景下人类命运共同体的阐释与构建》，《中国法学》2018 年第 5 期，第 49 页。

[2] 国际海底管理局：《中国常驻国际海底管理局代表田琦大使在海管局第 24 届会议大会"秘书长报告"议题下的发言》，https://ran‐s3.s3.amazonaws.com/isa.org.jm/s3fs‐public/files/documents/china‐ch_1.pdf，访问日期：2019 年 3 月 1 日。

区利益并适当顾及其他国家的利益的情况下，掌握在国际海底资源开发活动中的主动权，争取一个有利且合理的开发制度，实现由规则的接受者到追随者到制定者的转变，❶ 同时，让国际社会听到中国声音，感受中国智慧，看到中国方案。

---

❶ Henry Gao, China's Ascent in Global Trade Governance: From Rule Taker to Rule Shaker, and Maybe Rule Maker? in Carolyn Deere – Birkbeck (ed.), Making Global Trade Governance Work for Development, Cambridge University Press, 2011, p. 69.

# 附　录

## 一、"区域"内勘探合同现状[1]

| 多金属结核勘探合同 ||||||
| --- | --- | --- | --- | --- | --- |
| 承包者 | 生效日期 | 担保国 | 位置 | 终止日期 ||
| 1. 国际海洋金属联合组织 | 2001年3月29日<br>2016年3月29日<br>2021年3月29日 | 保加利亚、古巴、波兰、俄罗斯、斯洛伐克 | 克拉里昂-克利珀顿区 | 2016年3月28日<br>2021年3月28日<br>2026年3月28日 ||
| 2. 海洋地质作业南方生产协会 | 2001年3月29日<br>2016年3月29日<br>2021年3月29日 | 俄罗斯联邦 | 克拉里昂-克利珀顿区 | 2016年3月28日<br>2021年3月28日<br>2026年3月28日 ||
| 3. 韩国政府 | 2001年4月27日<br>2016年4月27日<br>2021年4月27日 | 韩国 | 克拉里昂-克利珀顿区 | 2016年4月26日<br>2021年4月26日<br>2026年4月26日 ||

---

[1] 国际海底管理局理事会:《勘探合同现状及相关事项,包括有关已核准勘探工作计划执行情况定期审查的信息》,ISBA/27/C/28,第4-6页。

续表

| 多金属结核勘探合同 ||||||
|---|---|---|---|---|
| 承包者 | 生效日期 | 担保国 | 位置 | 终止日期 |
| 4. 中国大洋矿产资源研究开发协会 | 2001年5月22日<br>2016年5月22日<br>2021年5月22日 | 中国 | 克拉里昂－克利珀顿区 | 2016年5月21日<br>2021年5月21日<br>2026年5月21日 |
| 5. 深海资源开发有限公司 | 2001年6月20日<br>2016年6月20日<br>2021年6月20日 | 日本 | 克拉里昂－克利珀顿区 | 2016年6月19日<br>2021年6月19日<br>2026年6月19日 |
| 6. 法国海洋开发研究所 | 2001年6月20日<br>2016年6月20日<br>2021年6月20日 | 法国 | 克拉里昂－克利珀顿区 | 2016年6月19日<br>2021年6月19日<br>2026年6月19日 |
| 7. 印度政府 | 2002年3月25日<br>2017年3月25日<br>2022年3月25日 |  | 中印度洋盆地 | 2017年3月24日<br>2022年3月24日<br>2027年3月24日 |
| 8. 德国联邦地球科学和自然资源研究所 | 2006年7月19日<br>2021年7月19日 | 德国 | 克拉里昂－克利珀顿区 | 2021年7月18日<br>2026年7月18日 |
| 9. 瑙鲁海洋资源公司 | 2011年7月22日 | 瑙鲁 | 克拉里昂－克利珀顿区保留区 | 2026年7月21日 |
| 10. 汤加近海开发有限公司 | 2012年1月11日 | 汤加 | 克拉里昂－克利珀顿区保留区 | 2027年1月10日 |

续表

| 多金属结核勘探合同 ||||
| 承包者 | 生效日期 | 担保国 | 位置 | 终止日期 |
| --- | --- | --- | --- | --- |
| 11. 全球海洋矿物资源公司 | 2013年1月14日 | 比利时 | 克拉里昂-克利珀顿区 | 2028年1月13日 |
| 12. 英国海底资源有限公司 | 2013年2月8日 | 英国 | 克拉里昂-克利珀顿区 | 2028年2月7日 |
| 13. 马拉瓦研究与勘探有限公司 | 2015年1月19日 | 基里巴斯 | 克拉里昂-克利珀顿区 | 2030年1月18日 |
| 14. 新加坡海洋矿业有限公司 | 2015年1月22日 | 新加坡 | 克拉里昂-克利珀顿区保留区 | 2030年1月21日 |
| 15. 英国海底资源有限公司 | 2016年3月29日 | 英国 | 克拉里昂-克利珀顿区 | 2031年3月28日 |
| 16. 库克群岛投资公司 | 2016年7月15日 | 库克群岛 | 克拉里昂-克利珀顿区保留区 | 2031年7月14日 |
| 17. 中国五矿集团 | 2017年5月12日 | 中国 | 克拉里昂-克利珀顿区保留区 | 2032年5月11日 |

续表

| 多金属结核勘探合同 ||||||
|---|---|---|---|---|
| 承包者 | 生效日期 | 担保国 | 位置 | 终止日期 |
| 18. 北京先驱高技术开发公司 | 2019年10月18日 | 中国 | 西太平洋 | 2034年10月17日 |
| 19. 牙买加蓝矿有限公司 | 2021年4月4日 | 牙买加 | 克拉里昂-克利珀顿区保留区 | 2036年4月3日 |
| 多金属硫化物勘探合同 |||||
| 1. 中国大洋矿产资源研究开发协会 | 2011年11月18日 | 中国 | 西南印度洋洋脊 | 2026年11月17日 |
| 2. 俄罗斯联邦自然资源和环境部 | 2012年10月29日 | 俄罗斯 | 大西洋中脊 | 2027年10月28日 |
| 3. 韩国政府 | 2014年6月24日 | 韩国 | 中印度洋 | 2029年6月23日 |
| 4. 法国海洋开发研究所 | 2014年11月18日 | 法国 | 大西洋中脊 | 2029年11月17日 |
| 5. 德国联邦地球科学和自然资源研究所 | 2015年5月6日 | 德国 | 中印度洋洋脊和东南印度洋洋脊 | 2030年5月5日 |

续表

| 多金属硫化物勘探合同 ||||||
|---|---|---|---|---|
| 承包者 | 生效日期 | 担保国 | 位置 | 终止日期 |
| 6. 印度政府 | 2016年9月26日 | 印度 | 印度洋洋脊 | 2031年9月25日 |
| 7. 波兰政府 | 2018年2月12日 | 波兰 | 大西洋中脊 | 2033年2月11日 |
| 富钴铁锰结壳勘探合同 ||||||
| 1. 日本石油天然气和金属国有企业 | 2014年1月27日 | 日本 | 西太平洋 | 2029年1月26日 |
| 2. 中国大洋矿产资源研究开发协会 | 2014年4月29日 | 中国 | 西太平洋 | 2029年4月28日 |
| 3. 俄罗斯联邦自然资源和环境部 | 2015年3月10日 | 俄罗斯 | 太平洋中的麦哲伦山区 | 2030年3月9日 |
| 4. 海洋资源研究公司 | 2015年11月9日 | 巴西 | 南大西洋的里奥格兰德海隆 | 2030年11月8日 |
| 5. 韩国政府 | 2018年3月27日 | 韩国 | 太平洋北马里亚纳群岛东部 | 2033年3月26日 |

## 二、深海采矿流程图[1]

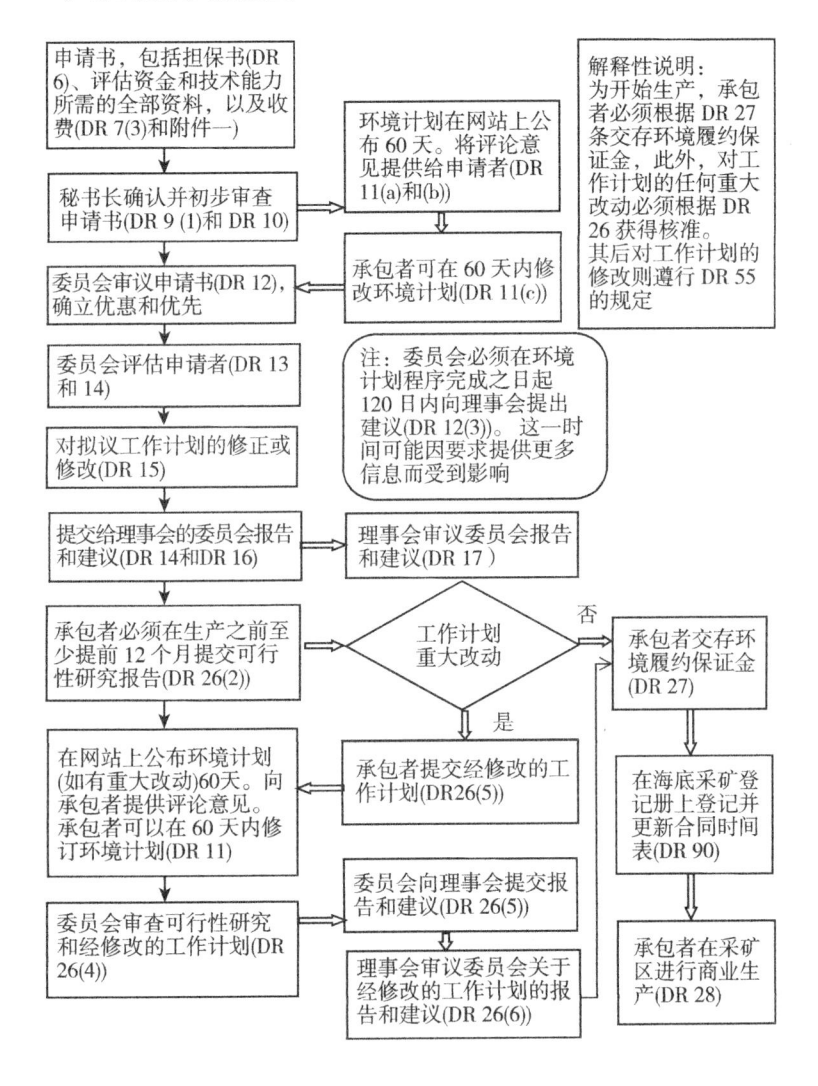

```
申请书，包括担保书(DR
6)、评估资金和技术能力
所需的全部资料，以及收
费(DR 7(3)和附件一)
        ↓
秘书长确认并初步审查          环境计划在网站上公        解释性说明：
申请书(DR 9(1)和DR 10)  →   布60天。将评论意        为开始生产，承包
        ↓                  见提供给申请者(DR       者必须根据DR 27
委员会审议申请书(DR 12)，     11(a)和(b))            条交存环境履约保
确立优惠和优先                    ↓                证金，此外，对工
        ↓                  承包者可在60天内修       作计划的任何重大
委员会评估申请者(DR 13       改环境计划(DR 11(c))    改动必须根据DR
和14)                                              26获得核准。
        ↓                  注：委员会必须在环境       其后对工作计划的
对拟议工作计划的修正或       计划程序完成之日起       修改则遵行DR 55
修改(DR 15)                120日内向理事会提出      的规定
        ↓                  建议(DR 12(3))。这一时
提交给理事会的委员会报告     间可能因要求提供更多
和建议(DR 14和DR 16)  →    信息而受到影响
        ↓                  理事会审议委员会报告
                           和建议(DR 17)
        ↓                                                否
承包者必须在生产之前至        工作计划          →      承包者交存环
少提前12个月提交可行         重大改动                  境履约保证金
性研究报告(DR 26(2))             ↓                   (DR 27)
        ↓                       是                        ↓
在网站上公布环境计划                                  在海底采矿登
(如有重大改动)60天。向       承包者提交经修改的工      记册上登记并
承包者提供评论意见。   ←    作计划(DR 26(5))         更新合同时间
承包者可以在60天内修                                  表(DR 90)
订环境计划(DR 11)                ↓
        ↓                  委员会向理事会提交报
委员会审查可行性研究         告和建议(DR 26(5))
和经修改的工作计划(DR            ↓
26(4))                     理事会审议委员会关于      承包者在采矿
                           经修改的工作计划的报      区进行商业生
                           告和建议(DR 26(6))        产(DR 28)
```

---

[1] 国际海底海管局法律和技术委员会：《"区域"内矿物资源开发规章草案》，ISBA/24/LTC/6，第6页。

# 参考文献

## 一、中英文专著

[1] 林家骏. 国际海底区域矿产资源开发法律问题研究 [M]. 北京：法律出版社, 2022.

[2] 王金强. 国际海底资源分配制度变革及其影响研究 [M]. 北京：世界知识出版社, 2019.

[3] 杨泽伟.《联合国海洋法公约》若干制度评价与实施问题研究 [M]. 武汉：武汉大学出版社, 2018.

[4] 杨泽伟. 海上共同开发国际法理论与实践研究 [M]. 武汉：武汉大学出版社, 2018.

[5] 杨泽伟. 国际法 [M]. 3 版. 北京：高等教育出版社, 2017.

[6] 杨泽伟. 国际法析论 [M]. 4 版. 北京：中国人民大学出版社, 2017.

[7] 李仪, 苟正金. 商业秘密保护法 [M]. 北京：北京大学出版社, 2017.

[8] 杨泽伟. 海上共同开发国际法问题研究 [M]. 北京：社会科学文献出版社, 2016.

［9］张梓太，沈灏，张闻昭．深海海底资源勘探开发法研究［M］．上海：复旦大学出版社，2015．

［10］朱景文．法理学［M］．北京：中国人民大学出版社，2015．

［11］房绍坤．矿业权法律制度研究［M］．北京：中国法制出版社，2013．

［12］梁西．梁著国际组织法［M］．6版．杨泽伟，修订．武汉：武汉大学出版社，2011．

［13］金永明．海洋问题专论［M］．北京：海洋出版社，2011．

［14］刘欣．矿业权解析与规制［M］．北京：法律出版社，2011．

［15］谢军安，郝东恒，谢雯，等．矿业权制度改革与政策法律措施研究［M］．北京：地质出版社，2011．

［16］崔建远．物权法［M］．2版．北京：中国人民大学出版社，2011．

［17］薛桂芳．《联合国海洋法公约》与国家实践［M］．北京：海洋出版社，2011．

［18］沈强．TRIPS协议与商业秘密民事救济制度比较研究［M］．上海：上海交通大学出版社，2011．

［19］陈德恭．现代国际海洋法［M］．北京：海洋出版社，2009．

［20］薛桂芳，胡增祥．海洋法理论与实践［M］．北京：海洋出版社，2009．

［21］祝磊．美国商业秘密法律制度研究［M］．长沙：湖南人民出版社，2008．

［22］张耕，等．商业秘密法［M］．厦门：厦门大学出版社，2006.

［23］王利明．物权法研究：下卷［M］．修订版．北京：中国人民大学出版社，2007.

［24］张海文．《联合国海洋法公约》释义集［M］．北京：海洋出版社，2006.

［25］刘隆亨．财产税法［M］．北京：北京大学出版社，2006.

［26］国土资源部地址勘查司．各国矿业法选编［M］．北京：中国大地出版社，2005.

［27］高健军．中国与国际海洋法——纪念《联合国海洋法公约》生效10周年［M］．北京：海洋出版社，2004.

［28］王利明．物权法研究［M］．北京：中国人民大学出版社，2002.

［29］刘春田．知识产权法［M］．北京：中国人民大学出版社，2000.

［30］世界知识产权组织（WIPO）．关于反不正当竞争保护的示范规定（条款和注释）［M］．世界知识产权组织出版物，1997.

［31］赵理海．海洋法问题研究［M］．北京：北京大学出版社，1996.

［32］王绳祖．国际关系史：第十卷（1970—1979）［M］．北京：世界知识出版社，1995.

［33］中华人民共和国外交部外交史：研究室．中国外交概览［M］．北京：世界知识出版社，1994.

［34］赵理海．当代海洋法的理论与实践［M］．北京：法律出版社，1987.

［35］赵理海．海洋法的新发展［M］．北京：北京大学出版

社，1984.

［36］我国代表团出席联合国有关会议文件集［M］. 北京：人民出版社，1972-1978.

［37］中国代表团出席联合国有关会议文件集［M］. 北京：世界知识出版社，1979-1982.

［38］中华人民共和国外交部外交史研究室编辑室. 中国外交概览［M］. 北京：世界知识出版社，1987-2017.

［39］Malcolm N. Shaw, International Law：Eighth Edition［M］. Cambridge：Cambridge University Press，2017.

［40］Zou Keyuan, Chie Kojima eds. Asia-Pacific and the Implementation of the Law of the Sea［M］. Leiden：Koninklijke Brill，2016.

［41］R. R. Churchill, A. V. Lowe. The Law of the Sea［M］. Manchester：Manchester University Press，1999.

［42］Jerry Cohen, Alan S. Gutterman. Trade Secrets Protection and Exploitation［M］. Washington, D. C：The Bureau of National Affairs, Inc，1998.

## 二、期刊文章

［1］杨泽伟. 论"海洋命运共同体"构建中海洋危机管控国际合作的法律问题［J］. 中国海洋大学学报（社会科学版），2020（3）.

［2］程时辉. 当代国际海洋法律秩序的变革与中国方案——基于"海洋命运共同体"理念的思考［J］. 湖北大学学报（哲学社会科学版），2020（2）.

［3］陈慧青. 中国与《联合国海洋法公约》：经验教训与发展建议［J］. 唐山学院学报，2020（4）.

［4］陈慧青. 国际海底区域内矿产资源开发中承包者的机密信息保护研究［J］. 资源开发与市场，2020（10）.

［5］杨泽伟. 新时代中国深度参与全球海洋治理体系的变革：理念与路径［J］. 法律科学（西北政法大学学报），2019（6）.

［6］林家骏，李志文. 国际海底区域采矿规章的惠益分享财政制度取向［J］. 理论探索，2019（5）.

［7］王勇. 国际海底区域开发规章草案的发展演变与中国的因应［J］. 当代法学，2019（4）.

［8］吕琪，李志文. 国际海底区域资源开发的利益共享审思［J］. 学习与探索，2018（8）.

［9］廖凡. 全球治理背景下人类命运共同体的阐释与构建［J］. 中国法学，2018（5）.

［10］杨泽伟. "21世纪海上丝绸之路"建设的风险及其法律防范［J］. 环球法律评论，2018（1）.

［11］杨泽伟. 国际海底区域"开采法典"的制定与中国的应有立场［J］. 当代法学，2018（2）.

［12］李化. 论地球气候的人类共同继承财产属性［J］. 中国地质大学学报（社会科学版），2018（5）.

［13］罗建波. 正确义利观与中国对发展中国家外交［J］. 西亚非洲，2018（5）.

［14］杨泽伟. 海上共同开发的先存权问题研究［J］. 法学评论，2017（1）.

［15］张梓太. 构建我国深海海底资源勘探开发法律体系的思考［J］. 中州学刊，2017（11）.

［16］沈灏. 我国深海海底资源勘探开发的环境保护制度构建［J］. 中州学刊，2017（11）.

［17］薛桂芳，徐向欣．国际海底管理局适应性管理办法的推行及中国的应对［J］．中国海商法研究，2017（2）．

［18］李志文．国际海底资源之人类共同继承财产的证成［J］．社会科学，2017（6）．

［19］李志文，林家骏．我国深海矿业融资渠道的法律探究——以深海矿产利益共同性为视域［J］．理论探讨，2017（5）．

［20］张丽娜．海洋科学研究中的适当顾及义务［J］．社会科学辑刊，2017（5）．

［21］陆浩．深海海底区域资源勘探开发立法的理论与实践［J］．中国人大，2016（15）．

［22］周平，杨宗喜，郑人瑞，等．深海矿产资源勘查开发进展、挑战与前景［J］．国土资源情报，2016（11）．

［23］彭建明，鞠成伟．深海资源开发的全球治理：形势、体制与未来［J］．国外理论动态，2016（11）．

［24］何宗玉，林景高，杨保华，等．国际海底区域采矿规章制定的进展与主张［J］．太平洋学报．2016（10）．

［25］李志文．我国国际海底资源开发法律制度中的地位探索［J］．社会科学辑刊，2016（6）．

［26］杨泽伟．论 21 世纪海上丝绸之路建设与国际海洋法律秩序的变革［J］．东方法学，2016（5）．

［27］刘少军，杨保华，刘畅，等．从市场、技术和制度看国际海底矿产资源的商业开采时机［J］．矿冶工程，2015（4）．

［28］秦天宝，罗艳妮．试论环境信息公开中"机密信息"的保护［J］．温州大学学报（社会科学版），2015（3）．

［29］杨建生．论美国政府信息公开中商业秘密信息免除公开的司法审查［J］．河南财经政法大学学报，2015（1）．

[30] 张国斌.《联合国海洋法公约》"适当顾及"研究 [J]. 中国海洋法学评论, 2014 (2).

[31] 夏春利. 论人类共同继承财产——兼谈世界资源的公平分享 [J]. 理论与改革, 2014 (1).

[32] 项雪平. 中国深海采矿立法探析——以国际海底区域采矿规则的晚近发展为基础 [J]. 法治研究, 2014 (11).

[33] 李晓飞, 左高山. 深海采矿规章制定协同推进——中国海洋强国战略的一个构想 [J]. 中南大学学报（社会科学版）, 2014 (5).

[34] 孙晋, 张田, 孔天悦. 我国深海采矿主体资格制度相关法律问题研究 [J]. 温州大学学报（社会科学版）, 2014 (3).

[35] 王才纬. 国际海底区域"开采规章"制定的法律问题研究 [J]. 山西财经大学学报, 2014 (S1).

[36] 鞠成伟. 中国大洋事务管理体制改革研究 [J]. 中国机构改革与管理, 2014 (6).

[37] 杨泽伟.《海洋法公约》第82条的执行问题：问题与前景 [J]. 暨南学报（哲学社会科学版）, 2014 (4).

[38] 谭宇生. 国际海底勘探开发的国家义务与责任——以"谨慎处理"义务为核心 [J]. 太平洋学报, 2013 (9).

[39] 张志勋, 谭雪春. 论人类共同继承财产原则的适用困境及其出路 [J]. 江西社会科学, 2012 (12).

[40] 杨泽伟. 论《海洋法公约》解决南海争端的非适用性 [J]. 法学杂志, 2012 (10).

[41] 杨泽伟.《联合国海洋法公约》的主要缺陷及其完善 [J]. 法学评论, 2012 (5).

[42] 张辉. 国际海底区域制度发展中的若干争议问题 [J].

法学论坛, 2011 (5).

［43］张辉. 国际海底区域法律制度基本框架及其发展［J］. 法学杂志, 2011 (4).

［44］李显冬, 刘志强. 论矿业权的法律属性［J］. 当代法学, 2009 (2).

［45］思源. 中国大洋勘探历程［J］. 海洋世界, 2007 (1).

［46］李晓妹, 李鸿雁. 探矿权人优先权法理解析［J］. 中国国土资源经济, 2007 (7).

［47］金永明. 人类共同继承财产法律性质研究［J］. 社会科学, 2005 (3).

［48］李慧, 吴琼. 探矿权人优先权制度的完善［J］. 国土资源导刊, 2005 (3).

［49］欧斌, 余丽萍, 毛晓磊. 论人类共同继承财产原则［J］. 外交学院学报, 2003 (4).

［50］崔建远. 矿业权法律关系论［J］. 清华大学学报（哲学社会科学版）, 2001 (3).

［51］赵理海. "人类的共同继承财产"是当代国际法的一项重要原则［J］. 北京大学学报（哲学社会科学版）, 1987 (3).

［52］Zewei Yang. China's Participation in the Global Ocean Governance Reform：Its Lessons and Future Approaches［J］. Journal of East Asia & International Law, 2018, 11 (2).

［53］Zewei Yang. Design of the Energy Community of China and Its Neighboring Countries：Legal Basis and Possible Approaches［J］. Oil, Gas & Energy Law, 2018, 16 (1).

［54］Zewei Yang. Joint Development Issues After the South China Sea Arbitration：Dilemma, Opportunity and China's Choice

[J]. Vestnik of Saint Petersburg University Law, 2018, 2.

[55] Marie Bourrel, Torsten Thiele, Duncan Currie. The Common of Heritage of Mankind as a Means to Assess and Advance Equity in Deep Sea Mining [J]. Marine Policy, 2018, 95.

[56] Jeffrey R. Wakefield, Kelley Myers. Social Cost Benefit Analysis for Deep Sea Minerals Mining [J]. Marine Policy, 2018, 95.

[57] Marie Bourrela, Alison Swaddlingb, Vira Atalifoa, Akuila Tawake. Building In – Country Capacity and Expertise to Ensure Good Governance of the Deep Sea Minerals Industry Within the Pacific Region [J]. Marine Policy, 2018, 95.

[58] Colin Filera, Jennifer Gabriel. How Could Nautilus Minerals Get a Social Licence to Operate the World's First Deep Sea Mine? [J]. Marine Policy, 2018, 95.

[59] Peter Mullins, Lee Burns. The Fiscal Regime for Deep Sea Mining in the Pacific Region [J]. Marine Policy, 2018, 95.

[60] Tara Davenport. The High Seas Freedom to Lay Submarine Cables and the Protection of the Marine Environment: Challenges in High Seas Governance [J]. The American Society of International Law Unbound, 2018, 112.

[61] John Norton Moore. Navigational Freedom: The Most Critical Common Heritage [J]. International Law Studies, 2017, 93.

[62] Vladimir Golitsyn. Freedom of Navigation: Development of the Law of the Sea and Emerging Challenges [J]. International Law Studies, 2017, 93.

[63] Hao Shen. International Deep Seabed Mining and China's

Legislative Commitment to Marine Environmental Protection [J]. Journal of East Asia and International Law, 2017, 10.

[64] Hu Bo. Trends of International Maritime Politics and China's Strategic Choices [J]. China International Studies, 2017, 64.

[65] Andrew Friedman. ubmarine Telecommunication Cables and a Biodiversity Agreement in ABNJ: Finding New Routes for Cooperation [J]. The International Journal of Marine and Coast Law, 2017, 32.

[66] Rakhyun E. Kim. Should Deep Seabed Mining be allowed? [J]. Marine Policy, 2017, 82.

[67] Aline Jaeckel, Kristina M. Gjerde, Jeff A. Ardron. Conserving the Common Heritage of Humankind—Options for the Deep Seabed Mining Regime [J]. Marine Policy, 2017, 78.

[68] Linlin Sun. Dispute Settlement Relating to Deep Seabed Mining: A Participant's Perspective [J]. Melbourne Journal of International Law, 2017, 18.

[69] Michael W. Lodge, Kathleen Segerson, Dale Squires. Sharing and Preserving the Resources in the Deep Sea: Challenges for the International Seabed Authority [J]. The International Journal of Marine and Coastal Law, 2017, 32.

[70] Carolyn McIntosh. Key Factors for Successful Mining Re development [J]. Arizona Journal of Environmental Law and Policy, Vol. 7, 2017.

[71] Martin Kwaku Ayisi. The Legal Character of Mineral Rights under the New Mining Law of Kenya [J]. Journal of Energy & Natural Resources Law, 2017, 35.

［72］Chilenye Nwapi. Addressing the Capacity Building Challenge in the Mining Sector in Rwanda: The Implications of Rwanda's 2014 Mining and Quarry Law ［J］. Journal of African Law, 2017, 61.

［73］Xiangqiang Gong. Promoting the Sustainable Global Commons: China's Most Recent Legislative Steps on the Maritime Areas beyond National Jurisdiction ［J］. Journal of East Asia and International Law, 2017, 10.

［74］Aline Jaeckel, Jeff A. Ardron, Kristina M. Gjerde. Sharing Benefits of the Common Heritage of Mankind – Is the Deep Seabed Mining Regime Ready? ［J］. Marine Policy, 2016, 70.

［75］Kingsley Ekwere. Submarine Cables and the Marine Environmental: Enhancing Sustainable and Harmonious Interactions ［J］. China Oceans Law Review, 2016, 1.

［76］Aline Jaeckel. Current Legal Developments International Seabed Authority ［J］. The International Journal of Marine and Coastal Law, 2016, 31.

［77］Luz Danielle. Bolong. Into The Abyss: Rationalizing Commercial Deep Seabed Mining Through Pragmatism and International Law ［J］. Tulane Journal of International and Comparative Law, 2016, 25.

［78］Marie Bourrel, Torsten Thiele, Duncan Currie. The Common of Heritage of Mankind as a Means to Assess and Advance Equity in Deep Sea Mining ［J］. Marine Policy, 2016, 78.

［79］Nengye Liu, Rakhyun E. Kim. China's New Law on Exploration and Exploitation of Resources in the International Seabed Area of 2016 ［J］. The International Journal of Marine and Coastal

Law, 2016, 31.

[80] Yu Jia. Exploitation of Resources in the Arena and the Sponsoring State Responsibility: New Developments in China's Legislative Work concerning the Deep Sea [J]. China Oceans Law Review, 2016, 1.

[81] Schmidt, Charles W. Going Deep Cautions Steps towards Seabed Mining [J]. Environmental Health Perspectives, 2015, 123.

[82] Bjarni Már Magnússon. China as the Guardian of the International Seabed Area in the Central Arctic Ocean [J]. The Yearbook of Polar Law, 2015, 7.

[83] Jan – Stefan Fritz. Deep Sea Anarchy: Mining at the Frontiers of International Law [J]. The International Journal of Marine and Coastal Law, 2015, 30.

[84] Clive Schofield. Securing the Resources of the Deep: Dividing and Governing the Extended Continental Shelf [J]. Berkeley Journal of International Law, 2015, 33.

[85] Antrim, Caitlyn. The International Seabed Authority Turns Twenty [J]. Georgetown Journal of International Affairs, 2015, 16.

[86] Nicholas N. Kimani. Enacting National Seabed Mining Laws in Africa: Importance of a Practitioner's Perspective [J]. Law, Environment & Development Journal, 2015, 11.

[87] Nakajima R, Yamamoto H, Kawagucci S, Takaya Y, Nozaki T, Chen C, et al. (2015) Post – Drilling Changes in Seabed Landscape and Megabenthos in a Deep – Sea Hydrothermal System, the Iheya North Field, Okinawa Trough, PLoS ONE 10 (4).

[88] International Cable Protection Committee, Submarine

Cables and Deep Seabed Mining: A Successful and Foundational Workshop [J]. Business Wire (English), March 2015.

[89] Yoichiro Sato. Tonga's risky seabed mining ventures [J]. New Zealand International Review, 2014, 39.

[90] Michael Lodge. The International Seabed Authority and the Exploration and Exploitation of the Deep Seabed [J]. Revue Belge De Droit International, 2014, 47.

[91] Ghag, Jasbinder. Regulating Deep Sea Mining and the Importance of Protecting Marine Life from Damage [J]. Environmental Law Review, 2014, 16.

[92] Tullio Scovazzi. How is The Law of the Sea Coping with New Ocean Resources [J]. American Society of International Law Proceedings, 2013, 107.

[93] Anna Dolidze. Advisory Opinion on Responsibility and Liability for International Seabed Mining (ITLOS Case No. 17) and the Future of NGO Participation in the International Legal Process [J]. ILSA Journal of International and Comparative Law, 2013, 19.

[94] Michael W. Lodge. The Common Heritage of Mankind [J]. The International Journal of Marine and Coastal Law, 2012, 27.

[95] Richard A. Barnes. Consolidating Governance Principles for Areas beyond National Jurisdiction [J]. The International Journal of Marine and Coastal Law, 2012, 27.

[96] David Hartley. Guarding the Final Frontier: The Future Regulations of the International Seabed Authority [J]. Temple International & Comparative Law Journal, 2012, 26.

[97] Tim Poisel. Deep Seabed Mining: Implications of Seabed

Disputes Chamber's Advisory Opinion [J]. Australian International Law Journal, 2012, 19.

[98] Rachel Ariss, John Cutfeet, Kitchenuhmaykoosib. Inninuwug First Nation: Mining, Consultation, Reconciliation and Law [J]. Indigenous Law Journal, 2011, 10.

[99] Stephens, Tim. What Future for Deep Seabed Mining in the Pacific [J]. Asia Pacific Journal of Environmental Law, 2010, 13.

[100] Frida M. Armas-Pfirter. How Can Life in the Deep Sea Be Protected [J]. The International Journal of Marine and Coastal Law, 2009, 24.

[101] Lodge, Michael. Current Legal Developments International Seabed Authority [J]. International Journal of Marine & Coastal Law, 2009, 24.

[102] Michael W. Lodge. The International Seabed Authority and Article 82 of the UN Convention on the Law of the Sea [J]. The International Journal of Marine and Coastal Law, 2006, 21.

[103] Jason C. Nelson. The Contemporary Seabed Mining Regime: A Critical Analysis of the Mining Regulations Promulgated by the International Seabed Authority [J]. Colorado Journal of International Environmental Law and Policy, 2005, 16.

[104] Jason C. Nelson. The Contemporary Seabed Mining Regime: A Critical Analysis of the Mining Regulations Promulgated by the International Seabed Authority [J]. Colorado Journal of International Environmental Law and Policy, 2005, 16.

[105] Michael W. Lodge. Improving International Governance in the Deep Sea [J]. The International Journal of Marine and Coastal

Law, 2004, 19.

[106] Anthony T. Jones, Charles L. Morgan. Code of Practice For Ocean Mining: An International Effort to Develop a Code for Environmental Management of Marine Mining [J]. Marine Georesources and Geotechnology, 2003, 21.

[107] Jennifer Frakes. The Common Heritage of Mankind Principle and Deep Seabed, Outer Space, and Antarctica: Will Developed and Developing Nations Reach a Compromise [J]. Wisconsin International Law Journal, 2003, 21.

[108] James McConvill, Mirko Bagaric. The Right to Convert Exploration Licenses to Mining Leases in Australia: A Proposed National Uniform Model [J]. Journal of Energy & Natural Resources Law, 2003, 21.

[109] Zou Keyuan. China's Efforts in Deep Sea – Bed Mining: Law and Practice [J]. International Journal of Marine and Coastal Law, 2003, 18.

[110] Michael W Lodge. International Seabed Authority's Regulations on Prospecting and Exploration for Polymetallic Nodules in the Area [J]. Journal of Energy & Natural Resources Law, 2002, 20.

[111] Mary Stevens. The Precautionary Principle in the International Arena [J]. International and Comparative Environmental Law, 2002, 2, (2).

[112] Elizabeth Bastida. A Review of the Concept of Security of Mineral Tenure: Issues and Challenges [J]. Journal of Energy & Natural Resources Law, 2001, 19.

[113] Michael C. Wood. International Seabed Authority: The

First Four Years [J]. Max Planck UNYB, 1999. 3.

[114] Michael Crommelin. The Legal Character of Resource Titles [J]. Australian Mining & Petroleum Law Journal, 1998, 17.

[115] Robert Unikel. Bridging the Trade Secret Gap: Protecting Confidential Information Not Rising to the Level of Trade Secrets [J]. Loyola University Chicago Law Journal, 1998, 29.

[116] Michael O. Dale. Security of Tenure as a Key Issue Facing the International Mining Company: a South African Perspective [J]. Journal of Energy & Natural Resources Law, 1996, 14.

[117] Yu Hui. Remarks on China's Ratification of the 1982 UN Convention on the Law of the Sea [J]. Asian Yearbook of International Law, 1995, 5.

[118] Tana Pistorius. Confidential Information and the Danger of Confusing Classifications [J]. South African Mercantile Law Journal, 1993, 5.

[119] Richard A. Brait. The Unauthorized Use of Confidential Information [J]. Canadian Business Law Journal, 1991, 18.

[120] Peter C. Quittmeyer. Trade Secrets and Confidential Information under Georgia Law [J]. Georgia Law Review, 1985, 19.

[121] John Warren Kindt. Deep Seabed Exploitation [J]. Journal of Environment Law, 1984, 4.

[122] Jon Gregory Jackson. Deep sea Ventures: Exclusive Mining Rights to the Deep Seabed as a Freedom of the Sea [J]. Baylor Law Review, 1976, 28.

[123] George Forrai. Confidential Information – A General Survey [J]. Sydney Law Review, 1971, 6.

## 三、学位论文

[1] 张善宝. 国际海底区域生物资源的法律规制 [D]. 武汉：武汉大学，2014.

[2] 赵继康. 论国际海底区域的平行开发制度 [D]. 重庆：西南政法大学，2014.

[3] 罗立昱. 国际海底制度与南北关系 [D]. 南京：南京大学，2013.

[4] 王楠. 我国国际海底区域开发法律制度研究 [D]. 海口：海南大学，2013.

[5] 杜淼. 国际海洋环境保护中的风险预防原则 [D]. 重庆：西南政法大学，2011.

[6] 张华平. 国际海底管理局的组成和职能研究 [D]. 青岛：中国海洋大学，2011.

[7] 姜秉国. 中国深海战略性资源开发产业化发展研究：以深海矿产和生物资源开发为例 [D]. 青岛：中国海洋大学，2011.

[8] 赵倩莹. 论我国适用风险预防原则的法律制度构建 [D]. 郑州：郑州大学，2010.

[9] 王岩. 国际海底区域资源开发制度研究 [D]. 青岛：中国海洋大学，2007.

[10] 金永明. 国际海底区域的法律地位与资源开发制度研究 [D]. 上海：华东政法学院，2005.

[11] 朱建庚. 海洋环境保护中的风险预防原则研究 [D]. 北京：中国政法大学，2005.

[12] 蓝敏生. 国际海底区域法律问题研究 [D]. 大连：大连海事大学，2002.

## 四、报告

[1] Gross domestic product 2021, World Development Indicators database [R]. World Bank, 2022.

[2] Randolph Kirchain, Frank R Field, and Richard Roth. Financial Regimes for Polymetallic Nodule Mining: A Comparison of Four Economic Models, Materials Systems Laboratory [R]. Massachusetts: Massachusetts Institute of Technology, 2019.

[3] Financial Payment System Working Group Meeting [R]. Massachusetts: Massachusetts Institute of Technology, 2019.

[4] The African Group. Request for consideration by the Council of the African Group's proposal on the Economic Model/Payment Regime and Other Financial Matters in the Draft Exploitation Regulations under review [R]. 2018.

[5] Prof. Shaojun Liu. Financial model and economic evaluation of polymetallic nodules development in the Area [R]. Changsha: Central South University, 2018.

[6] The German Federal Ministry for Economic Affairs and Energy Model. Analysis of the Economic Benefits of Developing Commercial Deep Sea Mining Operations in Regions where Germany has Exploration Licenses of the International Seabed Authority, as well as Compilation and Evaluation of Implementation Options with a Focus on the Performance of a Pilot Mining Test [R]. 2016.

[7] International Seabed Authority. Deep Seabed Mining and Submarine Cables: Developing Practical Options for the Implementation of the "Due Regard" and "Reasonable Regard" Obligations under

UNCLOS [R]. ISA Technical Study NO. 24, 2018

[8] International Seabed Authority. Towards the Development of a Regulatory Framework for Polymetallic Nodule Exploitation in the Area [R]. ISA Technical Study: No. 11, 2013.

[9] International Seabed Authority. Developing Financial Terms for Deep Sea Mining Exploitation [R]. 2014.

[10] International Seabed Authority. A Discussion Paper on the Development and Implementation of a Payment Mechanism in the Area [R]. 2015.

[11] International Seabed Authority. Submarine Cables and Deep Seabed Mining: Advancing Common Interests and Addressing UNCLOS "Due Regard" Obligations [R]. ISA Technical Study: No. 14, 2015.

[12] Deep Seabed Mining Payment Regime Workshop. Scripps Institution of Oceanography [R]. 2016.

[13] Deep seabed Mining payment Regime Workshop #2, Workshop Summary [R]. 2016.

[14] International Seabed Authority. Data and Information Management Considerations Arising Under the Proposed New Exploitation Regulations [R]. 2016.

[15] International Seabed Authority. Understanding the Economics of Seabed Mining for Polymetallic Nodules [R]. 2018.

[16] International Seabed Authority. Update on Financial Payment Systems: Seabed Mining for Polymetallic Nodules [R]. 2018.

[17] United Nations General Assembly. Resolution Adopted by the General Assembly on 29 December 2014 [R]. A/RES/69/245,

2014.

[18] United Nations General Assembly. Oceans and the Law of the Sea [R]. A/70/74, 2015.

[19] United Nations General Assembly. United Nations General Assembly, Note verbal e gated 17 August 1967 from the Permanent Mission of Malta to the United Nations addressed to the Secretary - General [R]. A/6695, 1967.

[20] United Nations General Assembly. Agenda item 92: Examination of the Question of the Reservation Exclusively for Peaceful Purpose of the Sea - bed and the Ocean Floor, and the Subsoil thereof, Underlying the High Seas Beyond the Limits of Present National Jurisdiction, and the Use of Their Resources in the Interests of Mankind [R]. Office Records, A/c. 1/pv. 1515, 1967.

[21] International Cable Protection Committee. ICPC Recommendation #1, Management of Redundant and Out - of - Service Cables [R]. Issue 13, 2016.

[22] International Cable Protection Committee. ICPC Recommendation #2, Recommended Routing and Reporting Criteria for Cables in Proximity to Others [R]. Issue 3, 2015.

[23] International Cable Protection Committee. ICPC Recommendation #3, Criteria to be Applied to Proposed Crossings of Submarine Cables and/or Pipelines [R]. Issue 10A, 2014.

[24] International Cable Protection Committee. ICPC Recommendation #4, Recommended Coordination Procedures for Repair Operations near Active Cable Systems [R]. Issue 8A, 2014.

[25] International Cable Protection Committee. ICPC Recommendation

#5, Standardization of Cable Awareness Charts [R]. Issue 8A, 2014.

[26] International Cable Protection Committee. ICPC Recommendation #6, Recommended Actions for Effective Cable Protection (Post Installation) [R]. Issue 9, 2015.

[27] International Cable Protection Committee. ICPC Recommendation #7, Procedure to be Followed Whilst Civil Engineering or Offshore Construction Work is Undertaken in the Vicinity of Active Submarine Cable Systems [R]. Issue 6B, 2014.

[28] International Cable Protection Committee. ICPC Recommendation #8 Procedure To Be Followed Whilst Offshore Seismic Survey Work Is Undertaken In The Vicinity Of Active Submarine Cable Systems [R]. Issue 8, 2014.

[29] International Cable Protection Committee. ICPC Recommendation #9, Minimum Technical Requirements for a Desktop Study [R]. Issue 5, 2015.

[30] International Cable Protection Committee. ICPC Recommendation #10, The Minimum Requirements for Load and Lay Reporting and Charting [R]. Issue 3A, 2014.

[31] International Cable Protection Committee. ICPC Recommendation #11, Standardization of Electronic Formatting of Route Position Lists [R]. Issue 3B, 2010.

[32] International Cable Protection Committee. ICPC Recommendation #12, Mechanical Testing of Submarine Telecommunications Cables [R]. Issue 2D, 2006.

[33] International Cable Protection Committee. ICPC Recommendation #13, The Proximity of Offshore Renewable Wind Energy Installations

and Submarine Cable Infrastructure in National Waters [R]. Issue 2A, 2013.

[34] International Cable Protection Committee. ICPC Recommendation #14, Basic Power Safety Procedures that are to be followed by Marine Repair Operators and Terminal Station Personnel during Sub-sea Cable Repair Activities [R]. Issue 1B, 2013.

[35] International Cable Protection Committee. ICPC Recommendation #15 Procedure to be Followed Whilst Marine Aggregate Extraction, Dredging or Mining is Undertaken in the Vicinity of Active Submarine Cable Systems [R]. Issue 1, 2014.

[36] International Cable Protection Committee. ICPC Recommendation #16, Considerations for Marking Submarine Cables [R]. Issue 1, 2015.

[37] International Cable Protection Committee. ICPC Recommendation #17 Submarine Cable Operations in Deep Seabed Mining Concessions Designated by the International Seabed Authority [R]. 2017.

## 五、开发规章草案的评论意见

[1] The Government of Australia. Submission from Australia on Draft Regulations on Exploitation of Mineral Resources in the Area [Z]. 2019.

[2] The Government of Polish. remarks regarding Draft regulations on exploitation of mineral resources in the Area [Z]. 2019.

[3] The Federal Republic of Germany. Comments on the Draft Regulations on Exploitation of Mineral Resources in the Area (ISBA/25/C/WP.1) [Z]. 2019.

[4] The Government of The Russian Federation. Comments and Remarks of the Russian Federation on the Draft Regulations on Exploitation of Mineral Resources in the Area [Z]. 2019.

[5] The Government of Netherlands. Comments of the Kingdom of the Netherlands to the Draft regulations on exploitation of mineral resources in the Area (ISBA/25/C/WP.1) [Z]. 2019.

[6] The Government of Canada. Comments on the Draft Regulations on Exploitation of Mineral Resources in the Area (ISBA/25/C/WP.1) [Z]. 2019.

[7] The Government of Morocco. Comments on the Draft Regulations on Exploitation of Mineral Resources in the Area (ISBA/25/C/WP.1) [Z]. 2019.

[8] The Government of Norway, General comments from Norway on Draft Regulations on Exploitation of Mineral Resources in the Area [Z]. 2019.

[9] The Government of Jamaica, Further Comments and Proposed Textual Suggestions of Jamaica on The Draft Regulation [Z]. 2019.

[10] The Government of Italy. Comments on the Draft Regulations on Exploitation of Mineral Resources in the Area (ISBA/25/C/WP.1) [Z]. 2019.

[11] The Government of India, Government of India on the Draft Regulations on Exploitation of Mineral Resources in the area. Document No. ISBA/25/WP.I [Z]. 2019.

[12] The Government of Belgium, Comments on the Draft Regulations on Exploitation of Mineral Resources in the Area (ISBA/25/C/WP.1) [Z]. 2019.

[13] The Government of Costa Rica, Comments on the Draft Regulations on Exploitation of Mineral Resources in the Area (ISBA/25/C/WP.1) [Z]. 2019.

[14] International Cable Protection Committee Ltd., Comments of the International Cable Protection Committee on the International Seabed Authority's Draft Exploitation Regulations [Z]. 2019.

[15] The International Marine Minerals Society (IMMS). IMMS Comments on the Draft Regulations for the Exploitation of Mineral Resources in the Area [Z]. 2019.

[16] The Advisory Committee on Protection of the Sea (ACOPS). Comments on the Draft Regulations for the Exploitation of Mineral Resources in the Area [Z]. 2019.

[17] The Institute for Advanced Sustainability Studies, Comments on the Draft Regulations for the Exploitation of Mineral Resources in the Area [Z]. 2019.

[18] The Government of the Republic of Kenya. Comments on the Draft Regulations for the Exploitation of Mineral Resources in the Area [Z]. 2019.

[19] The Government of United States, Comments on the Draft Regulations for the Exploitation of Mineral Resources in the Area [Z]. 2019.

[20] The Government of the Federated States of Micronesia. Comments on the Draft Regulations for the Exploitation of Mineral Resources in the Area [Z]. 2019.

[21] The Republic of the Union of Myanmar. Comments on the Draft Regulation for Exploration of Mineral Resources in the Area by

the Republic of the Union of Myanmar [Z]. 2019.

[22] The Pew Charitable Trusts and RESOLVE. ISA Inspections and ISA Inspectorate: What will be Needed? [Z]. 2019.

[23] The Deep sea Conservation coalition. DSCC Submission on March 22 Version of Draft ISA Exploitation Regulations [Z]. 2019.

[24] The Deep – Ocean Stewardship Initiative. Comments on the Draft Regulation for Exploration of Mineral Resources in the Area by the Republic of the Union of Myanmar [Z]. 2019.

[25] The Government of New Zealand. New Zealand's Submission on the Draft Regulation for Exploration of Mineral Resources in the Area [Z]. 2019.

[26] The Government of the United Kingdom. Submission of the United Kingdom Government in response to the March 2019 draft Regulations on Exploitation of Mineral Resources in the Area [Z]. 2019.

[27] Union for the conservation of natural resources. IUCN Comments on the 2019 ISA Draft Regulations on exploitation of mineral resources in the Area [Z]. 2019.

[28] The Government of the Kingdom of Belgium. Comments of the Kingdom of Belgium on the Draft Regulations on Exploitation of Mineral Resources in the Area with reference ISBA/24/LTC/WP. 1/ Rev. 1 [Z]. 2018.

[29] The Government of Australia. General Comments from Australia on Draft Regulations on Exploitation of Mineral Resources in the Area [Z]. 2018.

[30] The Government of Japan. Comments on the Draft Regulations

on Exploitation of Mineral Resources in the Area (ISBA/24/LTC/WP. 1/Rev. 1) [Z]. 2018.

[31] The Government of Italy. Draft Regulations on Exploitation of Mineral Resources in the Area [Z]. 2018.

[32] The Government of Argentine. Written Comments By The Argentine Republic on Draft Regulations on Exploitation of Mineral Resources in the Area (ISBA/24/LTC/WP. 1/REV. 1) [Z]. 2018.

[33] The Government of India. Comments on Draft Regulation [Z]. 2018.

[34] The Government of France. Joint submission of the French delegation and the International Cable Protection Committee [Z]. 2018.

[35] The Government of the People's Republic of China. Comments by the Government of the People's Republic of China on the Draft Regulations on Exploitation of Mineral Resources in the Area [Z]. 2018.

[36] The Government of Singapore. Singapore's Comments on the Draft Regulations on Exploitation of Mineral Resources in the Area [Z]. 2018.

[37] The Government of The United Kingdom. Submission of The United Kingdom Government In Response to The ISA July 2018 Draft Regulations Exploitation of Mineral Resources in the Area [Z]. 2018.

[38] The Government of New Zealand. Submission of Jamaica Comments on the Draft Regulations [Z]. 2018.

[39] The Kingdom of Tonga. Written Submission of the Kingdom

of Tonga on the Draft Regulations on Exploitation of Mineral Resources in the Area [Z]. 2018.

[40] The Government of Jamaica. Submission of Jamaica Comments on the Draft Regulations [Z]. 2018.

[41] The Government of Germany. Draft Regulations on Exploitation of Mineral Resources in the Area [Z]. 2018.

[42] The Government of The Russian Federation. Russian Comments on the Draft Regulations on Exploitation of Mineral Resources in the Area [Z]. 2018.

[43] The Government of Chile. Comments and Observations on the Draft of Regulations on the Exploitation of Mineral Resources in the Area [Z]. 2018.

[44] The Government of Macro. Comments on the Draft Regulations on Exploitation of Mineral Resources in the Area [Z]. 2018.

[45] The Government of the Republic of Kiribati. Comments on the Draft Regulations on Exploitation of Mineral Resources in the Area [Z]. 2018.

[46] The Government of Brazil. Draft Regulations on Exploitation of Mineral Resources in the Area [Z]. 2018.

[47] The Government of the Federated States of Micronesia. Comments on the Draft Regulations on Exploitation of Mineral Resources in the Area [Z]. 2018.

[48] The Government of the Republic of Nauru. Revised Submissions of the Republic of Nauru on The Draft Mining Regulations [Z]. 2018.

[49] The African Group. African Group's Submission to the International Seabed Authority Comments on the Revised Draft Regulations on Exploitation of Mineral Resources in the Area [Z]. 2018.

[50] Nauru Ocean Resources Inc. (NORI). Comments by Nauru Ocean Resources Inc. (NORI) on the Draft Regulations on the Exploitation of Mineral Resources in the Area [Z]. 2018.

[51] Ocean Mineral Singapore Pte Ltd. (OMS). Response to the International Seabed Authority's Revised Draft Regulations on Exploitation of Mineral Resources in the Area (ISBA/24/LTC/WP.1/Rev.1) [Z]. 2018.

[52] Global Sea Mineral Resources (GSR). Comments by Global Sea Mineral Resources (GSR) to the Draft Regulations on Exploitation of Mineral Resources in the Area [Z]. 2018.

[53] UK Seabed Resources Ltd. Comments from UK Seabed Resources regarding ISBA/24/LTC/WP.1/Rev.1, Draft Regulations on Exploitation of Mineral Resources in the Area [Z]. 2018.

[54] Tonga Offshore Mining Limited (TOML). TOML Comments on the Updated Draft Exploitation Regulations [Z]. 2018.

[55] The Inter ocean metal Joint Organization (IOM). The Inter ocean metal Joint Organization Comments to the Draft Regulation on Exploitation of Mineral Resources in the Area [Z]. 2018.

[56] The International Maritime Organization, Comments on the Revised Draft Regulations on Exploitation of Mineral Resources in the Area (ISBA/24/LTC/WP.1/Rev.1) [Z]. 2018.

[57] The International Marine Minerals Society (IMMS).

IMMS Comments on the Draft 2018Regulations for the Exploitation of Mineral Resources in the Area [Z]. 2018.

[58] The International Cable Protection Committee ("ICPC"). Comments of the International Cable Protection Committee on the International Seabed Authority's Draft Exploitation Regulations [Z]. 2018.

[59] The Deep Sea Conservation Coalition (DSCC). Deep Sea Conservation Coalition Comments on the Revised Draft Exploitation Regulations Issued by ZLTC [Z]. 2018.

[60] The Sargasso Sea Commission. RE: Revised Draft Regulations on Exploitation of Mineral Resources in the Area [Z]. 2018.

[61] SJTU – Center for Polar and Deep Ocean Development. Comments on the Revised Draft Regulations on Exploitation of Mineral Resources in the Area [Z]. 2018.

[62] The Deep – Ocean Stewardship Initiative (DOSI). RE: Working draft – Exploitation regulations (ISBA/24/LTC/WP.1/Rev.1) [Z]. 2018.

[63] The EU ATLAS Horizon 2020 Project. RE: ATLAS Submission regarding the Draft Regulations for Exploitation [Z]. 2018.

[64] The Fish Reef Project. Comments on the Draft Regulations for the Exploitation of Mineral Resources in the Area [Z]. 2018.

[65] Dr. Philomène Verlaan. Draft ISA Exploitation Regulations: ISBA/24/LTC/WP.1/Rev.1 [Z]. 2018.

[66] The Neptune and Company, Inc. RE: Draft Regulations

on Exploitation of Mineral Resources of the Area (ISBA/24/LTC/WP. 1/Rev. 1) [Z]. 2018.

[67] Pradeep Singh and Angelique Pouponneau. Comments to the Draft Regulations on Exploitation of Mineral Resources in the Area: Trans boundary harm and the rights of Coastal States adjacent to the Area [Z]. 2018.

[68] Andreas Kaede. Submission in Response to the Stakeholder Survey Initiated by the International Seabed Authority (ISA) Related to the Revised Draft Regulations on Exploitation of Mineral Resources in the Area [Z]. 2018.

[69] The Permanent Mission of Jamaica. Comments on Draft Regulations on Exploitation of Mineral Resources in the Area [Z]. 2018.

[70] Royal Norwegian Ministry of Foreign Affairs. Comments on Draft Regulations on Exploitation of Mineral Resources in the Area [Z]. 2018.

[71] New Zealand. New Zealand's Submission to the International Seabed Authority on the Draft Regulations on Exploitation of Mineral Resources in the Area [Z]. 2017.

[72] The Government of Singapore. Singapore's Comments on the Draft Regulations on the Exploitation of Mineral Resources in the Area [Z]. 2017.

[73] The Government of the Kingdom of Tonga (Tonga). Written Submission of the Government of the Kingdom of Tonga on the ISA's Draft Exploitation Regulation [Z]. 2017.

[74] The Government of Japan. Comments on the Draft Regulations

on Exploitation of Mineral Resources in the Area [Z]. 2017.

[75] South Africa. Comments by South Africa on the International Seabed Authority's Draft Regulations on Exploitation of Mineral Resources in the Area [Z]. 2017.

[76] The Government of the People's Republic of China, Comments by the Government of the People's Republic of China on the Draft Regulations on Exploitation of Mineral Resources in the Area [Z]. 2017.

[77] The United Kingdom. Submission of The United Kingdom Government in Response to The ISA August 2017 Draft Regulations on Exploitation of mineral resources in the Area [Z]. 2017.

[78] Mexico. Draft Regulations on Exploitation of Mineral Resources in the Area [Z]. 2017.

[79] The Kingdom of the Netherlands. Comments of the Kingdom of the Netherlands to the Draft Regulations [Z]. 2017.

[80] The Republic of Korea. Draft Regulations on Exploitation of Mineral Resources in the Area [Z]. 2017.

[81] The Government of France. Commentaries de la France sur le projet de règlement de l' exploitation des resources minerals dans la Zone (ISBA/23/LTC/CRP) [Z]. 2017.

[82] The Government of Germany. International Seabed Authority's (ISA) Draft Regulations on Exploitation of Mineral Resources in the Area (ISBA/23/LTC/CPR.3*) [Z]. 2017.

[83] The Kingdom of Belgium. Comments on the Draft Regulations on Exploitation of Mineral Resources in the Area [Z]. 2017.

[84] The Government of Australia. Government of Australia's

submission on the draft Regulations on Exploitation of Mineral Resources in the Area [Z]. 2017.

[85] The Government of Argentina. Observations Sobre el Documento ISBA/23/LTC/CRP. 3 [Z]. 2017.

[86] The Permanent Mission of the People's Democratic Republic of Algeria. African Group's comments and inputs on the Draft Regulations on Exploitation of Mineral Resources in the Area of the International Seabed Authority [Z]. 2017.

[87] The Portuguese Task Group for the Extension of the Continental Shelf (EMEPC). Comments on document ISBA/23/LTC/CRP. 3 * Draft Regulations on Exploitation of Mineral Resources in the Area [Z]. 2017.

[88] China Institute for Marine Affairs. Comments on Relevant Questions Concerning the Draft Regulations on Exploitation of Mineral Resources in the Area [Z]. 2017.

[89] The Mining Impact project. Comment on Draft "Regulations on Exploitation of Mineral Resources in the Area" (ISBA/23/LTC/CRP. 3 *) [Z]. 2017.

[90] SJTU – Center for Polar and Deep Ocean Development (PDOD). Comments on the Draft Regulations on Exploitation of Mineral Resources in the Area (ISBA/23/C/12) [Z]. 2017.

[91] The Benioff Ocean Initiative, Comments by the Benioff Ocean Initiative on the Draft Regulations on Exploitation of Mineral Resources in the Area [Z]. 2017.

[92] Marine Ecological Resilience and Geological Resources (MERGeR). Stakeholder Consultation on the International Seabed

Authority's Draft Regulations on Exploitation of Mineral Resources in the Area [Z]. 2017.

[93] The Institute for Advanced Sustainability Studies. IASS Comments on the International Seabed Authority's Draft Regulations on Exploitation of Mineral Resources in the Area [Z]. 2017.

[94] Deep Ocean Stewardship Initiative. Comments on the International Seabed Authority's Draft Regulations on Exploitation of Mineral Resources in the Area [Z]. 2017.

[95] The Code Project, Code Project Response to Questions Posed by the ISA Secretary - General Regarding Draft Exploitation Regulations [Z]. 2017.

[96] Deep Sea Conservation Coalition (DSCC). DSCC Submission on the International Seabed Authority Draft Regulations on Exploitation of Mineral Resources in the Area [Z]. 2017.

[97] Seas At Risk (SAR). Submission to the consultation on the International Seabed Authority Draft Regulations on Exploitation of Mineral Resources in the Area [Z]. 2017.

[98] Deep Sea Mining Alliance (DSMA). Stakeholder Comments on the Draft Regulations on Exploitation of Mineral Resources in the Area [Z]. 2017.

[99] Southern Cross Cable Network. Comments of Southern Cross Cables Limited on the International Seabed Authority's Exploitation Regulations [Z]. 2017.

[100] The International Cable Protection Committee (ICPC). International Cable Protection Committee's Comments on the Draft Regulations on Exploitation of Mineral Resources in the Area [Z].

2017.

［101］International Maritime Organization. Comments on the Draft Regulations on Exploitation of Mineral Resources in the Area ［Z］. 2017.

［102］Ifremer. Comments on ISA's "Draft regulations on exploitation of mineral resources in the Area" released August 2017 (ISBA/23/LTC/CRP. 3 *) ［Z］. 2017.

［103］Inter ocean metal Joint Organization (IOM). Comments Provided by the Inter ocean metal Joint Organization IOM to the Document "Draft Regulations on Exploitation of Mineral Resources in the Area" ［Z］. 2017.

［104］Marawa Research and Exploration Ltd. (Marawa). Comments on the Draft Regulations on Exploitation of Mineral Resources in the Area ［Z］. 2017.

［105］Nauru Ocean Resources Inc. (NORI). Comments by Nauru Ocean Resources Inc. (NORI) on the Draft Regulations on Exploitation of Mineral Resources in the Area ［Z］. 2017.

［106］Global Sea Mineral Resources NV (GSR). Comments to Draft Exploitation Regulations (ISBA/23/LTC/CRP3/rev & ISBA/23/C/12) ［Z］. 2017.

［107］Japan Oil, Gas and Metals National Corporation (JOGMEC). Comments by JOGMEC to the Draft Regulations on Exploitation of Mineral Resources in the Area (ISBA/23/LTC/CRP. 3) ［Z］. 2017.

［108］Deep Ocean Resources Development Co. LTD (DORD). DORD's Comments on the Draft Regulation on Exploitation of Mineral

Resources in the Area [Z]. 2017.

[109] Ocean Mineral Singapore. Response to the International Seabed Authority on the Draft Regulations Contained in "ISBA/23/LTC/CRP. 3 *: Draft Regulations on Exploitation of Mineral Resources in the Area" Made Publicly Available on 8 August 2017 [Z]. 2017.

[110] UK Seabed Resources. ISA Questions Relating to the Draft Regulations on Exploitation of Mineral Resources in the Area [Z]. 2017.

[111] China Ocean Mineral Resource R&D Association (COMRA). Response to questions Relating to the Draft Regulations on Exploitation of Mineral Resources in the Area [Z]. 2017.

[112] China Minmetals Corporation (CMC). China Minmetals Corporation Feedback on Relevant Issues of Stakeholders Questionnaire for the Regulations on Exploitation of Mineral Resources in the Area [Z]. 2017.

[113] Cintia Nunes. Comments on the Draft Regulations on Exploitation of Mineral Resources in the Area of Common Heritage of Mankind [Z]. 2017.

[114] Dominik Walkowski. Preliminary comments on the Draft Regulations on Exploitation of Mineral Resources in the Area [Z]. 2017.

[115] Stewart. Comments on the draft regulations contained in ISBA/23/LTC/CRP. 3 [Z]. 2017.

[116] Philomène Verlaan. Response to ISA Consultation on Draft Exploitation Regulations (ISBA/23/LTC/CRP3/rev & ISBA/23/C/

12）[Z]. 2017.

［117］Stefan Brager. Individual submission in response to the Draft Regulations on Exploitation of Mineral Resources in the Area (ISBA/23/LTC/CRP. 3 *) as Part of a Stakeholder consultation process [Z]. 2017.

［118］Thyssen - Bornemisza Art Contemporary. Comments on Regulations and Standard Contract Terms on Exploitation for Mineral Resources in the Area Submitted by Thyssen - Bornemisza Art Contemporary (TBA21) [Z]. 2016.

［119］WWF - International. WWF - International Comments on the Initial Working Draft Regulations and Standard Contract Terms on Exploitation for Mineral Resources in the Area [Z]. 2016.

［120］Germany. ISA Report on Developing a Regulatory Framework for Mineral Exploitation in the Area [Z]. 2016.

［121］E coast Marine Research. Stakeholder Submission Draft Regulations and Standard Contract Terms on Exploitation for Mineral Resources in the Area [Z]. 2016.

［122］The Government of Australia's. Submissions on the International Seabed Authority's first Working Draft Regulations and Standard Contract Terms on Exploitation for Mineral Resources in the Area [Z]. 2016.

［123］Institute for Advanced Sustainability Studies e. V. (IASS). Commentary by the Institute for Advanced Sustainability Studies (IASS Potsdam) on "Developing a Regulatory Framework for Mineral Exploitation in the Area" [Z]. 2016.

［124］International Marine Minerals Society (IMMS).

Comments by the International Marine Minerals Society (IMMS) to the International Seabed Authority (ISA) on the Zero Draft Exploitation Code [Z]. 2016.

[125] Seas at Risk. Response to the consultation on the Working draft - Exploitation regulations [Z]. 2016.

[126] Richard Steiner. Comments: ISA Working Draft Exploitation Regulations for Mineral Resources in the Area [Z]. 2016.

[127] Bread for the World. Fair Oceans and Forum on Environment & Development (Brot), Response to the consultation on the Working draft - Exploitation regulations [Z]. 2016.

[128] Global Sea Mineral Resources NV (GSR). Working draft - Exploitation regulations (ISBA/Cons/2016/1) [Z]. 2016.

[129] Deep Sea Conservation Coalition (DSCC). DSCC Submission on the Working Draft Regulations and Standard Contract Terms on Exploitation for Mineral Resources in the Area [Z]. 2016.

[130] Deep sea Mining Alliance (DSMA). ISA Report on Developing a Regulatory Framework for Mineral Exploitation in the Area [Z]. 2016.

[131] Deep Sea Mining Campaign. Deep Sea Mining Campaign submission to the International Seabed Authority on its Draft Regulations and Standard Contract Terms on Exploitation for Mineral Resources in the Area [Z]. 2016.

[132] The Pew Charitable Trusts (pew). Working draft - Exploitation regulations (ISBA/Cons/2016/1) [Z]. 2016.

[133] Government of New Zealand. New Zealand's Experience with Adaptive Management for Seabed Mining Projects [Z]. 2016.

[134] The Government of United Kingdom. Submission of the United Kingdom Government in Response to the ISA July 2016 Report on Developing a Framework for Mineral Resources in the Area [Z]. 2016.

[135] The Government of Singapore. Singapore's Comments on the Working Draft of Exploitation Regulations and Standard Contract Terms [Z]. 2016.

[136] UK Deep-Sea Ecosystems Special Interest Group. Review of the Regulatory Framework for Mineral Exploitation in the Area "Zero-Draft" [Z]. 2016.

[137] Pacific Marine Analysis and Research Association (PacMARA). Comments from the Pacific Marine Analysis and Research Association (PacMARA) on the first working draft of the Regulations and Standard Contract Terms on Exploitation for Mineral Resources in the Area [Z]. 2016.

[138] Pradeep Singh Arjan Singh. Comments with Respect to the Working Draft of Exploitation Regulations and Standard Contract Terms [Z]. 2016.

[139] MIDAS (Manage Impacts of Deep Sea Resources Exploitation. Observations and Comments from MIDAS on the "Working Draft of Exploitation Regulations and Standard Contract Terms [Z]. 2016.

[140] Earthworks. Comments on Working Draft of International Seabed Authority's "Developing a Regulatory Framework for Mineral Exploitation in the Area" [Z]. 2016.

[141] Chapi Mwango. Submission concerning the "Working Draft Regulations and Standard Contract Terms on Exploitation for Mineral Resources in the Area" as Published on the ISA Website as Part of a Stakeholder Consultation Process [Z]. 2016.

[142] Stefan Brager. Submission concerning the "Working Draft Regulations and Standard Contract Terms on Exploitation for Mineral Resources in the Area" as Published on the ISA Website as Part of a Stakeholder Consultation Process [Z]. 2016.

[143] Andreas Kaede. Submission in Response to the Stakeholder Survey Initiated by the International Seabed Authority (ISA) in its "Report to Members of the Authority and All Stakeholders" of July 2016 [Z]. 2016.

[144] UK Seabed Resources. UK Seabed Resources Submission in Response to the International Seabed Authority's Report on Developing a Regulatory Framework for Mineral Exploitation in the Area [Z]. 2016.

[145] Ocean Mineral Singapore (OMS). Response to the International Seabed Authority's Report on Developing a Regulatory Framework for Mineral Exploitation in the Area [Z]. 2016.

[146] Straterra Inc. Submission to International Seabed Authority on "Developing a Regulatory Framework for Mineral Exploitation in the Area" [Z]. 2016.

[147] Government of Japan. Comments on "Developing a Regulatory Framework for Mineral Exploitation in the Area" by the Government of Japan [Z]. 2016.

[148] Tonga Offshore Mining Limited. The Submission Prepared by Tonga Offshore Mining Limited and Nautilus Minerals Inc. Regarding the Working Draft Regulations and Standard Contract Terms on Exploitation for Mineral Resources in the Area [Z]. 2016.

[149] Japan Oil, Gas and Metals National Corporation (JOGMEC). Comments by JOGMEC for the Working Draft Regulations and Standard Contract Terms on Exploitation for Mineral Resources in the Area [Z]. 2016.

[150] Deep Oceans Resources Development Co. Ltd. (DORD). Views and Comments to the "1st Working Draft" of Deep Ocean Resources Development Co, Ltd. (DORD) [Z]. 2016.

[151] Nauru Ocean Resources Inc. (NORI). Comments by Nauru Ocean Resources Inc. (NORI) on the Zero Draft Exploitation Code [Z]. 2016.

[152] International Seabed Authority. Working Draft Regulations and Standard Contract Terms on Exploitation for Mineral Resources in the Area [Z]. 2016.

[153] International Seabed Authority. Co - Chair's Report of Griffith Law School and the International Seabed Authority Workshop on Environmental Assessment and Management for Exploitation of Minerals in the Area [Z]. 2016.

[154] European Commission - DG Maritime Affairs and Fisheries. Study to Investigate State of Knowledge of Deep Sea Mining [Z]. 2014.

[155] International Seabed Authority. Towards the Development

of a Regulatory Framework for Polymetallic Nodule Exploitation in the Area [Z]. 2013.

[156] Government of Belgium. Concerns: Working draft—Exploitation regulations [Z]. 2016.

[157] Deep Ocean Stewardship Initiative. RE: Working draft – Exploitation regulations (ISBA/Cons/2016/1) [Z]. 2016.

[158] Chris Goldblat. Comments for Consideration for Inclusion into the Future Exploitation Code [Z]. 2016.

[159] International Seabed Authority Council. Laws, Regulations and Administrative Measures Adopted by Sponsoring States and other Members of the International Seabed Authority with Respect to the Activities in the Area [Z]. 2013.

[160] International Seabed Authority Council. Report of the Chair of the Legal and Technical Commission on the work of the Commission at its session in 2016 [Z]. 2016.

[161] The Government of The United Kingdom. Submission of The United Kingdom Government In Response to The ISA March 2015 Discussion Paper On the Development and Implementation of A Payment Mechanism in the Area [Z]. 2015.

[162] UK Seabed Resources. Comments On The Discussion Paper of the Development and Implementation of a Payment Mechanism in the Area [Z]. 2015.

[163] Tonga Offshore Mining Limited (TOML). TOML's Response to the "Discussion Paper on the Development and Implementation of a Payment Mechanism in the Area for Consideration

by Members of the Authority and All Stakeholders"[Z]. 2015.

[164] Deep Ocean Resources Development Co. Ltd. (DORD). Responses to "Developing a Regulatory Framework for Mineral Exploitation in the Area"[Z]. 2015.

[165] Japan Oil, Gas and Metals National Corporation (JOGMEC). Comments on Developing a Regulatory Framework for Mineral Exploitation in the Area (March 2015)[Z]. 2015.

[166] Global Sea Mineral Resources NV (GSR). Comments on Developing a Regulatory Framework for Mineral Exploitation in the Area (March 2015)[Z]. 2015.

[167] Nauru Ocean Resources Inc. Response by Nauru Ocean Resources Inc. to Section 6 of the Discussion Paper on the Development and Implementation of a Payment Mechanism in the Area [Z]. 2015.

[168] IHC Merwede. Stakeholder Engagement for Developing a Regulatory Framework for Mineral Exploitation in the Area [Z]. 2015.

[169] Pacific Marine Analysis and Research Association (PacMARA). Report to Stakeholders (ISBA/Cons/2015/2)[Z]. 2015.

[170] Managing Impacts of Deep-sea Resource Exploitation. Discussion Paper on the Development and Implementation of a Payment Mechanism in the Area-MIDAS comments [Z]. 2015.

[171] Marawa Research and Exploration Ltd. (Marawa). Submission to the International Seabed Authority regarding the Development and Implementation of a Payment Mechanism in the Area

[Z]. 2015.

[172] The Joint Nature Conservation Committee (JNCC). Developing a Regulatory Framework for Mineral Exploitation in the Area. A Discussion Paper on the Development and Implementation of a Payment Mechanism in the Area for Consideration by Members of the Authority and All Stakeholders [Z]. 2015.

# 后 记

忆往昔，恍如昨日。在武汉大学求学的经历历历在目：温馨的樱花城堡、静谧的樱花大道、雄伟的边海院、热闹的梅园食堂、宽敞却每天都坐得满满当当的图书馆。彼时的我，认真求学，在知识的殿堂里来回穿梭。此时的我，继续带着对学术的坚持，认真突破。诚然，学术之路，是一条孤独之路，一条枯燥之路，一条漫长之路，一条充满荆棘之路，一条需要时间沉淀之路。这条路，没有捷径，没有加速渠道，更不能投机取巧。作为研究者，必须脚踏实地，沉下心来，与文字为伴，与青灯为伴，与孤独为伴，与论文为伴，与黑夜为伴，与自己为伴。

对于本书的出版，首先，我非常感谢杨泽伟教授，杨老师对学术有着由衷的热爱和追求，其严谨的治学态度一直感染和激励着我。我依旧清晰地记得第一次拿到杨老师给我的论文修改稿时的情景，修改稿上，小至标点符号、语句排序、词语表达，大至文章结构，杨老师都进行了细致的修改。此后，杨老师给我的论文修改稿我都保存着，用以警示和激励自己。同时，杨老师一直奋斗在学术的前沿，这给我们后辈树立了优秀的榜样。其次，我非常感谢李健男教授，李老师在我前进的道路上一直给予我无私的帮助、支持和指导。再次，感谢广东金融学院法学院对本书的大力支持。最后，本书的出版得益于知识产权出版社的大力支持，感谢知识产权出版社以及项目编辑彭小华先生为本书付梓所付出的艰辛和努力！

陈慧青

2023 年 1 月 12 日